베이비부머 리턴즈

60년대생의 두 번째 인생 프로젝트

마강래·김지원 지음

프롤로그

김상철 씨의 두 번째 인생 이야기

    청년 인구의 지역 유출이 멈추지 않고 있다. 작은 도시에서 큰 도시로, 큰 도시에서 더 큰 도시로. 하지만 이미 조용히, 그러나 확실하게 일어나고 있는 반대의 흐름이 있다. 노력하지 않아도 진행되는 변화. 바로 젊은 베이비부머의 대도시 탈출이다. 그들은 밀도가 높은 도시에서 낮은 곳으로 향하고 있다. 베이비부머 이주에 관한 여러 연구와 보고서는 이들을 두고 이렇게 말한다.
    '이들은 불안하다. 그리고 불행하다.'
    중년기가 그리 행복하지 않은 이유는, 그 시기가 인생에서 가장 많은 책임을 짊어지는 때이기 때문이다. 여든을 넘긴 부모는 병원에 드나들기 시작하고, 20대 자녀는 아직 대학을 졸업하지 못했거나 취업을 걱정하며 불안한 시간을 보내고 있다. 게다가 몸은 예전 같지 않음을 느낀다. '위기의 중년'. 이거 드라마 제목이 아니다. 그저, 중년이 겪는 너무나 드라마틱한 변화가 스스로를 위기 속에 놓이게 할 뿐이다. 그 위기가 비극으로 전환되는 순간은, 직장에서 찾아온다. 직장에서 구조조정 소문이 돌면 마음속에 '다음엔 난가?' 하는 불안이 싹튼다. 은퇴는 곧 소득의 중단을 의미한다. 노후 자금이 충분하지 않다면 '앞으로 30년을 어떻게 버티지?'라는 질문을 마주할 수밖에 없다. 그때 어쩔 수 없이 떠오르는 대안은 자영업이다. 은퇴를 맞은 중년이 비슷한 고민을 한 결과는? 카페와 치킨집의 범람이다. 서울의 카페는 25,000개 정도다. 서울 면적이 약 600km²이지만 이 중 개발제한구역이 약 1/4을 차지한다. 그럼 서울시 개발 가능한 땅을 450km²로 보았을 때, 1km²당 약 55개의 카페가 있다는 계산이 나온다. 단순히 풀어보면, 카페 하나가 0.018km²를 커버하는 셈, 즉 135미터마다 카페가 하나씩 있다는 얘기다. 아니나 다를까. 서울 지역 커피 업종의 3년 평균 생존율은 고작 50% 남짓이다. 카페 문을 열고 3년이 지나면 절반 가까이가 사라진다는 뜻이다.

정말 중년이 그리도 불행할까? 우리는 나이별 행복감 자료를 살폈다. 상대적으로 자산도 많고 이룬 것도 많은 중년이 행복할 것이란 통념은 놀랍게도 사실이 아니었다. 여러 요인을 통제하고 순수하게 '나이 효과'만을 봤을 때, 행복은 U자 형태를 그렸다. 젊을 때는 행복하다가, 50세를 전후로 행복감이 바닥을 찍고, 이후 다시 조금씩 행복감이 회복되는 U자형 곡선. 문제는 이 불행한 시기를 지내는 이들을 사회가 외면하고 있다는 점이다. 정책은 청년(20~30대)과 노년(65세 이상)을 향해 쏟아져 나오고 있다. 청년에겐 전세자금 대출, 신혼부부 특공, 창업 지원 등의 지원이, 고령자에겐 기초연금, 일자리 사업 등의 정책이 많아지고 있다. 40~50대 베이비부머가 국가 지원 정책으로 들어오는 방법은 딱 한 가지밖에 없다. 확실하게 가난해야 한다. 어중간하게 가난하면 온갖 혜택에서 배제된다. 40세에서 65세 사이의 인구는 이렇게 정책의 사각지대로 밀려났다. 바로 이들이 대도시를 떠나고 있었다. 아니, 대도시가 이들을 밀어내고 있는지 모르겠다. 분명한 건, 모든 통계가 이들의 대규모 지방 이동을 너무나 선명하게 보여주고 있다는 점이다.

많은 이들이 피곤한 삶을 벗어나고 싶어 해서일까? 아니면 대도시 밖의 더 좋은 삶을 꿈꿔서일까? 이유야 어찌 되었든 이들의 삶에 관여하는 방법을 '상상'했다. 대도시를 떠나 자기를 실현하고자 하는 이들이 겪는 삶. 그 '온전한' 삶의 모습은 이러했다. 함양으로 귀촌한 김상철(55) 씨의 이야기다. 다음에 이어질 이야기는 귀촌 판타지에 가까운 '상상'임을 미리 밝혀둔다. (물론 이런 이야기를 현실로 만들기 어렵게 하는 귀촌의 수많은 '허들'은 책의 본문에서 자세히 다룬다. 그리고 그 허들을 하나씩 거두어내는 방법 또한 이 책에서 함께 이야기하겠다.)

Phase 1. 귀촌의 시작

서울의 한 아파트 거실. 퇴직한 지 반년, 연락이 점점 뜸해지는 친구들이 떠오른다. 퇴직 직후엔 정신없이 바빴다. 정리해야 할 일도, 불려 나갈 자리도 많았다. 그런데 이제 전화기는 거의 울리지 않는다. 가끔 울려도 대부분 광고 문자뿐이다. 직장에서 반평생을 보냈다. 결혼하고, 아이를 낳고, 키우고, 부모님을 부양하다 보니 시간이 어떻게 흘렀는지도 모른 채 퇴직의 길목에 서 있었다. 고향인 경남 함양을 떠난 지도 벌써 30여 년.

"이제는 좀 쉬엄쉬엄 살고 싶다."

최근 들어 도시의 일상이 더 피로하게 느껴졌다. 회의감, 쓸쓸함, 허무함이 한꺼번에 몰려왔다. 노후를 준비한다지만, 퇴직 후 마땅한 일자리는 잡히지 않고 생활비는 점점 더 부담스러워졌다. 그때 우연히 본 한 기사가 눈길을 붙잡았다.

"열심히 살아온 당신, 이제 함양에서 행복한 인생 2막을 보내세요. 집과 일자리까지 연결해 드립니다."

함양군에서 귀촌자를 위해 타운하우스 형태의 임대주택은 물론, 월 200만 원 정도의 소득이 가능한 제조업 일자리까지 주선한다는 내용이었다. 저녁 식탁에서 조심스레 말을 꺼냈다.

"여보, 함양에서 우리 같은 사람들에게 집이랑 일자리까지 연결해 준다는데… 한번 생각해 볼래?"

아내는 숟가락을 내려놓고 잠시 한숨을 내쉬었다.

"솔직히, 난 아직 마음이 복잡해. 도시를 떠난다는 게 쉽지 않잖아."

목소리에는 망설임이 묻어 있었지만, 내 얼굴을 물끄러미 바라보다가 이내 말을 이었다.

"하지만… 당신 마음은 이미 정해졌지? 당신이 그동안 얼마나 힘들었는지 내가 모르겠어? 나야 불안하지만, 그래. 함께라면 최악이어도 어떻게든 지낼 수 있지 않겠나 싶네. 시골 생활이 영 맞지 않으면 다시 돌아오면 되지 뭐……."

쉽지 않은 결심이었다. 익숙했던 골목마저 낯설게 느껴지는 함양은, 더 이상 내가 기억하던 고향이 아니었다. 다시 처음부터 시작해야 한다는 생각이 가슴에 납덩이처럼 내려앉았다. 서울에서 실패하고 돌아왔다는 차가운 시선을 견딜 자신도 없었다. 정말 괜찮을까? 후회하지 않을까? 수십 번 되묻고 또 되물었다. 그러나 분명한 건, 지금 이대로라면 더 이상 버틸 힘이 없다는 사실이었다.

곧장 함양군청에 전화를 걸었다. 선호하는 일자리, 임금 수준, 집은 어디서 살 수 있는지 물었다. 긴 대화가 오갔다. 그러곤 며칠 뒤 담당자의 전화가 왔다.

"선생님, 정착 지원금과 일자리 연계, 교육 프로그램까지 도와드릴 수 있어요."

Phase 2. 함양에서의 새출발

고향으로 돌아오니 모든 게 낯설었다. 하지만 묘하게 익숙하기도 했다. 나와 아내가 입주한 곳은 경쟁률이 높던 LH 조성 타운하우스. 이 주택은 '일자리 연계형 임대주택'으로, 함양군 내 취업하는 것을 조건으로 입주할 수 있었다. 타운하우스엔 비슷한 이유로 귀촌한 이들이 20가구나 더 들어올 예정이다. 23평 남짓한 크기에 월세는 25만 원. 도시에서는 상상조차 어려운 금액이었다. 이제 주거비 걱정은 끝났다.

첫날, 긴장된 마음으로 군청을 찾았다.

"지원하신 아래의 내용을 확인해 주시고요, 필요하시거나 궁금한 게 있다면 언제라도 말씀해 주시면 됩니다."

일자리	인산가
직책	생산관리 (오전 9시~오후 6시)
월급	210만 원
기타	고용지원금 20만 원 추가 지급(월 20만 원, 5년간)[1] 경남도립거창대학 평생교육원 등록금 지원[2] 건강보험료 일부 경감[3]

도시에서 비슷한 일을 해왔기에 자신 있었다. 자신감이 차올랐다. 절로 혼잣말이 나왔다.

"이렇게 다시 일할 수 있다니……."

이제 새로운 하루가 시작된다.

Phase 3. 일하고, 배우고, 이웃과 함께하고

귀촌한 지 두 달. 하루하루가 바쁘다.

> 오전 7시~오전 8시: 상림공원 산책
> 오전 9시~오후 6시: 제품 품질 검사 업무 & 직원 멘토링
> 오후 7시~오후 9시: 거창대학 평생교육원 '생산관리 과정' 수강

젊은 시절, 늘 배우고 싶다는 마음을 눌러둔 채 하루하루 일만 이어가야 했다. '언젠가 여유가 생기면 배우리라' 다짐했다. 하지만 그 언젠가는 오지 않았다. 그러던 최근, 교육부의 대학 평생교육 이용권이 귀촌자에게까지 확대되었다는 소식을 접했다. 일각에서는 '대학이 학생 모집에 어려움을 겪자 내놓은 궁여지책'이라는 소문도 돌았지만, 내겐 더없이 소중한 기회였다. 망설임 없이 경남도립거창대학 평생교육원의 '인생 이모작 배움 프로그램'에 등록했다. 이제는 매주 두 번, 전문적인 생산관리 과정을 듣는다. 볼펜을 쥔 채 교수의 말 한마디 한마디를 따라갈 때마다, 젊은 날 움켜쥐지 못한 갈망이 조용히 되살아났다.

수업을 마치고 돌아오는 길, 주머니 속 명함 한 장을 꺼내 보았다.

'김상철 팀장/품질관리·생산관리'

보고 또 봐도 기분이 좋다. 다시 명함을 갖게 된다는 건, 월급 이상의 의미였다. 여전히 세상이 나를 필요로 하고 있다

는 느낌, 주변과 연결되어 있다는 느낌이 좋았다. 그리고 세월이 쌓아준 내공을 인정받는 듯한 자부심도 올라왔다.

수업을 마치고 돌아온 저녁, 동년배 이웃들과 삼겹살 파티를 열었다. 숯불 위에 지글거리는 고기 냄새가 골목까지 번지고, 각자 집에서 가져온 와인이 잔에 채워졌다. 누군가는 옛 회사에서의 무용담을 늘어놓았고, 또 다른 이는 도시에서의 아슬아슬했던 순간을 허풍 섞어 이야기했다.

"내가 한때는 말이야……."

부풀린 추억이 모두를 웃게 했다. 오래된 동지애와 위로를 느꼈다. 도시에서 버티며 혼자 삼킨 외로움이, 한순간에 사라지는 듯했다. 그날 밤의 삼겹살 냄새와 이웃들의 웃음소리가 오래도록 마음에 남았다. 이런 날들이 부디 오래 이어지길 바랐다.

Phase 4. 건강도 챙길 수 있는 삶

귀촌한 지도 벌써 여섯 달이 지났다. 어느 아침, 출근 준비를 하다 혈압약이 떨어진 것을 알았다. 회사에 조금 늦는다고 전화를 한 뒤, 동네 보건소로 향했다. 최근 한국의 시골 지역에 1차 의료 시스템, 이른바 '주치의' 제도가 도입됐다. 나만의 주치의가 보건소에 생긴 것이다. 주치의는 전문의는 아니지만, 몸이 조금 안 좋다 싶을 때마다 시간을 넉넉히 들여 상담해 준다. 상담이 길다 보니, 내 혈압 걱정을 더 깊이 이해하는 듯하다. 만약 전문 진료가 필요하면, 주치의가 직접 전문 병원을 연결해 준다.

"김 선생님, 세 달 전보다 혈압이 조금 높아졌어요. 걱정할 수준은 아니에요. 하지만 세 달 후에 다시 한번 검사하시죠."

진료를 마치고 나오는데, 보건소 앞 벤치에서 동료들과 커피를 마시고 있는 아내가 보였다. 요즘 아내는 보건소에서 기간제로 사무 보조를 하고 있다. 도시에서 병원 근무 경력이 있었던 아내가 쟁쟁한 경쟁률을 뚫고 당당히 들어간 것이다.

처음 이사 올 때만 해도 아내의 마음은 걱정으로 가득했다. 시골이 옛날 '깡시골'처럼, 논밭과 빈집만 덩그러니 있을 거라 생각했다. 그런데 막상 살아 보니, 함양읍엔 있을 게 다 있었다. 아내는 출근 전에 국민체육센터에서 새벽마다 수영 강습을 받고, 퇴근하고서는 좋아하는 카페에서 책을 읽는다. 요즘은 문화예술회관에서 열리는 공연이나 영화를 챙겨 보는 재미에 푹 빠져 있다. 서울에 있을 때보다 문화생활을 더 자주 누리는 것 같다고, 아내는 웃으며 말하곤 했다. 아내와 짧게 눈인사를 하고 직장으로 발걸음을 옮겼다.

퇴근 후, 아내와 텃밭으로 향했다. 상추와 고추를 따며 흙냄새를 깊게 들이마셨다. 주말엔 아내와 함께 서울에 있는 친구를 보러 가기로 했다. 오랜만에 친구와 실컷 수다를 떨고, 저녁에 다시 고향으로 내려올 예정이다.

Phase 5. 지역과 함께 성장하다

귀촌한 지도 어언 삼 년. 이제 귀촌 멘토가 되었다. 서울에서 내려온 후배 귀촌자들에게 노하우와 경험을 나누고, 해마다 열리는 '귀촌 박람회'에서는 함양 홍보대사로 나선다.

"나도 처음엔 두려웠어. 내가 알던 고향이 아닐 수도 있으니까. 그런데 막상 내려오니 좋더라. 일자리도 있고, 취미생활도 하고, 건강도 챙기고… 지금은 그간 열심히 산 나날들을 보상받는 기분이야."

가끔 혼잣말처럼 중얼거린다.

"이젠 불안하지 않아……."

50대 은퇴가 더는 낯설지 않고, 100세 시대가 당연해진 지금, 이 책은 은퇴자들의 '두 번째 인생'에 관한 이야기다. 주인공은 서울에서 살다 고향 함양으로 내려와, '인산가'라는 중소기업에서 일하게 된 김상철 씨다. 얼핏 보면 평범해 보이지만, 달리 보면 매우 특별한 사례이기도 하다. 이런 잠재적 김상철 씨는 수도권만 해도, 400만 명이 넘는다.[4] 이 책은 베이비부머, 지방, 중소기업이라는 세 주체가 연결되는 과정을 다룬다. 베이비부머가 지방으로 이주해서 중소기업에서 일하는 삶, 우리는 이것을 '3자 연합'이라 부른다. 그리고 이런 연합이 많아질수록 어떤 폭발적 효과가 나타나는지를 이야기한다. 우리가 말하는 폭발적 효과란, 다름 아닌 나라를 구하는 힘이다. 자신의 행복을 좇아 귀촌하고, 귀촌한 후 일하는 게 나라를 구한다고? 그리고 이게 가능하다고? 많은 이들에게는 허풍이나 몽상처럼 들릴지도 모른다.

이 책을 집필하는 동안, 유튜브 채널 <언더스탠딩>에 3자 연합모델을 소개했다. 영상은 조회수 14만 회에 육박했고, 댓글도 600개가 넘게 달렸다. 관심도가 높다고 좋아할 일만은 아니었다. 거센 비아냥 댓글이 많았기 때문이다. (물론 뜨거운 지지도 20% 정도 섞여 있긴 하다.) 처음에는 아찔했다. 설명이 부족했던 걸까? 아니면 애초에 우리가 말도 안 되는 얘기를 하고 있었던 걸까?

'댓글은 자세히 보지 말라'는 조언, 그제야 어떤 의미인지 이해가 되었다. 하지만 부정적 피드백이라도 정면으로 마주하기로 했다. 왜 사람들이 3자 연합모델이 가능성이 없다고 얘기하는지, 그 이유를 알고 싶었다. 모든 댓글을 하나하나 읽고, 쪼개고, 범주로 나누었다. 마음이 불편했다. 정말 쉽지 않은 과정이었다.

비판의 이유를 묶어 봤다.[5] 가장 큰 군집은 '병세권'이었다. 베이비부머에게 병원은 생명줄이라는 지적이다.

"우리 부모님이 70세다. 서울에 거주하는 핵심 이유는 병원 인프라 때문이다. 시골에도 집이 있지만, 응급 상황에 대응할 병원이 없어 다시 수도권으로 와야 한다. 동네 할머니가 사고를 당했는데 병원에 늦게 도착하는 바람에 돌아가셨다.

이런 일이 지방에서는 많다."

"현실을 모르네. 시골 노인들도 결국 나이 들면 병원이 있는 도심으로 옮긴다. 아픈 몸으로 혼자 고독사 당하라는 건가? 종합병원이 시골로 옮겨 와야 가능하다."

"나이 들수록 병원 옆에 살아야 하는데 왜 시골을 미화하냐"라는 댓글이 많았다. "여기에 너부터 먼저 내려가라"라는 요구도 이어졌다. 맞다. 몸이 아프면 병원 가까이 붙어야 한다. '병원 옆' 삶이 이상적이긴 하다. 하지만 현실적으로는 모든 시골에 종합병원을 설치하는 건 불가능하다. 다행히 시골에도 '읍내 주요 도로의 접근성 좋은 곳', '구급 이송 거리가 짧은 곳', '돌봄 공동체가 가능한 지역'이 꽤 있다. 이런 곳 중심으로 귀촌 사업 모델을 구상해야 한다.

두 번째로 큰 군집은 '일자리 문제'였다. 도시에서 오랜 시간을 보낸 50대 중반의 베이비부머가 원하는 일자리가 시골엔 없다는, 그리고 이들이 시골 일자리를 택할 이유가 없다는 비판도 많았다.

"60년대생들이 거진 다 관리자로 일하다 은퇴했는데, 시골 제조업 가서 공장 노가다를 하라는 게 말이야 방구야."

"60년대생이 지방에 내려가더라도 중소기업에 취업하지 않을 거다. 재취업은 수도권에도 중소기업이 많은데 굳이 내려갈 이유가 없다."

이 문제는 우리도 우려했던 바였기에 문헌 분석과 현장

조사를 병행해 살펴본 바 있다. 한 가지 분명한 건, 지방의 중소기업은 일손을 간절히 찾고 있으며, 도시에서 귀촌한 사람이 일할 의지만 있다면 두 팔 벌려 환영한다는 점이다. 이들이 절실히 원하는 인력은 공장에서 사장과 작업자 사이에서 현장을 실질적으로 움직이는 실무 책임자, 즉 '중간관리자'이다. 지방 중소기업에는 장부 관리나 세무 업무를 전문적으로 처리할 사람도 부족하다. 제품을 만들어도 어떻게 팔지 몰라 재고가 쌓이는 경우도 많아서, 마케팅과 영업기획을 하는 이들 역시 절실하다. 인사·총무 쪽도 마찬가지다. 지방 중소기업은 근로자 이직률이 높아, 사람을 뽑고 붙잡는 일이 큰 과제이기 때문이다.

    지방 기업이 원하는 중간관리자는 크게 두 부류다. '현장형 관리자'와 '사무형 관리자'. 전자는 생산·가공·건설·서비스 운영에 관련된 일을 하고, 후자는 회계·마케팅·인사·총무를 담당한다. 둘의 공통점은 사장과 직원, 현장과 시장 사이의 다리 역할을 한다는 점이다. 문제는 일자리 질이다. 도시와 비교하면 조건이 썩 좋지 않다. 월급은 대부분 210만 원가량의 최저임금 수준에 머문다. 많은 베이비부머가 이런 일자리를 선뜻 선택하지 않을 것이다. 그럼에도 불구하고, 이런 일자리를 원해도 구하지 못하는 이들 역시 많다. 베이비부머는 워낙 거대한 인구 집단으로, 각자의 사정과 선호가 크게 다르기 때문이다.

3자 연합모델을 구축하는 게 쉽다고 생각해 본 적은 없다. 다만 방송에서의 설명이 '주택 공급 모델'에 집중되면서, 원래의 취지와는 다른 오해를 낳았던 것 같다. 그런데 다음의 댓글에선 한참을 멍한 상태로 있어야 했다.

　"고향을 살리고 싶은 지방 출신의 마음은 이해하지만, 사라질 건 사라져야 하는 게 진리 아닐까요. 이제 서울이 고향입니다. 남의 고향은 별 관심 없어요."

　"저렇게 지방이 붕괴된다면, 기반시설 유지보수를 멈추는 게 당연하다."

　반복된 정책 실패와 예산 낭비의 경험이 만들어 낸 냉소와 피로감일까, 아니면 지키고 싶지만 불가능하다고 느끼니 차라리 잘라내자는 체념일까. 후자에 더 가까운 듯했다. <언더스탠딩>의 진행자도 "귀촌은 개인이 알아서 하는 거지, 왜 나라가 도와야 하냐. 어려워지는 지방을 살리는 게 의미 있겠냐"라고 수차례 되물었다. 예전 같으면 속으로만 삼켰을 이런 질문을, 이제는 공공연히 드러내고 있었다. 삶이 팍팍해지면 사람들은 세금 사용에 점점 더 민감해진다. 과거엔 '균형발전'과 '고향 지키기'가 공익적 담론이란 아우라 덕분에 공개적 반대가 쉽지 않았다. 하지만 이제는 "안 될 걸 왜 세금으로?"라는 적극적 반발로 바뀌고 있는 듯하다. 그리고 앞으로 이런 목소리는 더욱 세질 것이다.

　균형발전에 관한 논의는 단순히 '지방도 좀 발전하자'라는 수준의 이야기가 아니다. 그것은 나라 전체의 지속 가능성과 생존을 가르는 문제다. 그럼에도 이 책은 베이비부머의 귀촌을 균형발전을 위한 '수단'으로 삼으려는 시도가 아니다. 오히려 귀촌을 선택한 베이비부머가 각자의 자리에서 안정되고 행복한 삶을 이어갈 수 있는 조건을 함께 고민하려는 시도다. 그들이 스스로의 삶에 만족할 때, 그리고 그런 삶을 따라나서는 이들이 조금씩 늘어날 때, 균형발전은 자연스럽게 이루어질 것이다. 이에 대해서는 책의 본문에서 자세히 다룰 것이다.

댓글을 통해 많은 걸 얻었다. 진정 어린 응원과 조언도, 거친 욕이 섞인 비판도 모두가 이 책을 쓰는 데 도움이 되었다. 역시 사람은 소통의 과정에서 성장한다는 말이 틀리지 않았다. 댓글에서 지적된 것처럼, 세 주체의 고리를 단단히 묶어내는 과정에는 숱한 어려움이 따를 것이다. 그러나 김상철 씨의 이야기는, 시골 사정을 모르는 '무지한 몽상'으로 치부하기에는 매우 높은 실현 가능성을 품고 있다. 돌이켜보면, 한때 영화 속 허구였던 미래가 지금 우리의 일상이 된 경우가 얼마나 많은가. 과거의 상상이 현실을 만든 것이다. 그래서 우리는 상상한다. 젊은 베이비부머가 지방으로 이주해 중소기업에서 일하고, 지역·기업·사람이 서로 연합하는 3자 연합모델을.

이 상상은 허황된 꿈이 아니라, 땅 위에 뿌리내려야 할 현실적인 구상이다. 과학자이자 교육가인 앨런 케이Alan Kay의 말처럼 "미래를 예측하는 가장 좋은 방법은 그것을 만드는 것"일 것이다.

  은퇴와 함께 무대 뒤로 물러나는 사람이 매해 80~90만 명에 이른다. 이런 흐름은 앞으로 20년간 계속 이어질 전망이다. 그러나 이렇게 거대한 집단의 목소리는 좀처럼 들리지 않는다. 우리 사회는 수명이 다했다고 여겨지는 이들에게 큰 관심을 주지 않는다. 하지만 3자 연합모델 속에서의 그들은 더 이상 '잉여'가 아니다. 낮에는 지역 기업에서 땀 흘려 일하고, 저녁이면 평생교육원에서 배우며, 주말에는 텃밭을 가꾸며 이웃과 웃음을 나눈다. 그렇게 그들은 단순히 '노후를 버티는 사람'이 아니라, 지역의 한 구성원으로, 주체적인 개인으로 성장해 간다. 그리고 무엇보다도, 잊고 지냈던 가장 귀한 것을 되찾는다. 그건 바로, 삶이 제자리를 찾아가는 듯한 느낌이다.

  이 책을 쓰기 위해 정말 많은 문헌을 뒤졌다. 아마도 숫자가 너무 많다고 느끼는 독자도 있을 것이다. 그러나 그 수치 하나하나에는 수많은 사람의 삶과 선택이 녹아 있다. 글을 쓰는 내내 우리는 60년대생, 젊은 베이비부머들의 이야기를 가까이에서 들었다. 그들이 사회의 뒷방으로 밀려나고 있다는 현실 앞에서 마음이 무거워졌다. 매해 80~90만 명이 한순간에 무대 뒤로 사라지는 통계를 마주하며, 이들의 '두 번째 삶'이 어떻게 준비되어야 하는지 진지하게 고민하지 않을 수 없었다. 집필 과정은 그 자체로 배움의 연속이었다. 귀촌인과 일자리가 자연스럽게 이어질 것이라는 희망이 무너진 순간도 있었다. 그럴 때마다 우리는 '우문현답(우리의 문제는 현장에 답이 있다)'을 떠올렸다. 책상 앞에서는 결코 보이지 않던 답들이, 현장에서는 조금씩 모습을 드러냈다. 그리고 인터뷰를 거듭하며 깨달았다. 현실의 땅에 제대로 발을 딛지 못한 채 머뭇거리고 있던 것은 다름 아닌 우리 자신이었다. 그래서 더 간절해졌다. 현실에 발 딛고, 그 위에서 미래를 만들고 싶었다.

특별히 함양군의 백재욱 팀장님께 감사드린다. '일자리 연계형 귀촌 프로젝트'가 함양에서 시작되기를 소망하며, 연구 전반에 걸쳐 유익한 도움을 주셨다. 말로 다 표현하기 어려운 감사의 마음을 전한다. 또한 진병영 함양군수님, 박현기 읍장님, 이양숙 과장님, 김성우 팀장님, 정진권 주무관님 역시 큰 힘이 되어 주셨다. 현장의 목소리를 들려주신 기업인과 주민들께는 감사의 마음을 어떻게 다 전해야 할지 모르겠다. 함양군을 사례로 삼을 수 있었던 것은 우리에게 큰 행운이었다.

연구 과정에서 귀촌인 주택 건설 방향을 함께 고민해 주신 LH 지역균형계획처의 주민곤 처장님, 강진구 팀장님, 이동환 차장님, 그리고 OCS도시건축사사무소의 조경훈 대표님, 김현수 이사님께도 깊이 감사드린다. 한국경제인협회도 귀촌인과 중소기업 연계 모델에 깊은 관심을 보였다. 특히 특히 이상호 본부장님과 이재수 팀장님께 감사의 뜻을 전한다.

마지막으로 연구실 식구들의 응원과 조언이 없었다면 이 책은 아마 몇 년 뒤에나 세상에 나왔을 것이다. 김도연, 박

선영, 장형진, 김효영 학생은 초고를 꼼꼼히 검토하며 귀한 의견을 주었다. 감사의 마음을 일일이 다 적자면 책의 몇 장으로도 부족할 것이다. 여기서는 다 전하지 못하지만, 우리 사회의 미래를 더 진지하고 성실하게 연구하고 쓰겠다는 다짐으로 감사 인사를 대신한다.

일러두기

● 귀촌, 귀농, 귀향 무엇이 다른가?

이 책에서는 주로 '귀촌'을 이야기한다. 하지만 많은 이들이 귀촌, 귀농, 귀향을 혼용한다. 세 용어의 의미는 다음과 같이 구분할 수 있다.

귀촌(歸村) : 도시를 떠나 시골로 이주하는 것. 농사를 짓지 않아도 포함된다.
귀농(歸農) : 귀촌한 뒤 농업을 생업으로 삼는 경우. 즉, 귀촌의 하위 개념이다.
귀향(歸鄕) : 자신이 살던 고향으로 돌아가는 경우를 말한다.

그래서 고향이 시골이라면 귀향이 곧 귀촌이 될 수도 있고, 그곳에서 농사를 짓는다면 귀농이 되기도 한다. 하지만 고향이 도시라면 귀향이 귀촌이 되는 건 아니다.

● 이 책에서 말하는 '촌'은?

이 책에서 말하는 귀촌의 '촌'은 수도권과 지방의 주요 거점 도시(부산·울산, 대구, 대전·세종, 광주)를 제외한 지방 모든 지역을 포괄적으로 가리킨다. (자세한 내용은 <부록 1> 참조.) 이는 행정적 구분이나 생활 문화적 의미의 '시골'과는 달리, 정책적 중심부에서 벗어난 '비非거점 지역'을 의미하는 분석상의 약칭이다. 이렇게 범위를 설정한 데에는 세 가지 이유가 있다.

첫째, 최근 우리나라의 공간정책은 초광역권 중심으로서, 수도권, 동남권, 대경권, 중부권, 호남권 간 균형 발전을 지향한다. 각 권역의 거점 도시는 서울, 부산·울산, 대구, 대전·세종, 광주로서, 앞으로 정책의 초점이 이들 거점에 맞춰지는 만큼 비거점 지역은 상대적으로 직접적인 혜택이 줄어들 수 있다. 이러한 맥락에서 본서는 거점 밖 지역을 통틀어 '촌'이라 부른다. 인구이동에 관한 분석을 할 때, 우리 국토를 크게 수도권과 지방으로 나누어 진행하였다. 지방에서 5대 광역시를 뺀 '도 지역(강원, 충북, 충남, 전북, 전남, 경북, 경남, 제주)'이 '촌'에 해당된다.

둘째, 이 책은 베이비붐 세대의 귀촌을 주요 주제로 삼는다. 이 세대의 상당수는 학업과 일자리 때문에 대도시로 이동했으며, 과거 '촌'으로 불리던 고향을 떠나 수도권이나 지방 거점 도시로 대거 몰려들었다. 과거, 수도권과 5대 거점 도시를 제외한 지역은 대부분 농산어촌, 즉 시골이었다.

셋째, 독자에 따라 "전북 전주, 충북 청주, 경남 창원 같은 비非광역시 도청소재지까지도 '촌'으로 보아야 하는가?"라는 의문이 생길 수 있다. 그러나 본서에서 이러한 지역까지 '귀촌'의 범주에 포함시키는 것은 어디까지나 분석상의 편의를 위한 범주 설정임을 밝힌다.

● **이 책에서 말하는 '베이비부머'는?**

학계에서는 '베이비부머'를 정의할 때 크게 두 가지 기준이 흔히 사용된다. 첫째, 한국전쟁 직후 태어난 1955년생부터 1963년생까지를 1차 베이비부머로 보고, 가족계획이 본격화된 1964~1967년생을 제외한 뒤 1968~1974년생을 2차 베이비부머로 구분하는 방식이 있다. 둘째, 보다 넓게 잡아 1955년부터 1974년까지 약 20년간 태어난 세대 전체를 하나의 베이비부머 집단으로 묶는 방식도 있다.

이 책에서는 두 번째 정의를 따른다. 2025년 현재, 이들의 나이는 51~70세이다. 다만, 그중에서도 귀촌 가능성이 가장 높은 '1960년대생' 세대를 중심으로 살펴보고자 한다. 귀촌 가능성의 근거는 본문에서 자세히 밝힌다.

● **인터뷰 실명 여부는?**

이 책의 5장과 6장에는 인터뷰 과정에서 오간 많은 대화를 담고 있다. 인터뷰 과정에서 만난 사람들의 목소리를 최대한 그대로 옮겼다. 인터뷰에 응한 주민과 기업인 대다수가 실명도 상관없다고 밝혔지만, 개인정보 보호를 위해 '주민 A', '중소기업 A'처럼 익명으로 표기했다.

차례

프롤로그 김상철 씨의 두 번째 인생 이야기 ··· 2
         일러두기 ··· 20

1장. 젊은 베이비부머의 소득 공백 10년

전 세계에서 가장 빨리 인구가 줄어드는 나라 ··· 29
전 세계에서 가장 오래 사는 나라 ··· 36
생산가능인구 감소와 '독박세대'의 탄생 ··· 40
50대 중반 퇴직, 버틸 수 있는가 ··· 44
계속고용 요구는 왜 커지는가 ··· 51
정말 계속고용이 청년 일자리를 뺏을까? ··· 56

2장. 잉여인가, 자원인가

세 자원은 왜 '잉여'로 밀려났나
– 60년대생·중소도시·중소기업 ··· 67
자원 1: 경험씨 – 현역급 인적자본 ··· 73
자원 2: 지방씨 – 소멸위기 속 기회의 공간 ··· 78
자원 3: 기업씨 – 일자리 창출의 보고 ··· 86
전체는 부분의 합보다 훨씬 크다 ··· 93

3장. 대이동의 신호

경험씨는 두 번째 인생을 원한다 ··· 109
인생의 두 번째 커브 ··· 114
'어디에 사는가'가 행복을 가른다 ··· 117
인구 대이동은 이미 시작됐다 ··· 123
해외도 베이비부머 대탈출이 나타나고 있다 ··· 128
55세 전후 인구의 귀촌 파워! ··· 133
소멸위기 지역에 '제 발로 찾아오는' 사람들 ··· 137
왜 지금이 귀촌 정책의 황금 타이밍인가 ··· 142
귀촌 흐름이 폭발적으로 강해지려면… ··· 145

4장. 귀촌의 3대 걱정 없애기

3자 연합모델의 첫 관문은 집 ··· 155
텃세도 외로움도 덜어주는 단지형 주거 ··· 159
집이 돌기 시작한다 – 혁신적인 주택 순환 모델 ··· 164
귀촌은 집이 아니라 '일'로 완성된다 ··· 168
진짜로 기업씨가 경험씨를 채용한대요? ··· 171
'병세권'의 오해와 진실 ··· 177
응급 골든타임 – 살 곳을 고르는 기준 ··· 181
귀촌할 때 얻는 보너스 임금 ··· 188

5장. 함양, 3자 연합모델을 마주하다

왜 함양인가 ··· 195
함양판 3자 연합 ··· 199
함양 주민들은 외지인을 환영할까? ··· 201
이렇게 좋은 곳인데, 왜 사람이 줄까? ··· 207
'한번 살아보자'에서 시작된 인생 2막 ··· 212
살고 싶은데, 살 수 있을까? ··· 215
귀농자에서 '귀공자(歸工者)'로 ··· 221
귀촌인이 제안한 공공일자리 모델에 깜짝 놀라다 ··· 226

6장. 함양의 중소기업, 현실을 말하다

함양의 기업, '인산가'에게 묻다 ··· 239
지역과 기업이 공생하는 그림 ··· 245
현장 인터뷰 속 진짜 이야기 ··· 249
중소기업은 3자 연합을 어떻게 보나 ··· 254
농공단지, 여기서 일할 수 있을까? ··· 260
지방 중소기업의 '시간'은 왜 짧은가 ··· 266
식품 가공업에서 본 기회 ··· 270
여기 일자리가 있습니다 ··· 274
일손을 기다리는 현장의 절실함 ··· 278
지역과 중소기업은 하나의 운명 공동체다 ··· 283

7장. 나라까지 구하는 3자 연합

빠져나가는 청년, 올라가는 '청년 기준'의 역설 ··· 293

돌아오는 사람들을 위한 지자체의 '원씽' ··· 296

가능성을 확인했다. 이제 실행으로 ··· 299

나라까지 구하는 3자 연합 ··· 302

부록 1. 이 책에서 말하는 '지방씨' ··· 306
부록 2. 중앙정부는 3자의 결합을 어떻게 지원할 수 있을까? ··· 308
부록 3. 기대여명표 (19세~64세) ··· 324
부록 4. 3자 연합모델, 정말 가능할까? – Q&A ··· 325
미주 ··· 330

1장

젊은 베이비부머의
소득 공백 10년

"공무원이었어요.
은퇴가 찾아오자, 세상은 나를 조용히 밀어내더군요.
보이지 않는 손에 떠밀린 느낌이었죠.
마음은 아직 젊은데, 제 자리는 없어 보여요.
아직 제게 남은 시간이 이리도 많은데요.
긴 터널 속에 갇힌 느낌이에요."

— 귀촌 베이비부머 인터뷰 중에서

전 세계에서 가장 빨리 인구가 줄어드는 나라

나라가 위태롭다. 우리 주변엔 미래를 밝게 보는 이들보다 어둡게 보는 이들이 더 많다. 한쪽에서는 높은 물가가 한동안 이어져 결국 내수가 위축될 것이라 말한다. 우크라이나 전쟁과 중동의 긴장으로 물류비가 치솟았고, 기후변화는 농산물 가격을 불안정하게 만들고 있다. 여기에 경기를 살리려는 정부의 경기부양책까지 겹치면, 물가는 더욱 오를 수밖에 없다는 것이다. 반면, 정반대의 예측을 내놓는 사람들도 있다. 지금의 높은 물가가 서민들이 지갑을 닫게 만들어서 수요가 감소되고 있다는 지적이다. 게다가 반도체, 자동차, 선박, 철강 등 한국 주력 수출 품목마저 줄어들면, 기업들은 팔리지 않는 재고를 떠안게 된다. 결국 가격을 낮출 수밖에 없고, 이런 흐름이 이어지면 물가가 하락하는 디플레이션에 빠질 것이라는 경고다.

하지만 이런 위기가 절망적이지 않은 건 '싸이클'이 있기 때문이다. 마치 사계절이 순환하듯이 봄을 지나 여름과 가을을 보내면 겨울이 오고, 또다시 봄을 맞는다. 인생도 얼추 비슷하다. 좋은 시절을 지나 어려운 때를 맞고, 어려운 시절을 견디면 또 그럭저럭 괜찮은 시절이 찾아온다.

우리가 정말 두려워해야 하는 건 주야장천 한 방향으로만 흘러가는 '악순환의 고리'다. 어떤 부정적인 현상이 서로 얽혀서 계속해서 더 나쁜 결과를 초래하는 구조다. 매출이 감소하면 대출로 버티고, 그 기간이 길어지면 이자 부담이 증가한다. 그러면 이익이 감소하고, 다시 대출을 더 받아야 하는 삶. 우울증으로 밖에 나가길 꺼리고, 이러한 고립이 우울감을 심화하는 현상. 이런 일방적 흐름은 '자기 강화적 구조'를 가진다. 오랜 시간 지속되면 버틸 재간이 없다. 중간에 끊지 못하면 어느 시점에선 무너진다.

나라도 마찬가지다. 한 방향의 흐름을 막지 못하면 언젠가는 쓰러진다. 지금 우리나라를 무너뜨릴 수 있는 강력한 한 방향의 흐름, 바로 '인구감소'다. 인구가 유지되려면 부부당 최소 2명 정도의 아이가 있어야 한다.[1] 그렇지 않으면 인구는 줄어든다. 출산율 2명 기준선이 1980년대 초반에 깨졌다. 그 후로 출산율은 쭉 한 방향의 내리막길이다. 2020년부터는 죽는 이들이 태어난 이들보다 많아졌다. 지금 이 순간에도 우리나라 인구는 줄어들고 있다.

2020년, 우리나라 인구는 5,200만 명 정도였다. 통계청 인구 예측에 따르면 2050년에는 약 4,700만 명으로 줄어든다. 30년 동안 무려 500만 명이 사라진다는 이야기다. 계산해 보면 매년 16~17만 명씩 줄어드는 셈인데, 이는 경북 안동시 정도의 도시가 매해 지도에서 사라지는 속도다. 그런데 문제는, 통계청의 전망조차 믿기 어렵다는 점이다. 실제로 시도 장래인구추계를 비교해 보면, 대부분의 지자체 인구 예측은 현실과 맞지 않는다. 통계청은 그동안 지나치게 낙관적인 전망을 제시해 왔던 것이다. 민간 기업인 코나아이㈜가 시뮬레이션한 전망은 훨씬 더 어둡다. 이 분석에 따르면, 2050년 우리나라 인구는 4,000만 명 수준으로 떨어진다.[2] 한 세대가 지나는 동안 약 23%의 인구가 사라진다는 뜻이다. 이는 매년, 인구 40만 명 규모, 그러니까 경북 구미시 같은 도시가 매해 하나씩 사라지는 속도다.

출산율 하락에는 수만 가지 이유가 있겠지만, 가장 많이 언급되는 세 가지만을 추려 본다.

첫째는, '경제적 부담'이다. 집값과 전셋값이 천장을 뚫고 계속 오르는 상황에서 아이 한 명 키우는 데 비용이 너무 많이 든다. "전세도 구하기 힘든데 애를 낳으라니…" 이게 청년들의 푸념이다. 한국보건사회연구원이 2023년에 발표한 조사에 따르면, 자녀가 없는 신혼 가구가 앞으로 아이 1명을 키운다고 가정했을 때 예상하는 월평균 양육비[3]는 140만 원이다.[4] 1년이면 1,680만 원이 드는 셈이다. 자녀 1명을 낳아서 대학까지 졸업시키는 데 22년 정도가 소요되는 걸 가정한다면, 총양육비는 약 3억 7천만 원에 달한다. 지방의 20평대 아파트 한 채 값과 맞먹는 금액이다. 월급 300만 원을 꼬박 10년 넘게 모아야 되는 돈이기도 하다.

이런 현실을 반영하듯 지난 대선에서는 아기 하나 낳으면 무조건 1억 원씩 주겠다는 공약이 등장하기도 했다. 하지만 방금 언급했듯이, 아이 한 명의 총양육비는 3억 7천만 원이다. 설령 1억을 받는다 해도, 2억 7천만 원의 부담이 남는다. 젊은이들에게 여전히 벅찬 금액이다. 게다가 점점 불안정해지는 청년들의 일자리도 출산 의지를 꺾는 데 한몫을 한다. 지금 청년들이 일반기업에 취업했을 때 평균 초임은 약 250만 원 수준이다. 한 연구에 따르면, 출산은 소득과 긴밀한 관계를 가졌다. 특히 자녀를 처음 출산하는 데는 안정적인 소득원이 매우 중요한데, 낮은 소득은 출산 의향을 낮추는 것으로 나타났다.[5]

둘째 이유는 '일과 가정 양립의 어려움'이다. 특히 일하는 여성들은 아이를 낳으면서 상황이 크게 바뀐다. 회사에서는 눈치를 봐야 하고, 아이를 맡길 곳은 마땅치 않다. 요즘 신식 부모님, "아이를 맡길 거면 낳지 말라"는 말을 공공연하게 건네기도 한다. 부모에게도 이제는 자신만의 '두 번째 인생'이 있다. 자녀를 키우는 것은 부부 모두에게 쉽지 않은 헌신을 요구하지만, 특히 여성에게는 출산이 커리어를 멈추게 만드는 계기가 되곤 한다. 실제로 '왜 결혼 의향이 없는가?'라는 질문에, 남성의 66.4%, 여성이 85.6%가 '결혼을 하면 내 직장생활 등 자아성취에 부담이 될 것 같다'고 답했다.[6] 결혼이 인생의 디딤돌이 아닌 걸림돌이라고 생각하는 비율은 여성 쪽이 더 높다. 많은 결혼한 여성들이 퇴근과 동시에 두 번째 근무를 시작한다. 결혼은 그들에게, '저녁이 있는 삶'을 '저녁까지 일하는 삶'으로 바꿔 놓는 결정적 사건이 된다.

셋째는 '가치관의 변화'로 인한 출산율 하락이다. 한때는 결혼해서 아이를 낳는 건 당연한 수순이었다. 하지만 지금은 "결혼을 하지 않아도 행복할 수 있다", 결혼을 한 후라도 "아이 없는 인생도 그리 나쁘지 않다"는 말에 공감하는 이들이 많아졌다. 이들에게 가족보다 중요한 건 개인의 행복이다. '해야 한다'보다 '하고 싶다'가 선택의 출발점이 되고, 행복의 형태가 하나가 아니라는 사실을 젊은 세대는 자연스럽게 받아들인다. 저출산고령사회위원회의 조사에 따르면, '나중에라도 결혼하고 싶지 않다'고 답한 비율은 미혼 남성 13.3%, 미혼 여성 33.7%였다.[7] 아이를 키우는 것도 분명 보람되고 가치가 있지만, 한 번뿐인 자기의 삶에 올인하는 것도 중요하다고 느낀다.

방금 언급한 세 가지 요인만으로도 우리나라 출산율 하

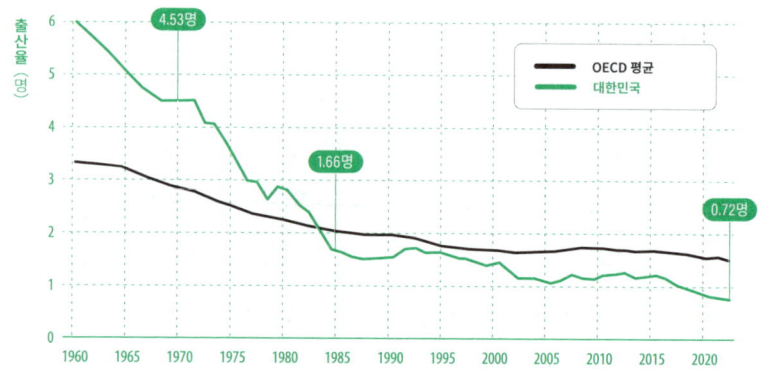

그림 1. 전세계에서 가장 빠른 속도로 하락하는 우리나라의 출산율[8]

락의 90% 이상은 설명할 수 있을 것이다. 출산율 저하가 우리나라만의 문제가 아닌 이미 전 세계적인 흐름으로 자리 잡았다는 분석도 있다. 실제로 OECD 회원국 대부분에서도 꾸준히 낮아지고 있다. 그렇다고 '다른 나라도 다 그런 걸…' 하면서 동병상련을 느끼며 위로받을 일은 아니다. 다른 나라도 줄긴 했지만, 우리만큼 급격하진 않다. 예를 들어, OECD 평균 합계출산율은 1960년 3.34명에서 2022년 1.51명으로 절반 이하로 줄었다. 꽤 많이 내려갔지만, 우리나라와 비교하면 완만한 편이다. 이에 대해 2023년 OECD보고서는 "한국은 아이를 낳고 키우는 데 따르는 경제적, 사회적 부담이 매우 커서, OECD 중에서 출산율의 하락 속도가 가장 빠르다"[9]라고 지적했다. 혹자는 말한다.

> "가뜩이나 일자리도 줄어들고 먹고살기도 힘든데, 남은 사람들끼리 오순도순 잘 먹고 잘 살면 되지 않겠는가. 인구가 줄고 있다고 왜 이리 난리법석을 떠는가."

인구감소를 긍정적으로 평가하는 이들도 많다. 인구가 많아야 반드시 부유한 건 아니다. 덴마크, 스위스, 노르웨이 같은 나라들을 보자. 우리보다 인구는 훨씬 적지만 1인당 소득은 오히려 더 높고, 삶의 만족도도 세계 최상위권이다. 이들은 적은 인구에도 불구하고 교육, 복지, 환경을 균형 있게 챙기며 국민 개개인의 삶의 질을 끌어올렸다. 돌이켜보면, 인구증가가 우리에게 고통을 준 경우도 적지 않았다. 치솟는 집값, 나빠지는 환경, 높아지는 실업률까지. 그래서일까. 이제는 단순한 '숫자'보다 그 속에 담긴 '내용'이 중요하다는 주장에 힘이 실리기도 한다.

맞다. 인구가 줄어드는 것 자체를 무조건 나쁘다고 단정할 수는 없다. 그러나 문제는 그 '속도'다. 체중 10kg을 3년에 걸쳐 천천히 줄인다면 건강에 도움이 되지만, 단 3개월 만에 빼려 하면 목숨을 잃을 수도 있다. 인구감소도 마찬가지다. 완만한 변화는 사회가 적응할 시간을 주지만, 급격한 변화는 사회의 기반을 흔든다. 우리 사회가 충격을 피하기 어려운 이유는 '이중 악재' 때문이다.

우리나라는 세계에서 출산율이 가장 낮은 동시에, 나이

든 인구는 가장 오래 사는 곳이 되어가고 있다. 저출산과 수명 연장이 극단적으로 맞물린 이 흐름을 방치한다면, 대한민국은 생각보다 빠르게 디스토피아의 문을 열게 될 것이다.

전 세계에서 가장 오래 사는 나라

고령화, 고령화, 고령화. 귀가 아프게 들었다. 이제는 고령화가 뉴노멀이 된 시대라, 그리 큰 감흥이 없다. 이 개념부터 다시 살펴보자. 고령화란 65세 이상 인구가 전체 인구에서 차지하는 비중이 높아지는 현상이다. 사람이 적게 태어나면, 사회는 자연스럽게 늙어간다. 여기에 더해 사람들이 오래 살게 되면 역시 고령화율이 올라간다. 이렇게 고령화를 부추기는 요인은 딱 두 가지다. 출생률이 하락하거나, 기대수명이 길어지거나.

- 첫째, 아이가 적게 태어나면 자연히 전체 인구에서 노인의 비중이 커진다.
- 둘째, 과거보다 사람들이 더 오래 살면, 역시 노인 인구의 비중이 커진다.

그렇다면 둘 중 어느 쪽이 더 큰 영향을 미칠까?
1970년대 이후 젊은이들이 아이 낳기를 주저하면서 인구 구조가 서서히 변했고, 저출산이 곧 고령화를 부른다는 주장이 상식처럼 받아들여졌다.[10] 그러나 2000년부터 이 공식은 깨졌다. 노인들이 더 오래, 더 건강하게 살기 시작했기 때문이다. 이제 예순, 칠순을 넘어 마라톤을 즐기는 사람들이 낯설지 않다. 2000년 이후 고령화를 가속화한 주범은 '덜 태어남'이 아니라 '덜 죽음'이었다. 앞으로 이 흐름은 더 강해질 것이다. 사람들은 더 오래 살고, 그만큼 더 오랫동안 고령인구로 남아 있게 된다. 고령화율이 출산율보다 기대수명에 더 민감하게 반응하는 시대가 온 것이다.

통계청이 매년 발표하는 '생명표'는 사람들이 평균적으로 얼마나 오래 살 수 있을지를 숫자로 보여주는 일종의 미래 생존 지도다. 그런데 이 생명표를 보다 보면 헷갈리는 용어가 등장한다. 바로 '기대수명'과 '기대여명'. 얼핏 보면 같은 말 같지만, 둘은 서로 다르다. 이쯤에서 용어 정리를 해보자.

먼저, 기대수명 life expectancy을 보자. 이는 '지금 막 태어난 아기가 앞으로 몇 살까지 살 수 있을까?'를 예측한 수치다. 예컨대, 2025년 한국의 기대수명이 83세라면, 2025년에 태어나는 아기는 평균적으로 83세까지 살 거라는 뜻이다. 기대수명은 그해의 의료 수준, 질병 발생률, 사고율, 영아사망률 등을 토대로 '이 조건이 전혀 바뀌지 않는다는 전제하에' 계산된 숫자이다. 1971년에 태어난 이의 기대수명은 1971년의 기준으로 계산된 것이고, 1996년생의 기대수명 역시 그 당시 기준으로 본 예측치다. 이 책을 쓰며 두 저자가 한 대화이다.

마강래   재미있는 사실 하나. 나는 1971년생인데, 내가 태어날 때 남자의 기대수명이 몇 살이었는지 알아? 고작 59세 정도였어. 지금 생각하면 너무 짧지 않니? 실제로 그 시절 통계에 따르면, 나랑 같은 해 태어난 남자의 절반은 환갑도 못 넘길 거라고 예측됐지. 그래서 옛날엔 환갑잔치가 집안 대축제였던 거야. 지금은? '아직 젊은데 무슨 잔치냐'며 꺼리는 분위기가 많지.

김지원   와, 저는 1996년생인데, 그해 여자의 기대수명이 78.27세였대요. 숫자만 보면 되게 길어 보이죠? 근데 솔직히, 저도 제 주변 친구들도 "겨우 78살이라고?" 이렇게 생각해요. 우리 세대는 '더 오래 살 거다, 아니 더 오래 살아야 한다'는 게 거의 기본값이에요.

마강래   아마 지원이 세대는 많은 이들이 100세를 넘길 것 같다는 생각도 드네.

김지원   맞아요. 기대수명이 계속 늘고 있다는 건, 우리 사회의 시스템이 바뀌어야 한다는 걸 말하기도 하는 것 같아요.

마강래   그렇지. 예전엔 마라톤이 20km였다면, 이제는 40km로 길어진 거야. 뛰는 방식부터 다시 짜야 한다는 얘기지. '긴 생애의 규칙'을 세우지 않는다면, 여러 층위에서 사회 시스템이 버티지 못하는 일이 벌어질 수도 있을 거야.

기대수명은 계속 길어질 것이다. 1970년대 이후 우리는 더 깨끗하고, 더 안전하고, 더 건강한 환경에서 살게 되었다. 당시에는 국내에서 심장 수술도 받기 힘들었고, CT, MRI도 보편적이지 않아서 암을 제때 발견하지 못해 죽는 이들도 많았다. 지금은 다르다. 의료기술은 당시 상상조차 할 수 없을 만큼 발전했다. 백신 접종은 기본이 되었고, 정기 건강검진도 일상이 되었다. 예전과 비교하면, '쉽게 죽지 않는 시대'를 살고 있는 셈이다.

2023년에 태어난 아기의 기대수명은 83.5년(남자 80.6세, 여자 86.4세)이다. 그러나 실제로는 100세 가까이 살 가능성이 크다! 통계청에 따르면 2072년에 태어날 한국인의 기대수명은 무려 91.1세이다.[11] 세계보건기구(WHO)에서도 우리나라가 조만간 전 세계에서 가장 오래 사는 나라가 될 것으로 예측하고 있다. 사실 2072년에 태어난 아이들은 실제로 120세를 넘어 살 수도 있겠다. 영화 속 이야기처럼 들리지만, 지금의 기술 발전 속도를 보면 충분히 현실적인 예측이다.

그렇다면 지금 이 글을 읽고 있는 독자들 중엔 이런 궁금증이 들 수도 있다. "그럼 나는 앞으로 얼마나 더 살 수 있을까?"

여기서 등장하는 개념이 바로 기대여명 remaining life expectancy이다. 지금 나이에서 앞으로 평균적으로 얼마나 더 살 수 있는지를 보여주는 수치다. 스스로의 남은 시간이 궁금하다면,

<부록 3>의 기대여명표를 한 번 보시라. 예컨대, 1970년에 태어난 남성(현재 55세)의 기대여명은 27.8년, 즉 평균적으로 82.8세까지 산다는 계산이 나온다. 하지만 이 숫자도 2023년의 환경이 앞으로도 그대로 유지된다면, 그러니까 현재 관찰된 사망률이 미래에도 계속된다는 조건 아래의 예측일 뿐이다. 실제로는 의료기술의 발전과, 이전 세대보다 적극적으로 건강을 관리하는 상황을 고려하면, 90세를 넘길 가능성이 크다. 누가 알겠는가. 당신이 120번째 촛불을 불며, 오늘 이 글을 떠올릴지.

생산가능인구 감소와 '독박세대'의 탄생

무서운 속도의 저출산은, 생산가능인구의 급격한 축소로 이어진다. '생산가능인구(15~64세)'는 한 사회가 경제적으로 얼마나 움직일 수 있는가, 쌩쌩할 수 있는가를 나타내는 핵심적인 지표이다. 통계청이 발표한 생산가능인구의 감소 추이를 <표 1>에서 보자. (다시 말하지만, 통계청 수치는 지나치게 낙관적이란 점을 염두에 두자.)

쭉쭉 줄어든다. 문제는 전체 인구 중 생산가능인구의 비중이다. 2020년 생산가능인구는 70% 정도다. 앞으로 30년후엔 50% 정도로 줄어든다. 전체 인구 중 생산가능인구가 반 토막이 나는 시점은 앞으로 35년 정도 후의 일이다. 생산가능인

연도	생산가능인구(명)	전체 인구 대비 비중(%)
2020	3,738만	71.1
2030	3,417만	63.1
2040	2,903만	56.5
2050	2,445만	52.7
2060	2,069만	49.7

표 1. 생산가능인구의 급속한 감소

구가 줄어든다는 건 곧 일할 사람이 적어진다는 뜻이다. 그렇다. 지금의 추세가 이어진다면, '공포 스토리'는 예정된 미래다. 혹자는 다음과 같이 반문할 수도 있겠다.

> "그럼 일할 수 있는 나이를 70세, 아니면 75세로 늘리면 되지 않겠는가?"

하지만 이 또한 쉽지 않다. 우리의 법과 제도는 '65세 이상'을 각종 정책과 지원의 기준선으로 삼고 있다. 그 속에서 65세 이상 인구는 주로 '배려'와 '보호'의 대상이다. 대표적인 예가 「노인복지법」이다. 이 법은 65세 이상을 노인으로 규정하고, 여러 복지 정책을 제공하는 근거로 삼는다. 이 법의 구체적인 조항들을 살펴보면, 고령자가 사회적으로 어떤 위치에 있는지 잘 드러난다. (<표 2> 참조)

이처럼 우리나라에서 만 65세(또는 일부 정책에선 60세)를

- 노인학대 관련 범죄란 보호자에 의한 65세 이상 노인에 대한 학대를 말한다.
- 공공시설의 매점·자판기 설치를 허가할 때, 65세 이상 노인의 신청을 우선 반영해야 한다.
- 청소, 주차관리, 매표 등의 사업을 위탁할 경우, 65세 이상 노인을 20% 이상 채용한 업체를 우선적으로 고려할 수 있다.
- 박물관, 고궁, 공원 등의 공공시설은 65세 이상에게 무료 또는 할인 요금으로 제공할 수 있다.
- 국가 또는 지방자치단체는 65세 이상 노인에 대해 건강진단 및 보건교육을 실시할 수 있다.
- 65세 이상에 대한 학대를 알게 된 사람은 즉시 노인보호전문기관 또는 수사기관에 신고해야 한다.

표 2. 「노인복지법」에 나타난 65세 이상 관련 조항 예시

넘기면, 자동으로 수많은 복지 제도의 대상이 된다. 복지의 내용은, 소득 지원, 의료와 건강, 주거 환경, 일자리와 사회활동, 돌봄·요양, 여가·교육, 인권보호까지 거의 전 분야에 걸쳐 있다. 「노인복지법」이 전하는 메시지는 간단 명료하다.

"열심히 일한 당신, 이제 쉬셔도 됩니다."

우리의 법과 제도는 65세 이상 인구를 조용히 퇴장해야 할 사람들로 간주하고 있다. 이렇게 강제로 쉬어야 하는 이들이 많아지면, 살아남은 자들에겐 암울한 시대가 시작된다. 65세 이상 인구가 많아지면 의료비, 연금, 돌봄 서비스 지출이 폭증한다. 지금은 젊은이 다섯 명이 65세 이상 인구 한 명을 부양하고 있지만, 머지않아 둘이, 그리고 언젠가는 한 사람이 한 노인을 떠맡는 시대가 온다. 세금 낼 사람은 줄고, 세금 써야 할 곳은 기하급수적으로 늘어난다. 실제로 국회예산정책처[12]에 따르면, 국가의 총수입[13]은 GDP 대비 2025년 24.5% → 2072년 22%로 감소하는 반면, 총지출[14]은 25.5% → 33.6%로 증가할 전망이다. 수입은 줄고, 지출은 늘면? 결과는 자명하다. 재정적자는 커지고, 부족한 돈을 메우기 위해 국채 발행이 늘고, 세금 인상 압력도 높아질 것이다.

누가 그 짐을 지게 될까? 우리 모두 그 정답을 알고 있다. 바로 지금 태어나는 아이들, 그리고 가까운 미래에 어른이 될 세대다. 그들은 '독박'을 쓸 가능성이 높다. 감당하기 어려운 무게를 짊어지고, 앞선 세대가 남긴 책임까지 떠안아야 한다. 세금을 더 내야 하고, 줄어드는 좋은 일자리를 차지하려 서로 치열하게 싸워야 하며, 복지 혜택은 갈수록 줄어드는 세상에서 살아가야 한다. 태어난 게 축복이 아닐 수 있다. 오래 사는 건 더더욱 축복이 아니다. 고령자가 절반에 이르는 사회. 어떤 일이 일어날지는 굳이 복잡한 계산이 필요 없다.

출산율은 낮아지고 기대수명은 길어지면서, 복지를 필요로 하는 사람은 늘고 젊은 세대의 부담도 커질 것이다. 경제, 복지, 노동, 사회 전반에 걸쳐 심각한 균열이 생길 가능성이 높아졌다. 지금 우리 사회가 이 문제에 눈을 감는다면, 아이들은 태어나는 순간부터 빚더미 위에서 출발하게 될 것이다. 미래는 공평하지 않다.

50대 중반 퇴직, 버틸 수 있는가

생산가능인구가 줄어든다는 건 어떤 의미일까?

먼저, 일할 사람이 사라진다는 뜻이다. 눈에 잘 보이지 않지만, 생산가능인구 감소는 경제의 동력을 서서히 갉아먹는 거대한 압력이다. 공장에서 기계를 돌릴 인력이 부족하고, 병원에서 환자를 돌볼 간호사도 줄고, 식당, 학교, 연구소, 건설현장 할 것 없이 '사람이 없다'는 말이 일상이 된다. 사람이 줄면 생산은 느려지고, 서비스의 질은 낮아지며, 경제성장률은 자연히 꺾인다. 한마디로, 사회의 작동 속도가 느려지는 것이다.

둘째로, 돈을 쓸 사람도 사라진다. 일할 사람이 줄어드는 만큼 소비자도 줄어든다. 일을 하면 돈을 벌고, 그 돈으로 밥을 먹고, 옷을 사고, 영화를 보고, 차나 집도 산다. 그런데 이 소비의 고리가 느슨해지면? 옷가게는 한산해지고, 식당은 텅 비고, 영화관은 썰렁해진다. 수요가 줄면 기업은 투자를 줄이고, 투자가 줄면 일자리가 줄고, 일자리가 줄면 다시 소비가 줄어든다. 돌고, 돌고, 돌고… 악순환의 고리가 멈추지 않는다. '그럼 그냥 다 같이 절약하면 되지 않나?'라고 생각할 수도 있다. 하지만 개인의 절약은 미덕이지만, 사회 전체가 지갑을 닫으면 그건 불황의 다른 이름이다. 한 사람의 절약은 저축이지만, 모두의 절약은 재앙이다. 절약이 절약을 부르고, 불황이 불황을 키운다.

셋째로, 세금 낼 사람도 줄어든다. 국가 재정은 일하는 사람이 내는 세금으로 돌아간다. 그런데 그 수가 줄어들면? 도로 하나 깔기도 힘들고, 학교나 병원을 새로 짓는 일도 버거워진다. 정부와 지자체는 돈이 없으니 움직일 여력 자체가 줄어든다.

누군가 이렇게 말하는 걸 들은 적이 있다.

> "이제 100세 시대를 맞이했는데 생산가능인구를 여전히 64세에서 멈춰 세우다니. 왜 우리는 오래된 숫자 틀에 스스로를 가두고, 위기감 속에서 법석을 떠는가?"

건강수명이 70대 중반까지 올라간 지금, 65세부터 복지의 대상으로 삼는 건 분명 시대착오적이다. 하지만 지금 우리가 더 주목해야 할 건 따로 있다. 여전히 일할 의욕이 넘치는

50대 초중반 세대가 직장에서 밀려나고 있다는 사실이다. 여러 조사 결과가 말해 주듯, 우리나라 직장인의 평균 은퇴 시기는 50대 초중반에 불과하다.

- **51.1세 - 벼룩시장 조사**[15] 중장년층 채용 플랫폼 '벼룩시장'이 40세 이상 근로자 1,134명을 대상으로 한 조사에서, 응답자의 79.7%가 이미 주된 직장에서 퇴직한 경험이 있다고 밝혔다. 그만둘 당시 나이는 평균 51.1세였다. 근속기간은 평균 13년 8개월로, 오랜 직장생활 후의 퇴직이라기보다는 중도 하차에 가까웠다.
- **51.7세 - 잡코리아, 알바몬 조사**[16] 비슷한 맥락의 조사도 있다. 잡코리아와 알바몬이 직장인 534명을 대상으로 한 조사에서는 자신이 회사를 그만둘 시점은 평균 51.7세라고 답했다. 특히 대기업 근무자는 평균 49.5세, 중소기업과 중견기업은 51.7세, 공기업 및 공공기관은 53.8세로 나타났다. 법적 정년이 60세임에도 대부분의 직장인은 이미 50대 초반에 '체감 정년'을 맞이하고 있는 셈이다.
- **56세 - KB금융지주 경영연구소**[17] KB금융지주 경영연구소가 전국 3,000명을 대상으로 진행한 조사에서는 실제 은퇴 나이가 평균 56세로 나타났다. 노후 준비가 부족하다는 응답자 비율은 무려 49.7%에 달했다. 일찍 그만두지만, 준비는 늦거나 아예 시작하지 못하는 사람들이 절반을 넘는다는 뜻이다.

연금 수령은 65세부터 시작되는데,[18] 은퇴는 55세에 이루어진다면 그 사이에 10년의 공백이 생긴다. 이 10년은 대부분에게 '버티는 시간'이 된다. 그렇다면, 그 10년을 버틴다는 건 은퇴한 이들에게 어떤 의미일까? 결론부터 말하자. 50대 중반에 은퇴해 '경제적 자유'를 누리며 80대 중반까지 살아간다는 시나리오, 이건 솔직히, 대한민국에서 가능한 사람이 많지 않다. (80대 중반 이후에는 더 큰 돈이 들어간다!) [19]

2025년 KB골든라이프 보고서[20]에 따르면, 은퇴한 부부가 '적정한' 수준의 생활을 유지하려면 월 350만 원이 필요하다.[21] 여기서 말하는 '적정 생활비'란 경제적 불안 없이, 사회적으로 고립되지 않으며, 일상에 여유를 느낄 수 있는 삶을 가능하게 하는 수준의 비용을 의미한다. 사치도, 궁핍도 아닌 안정된 일상을 지키기 위한 기준이다. 하지만 이 기준을 맞출 수 있는 은퇴자는 많지 않다. 그래서 보고서는 아끼고 아껴야 겨우 생활을 유지할 수 있는 '최소 생활비'도 함께 제시했다. 그 금액은 월 248만 원이다.

그럼 은퇴 부부의 한 달 살림을 한번 따라가 보자.

가장 먼저 주거비. 아파트 관리비 고지서는 매달 꼬박꼬박 날아오고, 여기에 전기·수도·가스 요금이 더해진다. 겨울이면 난방을 줄일 수도 없고, 여름이면 에어컨을 아예 안 틀 수도 없다. 때로는 보일러가 고장 나거나 베란다 창이 덜컥거려 수리비가 들기도 한다. 어떤 집은 아직 대출을 갚고 있고, 또 어떤 집은 월세를 낸다. 이렇게 저렇게 더하다 보면 주거비만

항목	적정 생활비	최소 생활비	차액 (적정-최소)
주거비	70	60	10
식비	80	60	20
건강관리비	35	25	10
교통비	20	10	10
여가·취미비	45	20	25
경조사·용돈	25	15	10
의류·잡화·생활용품	15	15	0
통신비	10	10	0
소모품	15	0	15
비상금·저축	35	33	2
합계	350	248	102

표 3. 은퇴 부부 기준 적정 생활비와 최소 생활비의 예 (단위: 만 원)

70만 원을 훌쩍 넘는다. (월세 가구라면 더 늘어날 수 있다.)

식비는 어떨까? 은퇴 후 외식을 줄인다 해도, 집에서 먹는다고 꼭 싸게 끝나는 건 아니다. 마트에서 쌀이며 달걀, 고기, 채소를 담다 보면 카트는 금세 가득 찬다. 온라인 장보기를 하다 보면 무료배송 금액을 채우느라 과자나 음료를 더 담기도 한다. 결국 한 달 식비는 약 80만 원. 많아 보이지만, 따져 보면 두 사람이 하루 세 끼를 30일 먹는다 치면 180번의 식사다. 끼니당 4,500원도 안 되는 수준이다.

은퇴 후 가장 신경 쓰이는 건 역시 건강이다. 위나 대장

내시경 같은 정기검진은 기본이고, 혈압이 높거나 당뇨가 있다면 병원비가 더 올라간다. 치과는 웬만하면 안 가고 싶지만, 임플란트나 스케일링은 미루기 어렵다. 영양제며 약값까지 합치면 한 달에 35만 원이 나간다.

교통비도 만만치 않다. 차를 유지하면 기름값이 매달 20만 원쯤 들어간다. 대중교통만 타더라도 교통카드 충전이 계속 필요하다. 여가비는 또 어떤가. 은퇴 후라도 여가비를 아예 안 쓰고 산다는 건 불가능하다. 친구들과 식사모임을 하거나, 문화센터에서 서예나 요가를 배우거나, 가끔 당일치기로 바람을 쐬러 떠나기도 한다. 이런 데 쓰는 돈이 약 45만 원이다. 아직 독립하지 않은 자녀가 있다면 이야기는 더 복잡해진다. 대학 등록금, 자취방 월세, 용돈까지 얹히면 생활비는 훨씬 커진다.

여기에 빠질 수 없는 게 경조사비다. 친척집 결혼식, 친구 부모님 부고, 손주 돌잔치⋯. 이런 자리에서 봉투를 내지 않을 수는 없다. 평균 25만 원은 잡아야 한다. 옷이나 각종 생활용품에 15만 원, 휴대폰과 인터넷, OTT구독 요금에 10만 원, 혹시 모를 일에 대비한 비상금과 소액 저축에 35만 원. 이렇게 합치면 딱 보고서에서 말한 적정 생활비, 350만 원이 된다. 어찌 보면 350만 원은 일상 속에서 어느새 사라지는, 생각보다 작은 금액이다.

그러나 은퇴 부부가 매달 이만큼의 생활비를 확보하기

란 쉽지 않다. 그래서 이번에는 '최소 생활비' 기준으로 다시 계산해 본다. 말 그대로, 밥 먹고, 잠자고, 병원에 다닐 수 있을 만큼의 비용. 그게 248만 원이다.

이 돈으로는 주거비 60만 원, 식비 60만 원, 건강관리비 25만 원, 교통비 10만 원, 여가·취미 20만 원, 경조사비 15만 원, 의류·생활용품 15만 원, 통신비 10만 원, 비상금 및 저축 33만 원 정도가 가능하다. 외식은 거의 못 하고, 여행은 큰맘 먹어야 한 번 갈 수 있다. 손주 돌잔치에 봉투를 넣으면 그달 취미 강좌를 포기해야 할지도 모른다. 정말로 딱 필요한 만큼만 쓰는 삶이다.

그렇다면 55세에 퇴직해, 수입 없이 10년을 최소생활비로 버틴다고 치자. 단순 계산만 해도, 10년간 3억 원이 조금 넘는다. (적정 생활비로는 4억 5천만 원이 필요하다.) 다시 말하지만, 연금 없이 10년간 버티며 이 돈을 부담 없이 지출할 수 있는 가구, 우리나라에 거의 없다. 잠시 통계를 보자. 2024년 3월 말 기준으로, 우리나라 가구의 평균 순자산은 약 4억 5천만 원이다.[22] 연령별로 보면, 50대는 5억 1천만 원, 60세 이상은 5억 2천만 원 정도다.[23] 그나마 순자산의 50% 정도가 '거주주택'과 '전월세보증금'에 들어가 있다. 이런 상황에서 최소생활비 기준으로 10년을 생활한다면? 자산의 절반 이상을 까먹을 각오를 해야 한다.

계속고용 요구는 왜 커지는가

그러니 연금이 본격적으로 나오기 전까지는, 무언가 일을 해야 한다. 그렇지 않으면 한 달 한 달이 버거울 수밖에 없다. 이게 바로 고령자의 '경제활동참가율(경활률)'이 높아지는 이유다. 경활률은 단순히 취업자만을 뜻하지 않는다. 구직 활동을 하고 있는 실업자까지 포함한다. 즉, 이미 일하는 사람뿐 아니라 '일하고 싶어 애쓰는 사람'까지 포괄하는 지표로서, 경제가 실제로 얼마나 활발하게 움직이고 있는지를 보여준다.

2025년 5월 기준으로 60세 이상 고령층의 경활률은 49.4%다. (<그림 2> 참조) 60세 이상 고령자 2명 중 1명은 일을 하고 있거나, 일할 의지가 있다는 뜻이다. 이 수치는 우리나라가 관련 통계를 집계한 이래 최고치다. 60세 이상 인구의 경활률은 꾸준히 상승해 왔고, 최근에는 고령자의 일자리 참여 비중이 점점 더 커지고 있다. <그림 3>을 보면 우리나라의 65세 이상 인구의 경활률은 40.9%로, OECD주요국에 비해 압도적으로 높은 수치이다. 얼핏 보면 좋은 일처럼 보일 수 있다. 자아실현이나 사회적 관계 유지 같은 긍정적인 동기가 높아지고 있다고 해석할 수도 있지 않은가. 하지만 우리나라의 경우는 조금 다르다.

주요한 원인 중 하나는 연금이 충분하지 않기 때문이다. 전문가들은 특히 국민연금의 도입 시기가 늦었고, 공적연금의 소득대체율도 낮다는 점이 우리나라의 노인 빈곤율을 높

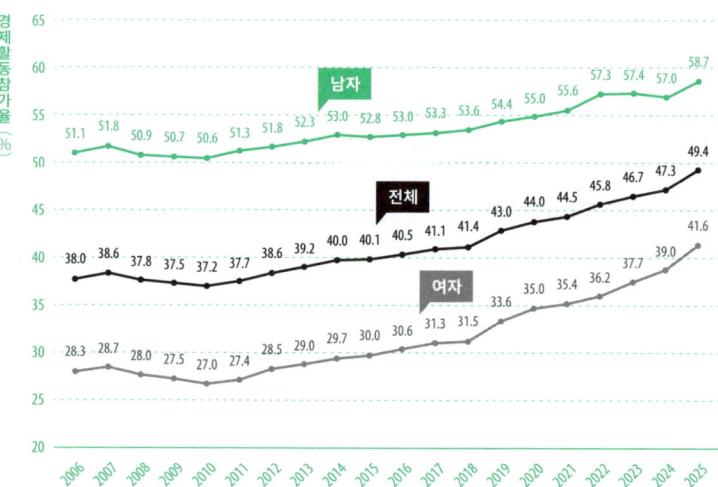

그림 2. 지난 20년간 60세 이상 경제활동참가율 변화(2006~2025년)[24]

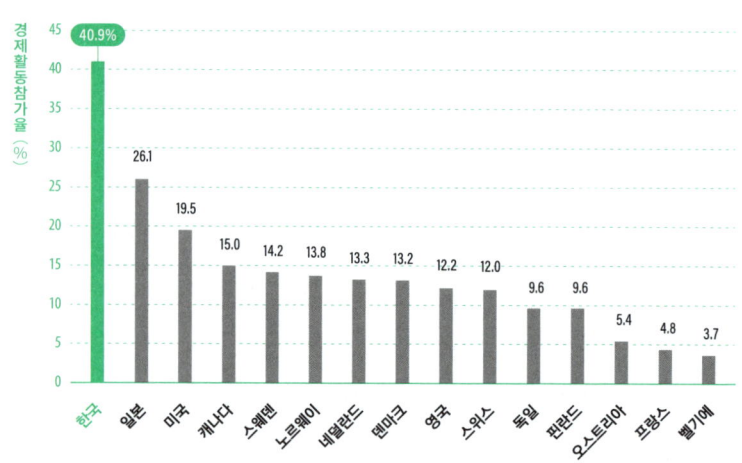

그림 3. OECD 주요국의 65세 이상 인구 경제활동참가율(2024년 기준)[25]

이고 있다고 지적한다. 우리나라 국민연금은 1988년에 도입됐지만, 초창기에는 가입이 의무가 아니었고, 가입률도 낮았다. 많은 사람들이 뒤늦게 연금에 가입했기 때문에, 지금 연금 수령 연령대에 있는 이들 중 상당수는 생계비를 충당할 만큼 충분한 연금을 받지 못하고 있다. 게다가 연금의 소득대체율도 매우 낮다. OECD 평균이 약 66%인 데 비해 우리나라는 45% 수준이다. 기초연금이나 기타 공적 지원제도도 그 격차를 메우기엔 역부족이다. 2025년 기준으로 국민연금 수령자의 월평균 수령액은 약 67만 원 정도이다. 그러니 노인 빈곤율이 높을 수밖에 없다. 많은 고령자들이 여전히 생계를 위해 일을 해야만 한다.

실제로 우리나라의 노인 빈곤율은 최근 수년간 38~40%를 유지하고 있다. 이는 OECD 국가들 가운데 압도적인 1위다. OECD 평균 노인 빈곤율이 약 14%라는 점을 고려하면 거의 3배에 달한다. 이렇게 빈곤율이 높아진 데는 여러 요인이 얽혀 있다. 공적연금 제도가 취약한 측면도 있고, 가족 부양의 의무와 역할이 약화된 점도 있고, 노인의 일자리가 대부분 저임금이거나 임시직, 비정규직 등 불안정한 노동이기 때문이기도 하다. 또한 우리나라의 노인복지 지출이 OECD의 절반도 되지 못하는 구조적 문제도 있다. 고령층의 경활률이 높아질 수밖에 없다.

반면에 청년층의 경활률은 오랫동안 정체 상태다. 이유

는 익히 알려져 있다. 양질의 일자리가 줄었고, 대기업을 중심으로 신입보다는 경력직을 더 선호하는 채용 기조가 굳어지고 있다. 한국경제인협회의 2025년 상반기 대기업 신규채용 계획 조사[26]에 따르면, 대졸 신규 입사자 중 '중고 신입'의 비중이 3명 중 1명꼴이었다. 취업문이 좁아지자, 구직에 나선 청년들 중 상당수는 아예 취업을 포기하기도 한다.

구직을 포기하는 청년층과는 반대로 중장년층은 여전히 노동시장에 더 많이 참여하길 원한다. 이런 상황에서 유독 존재감이 커지는 법이 있다. 바로 「고령자고용법」이다. 이 법에서 말하는 '고령자'의 기준은 의외로 낮다.[27]

"고령자는 55세 이상인 사람으로 한다."

이걸 보면 고개가 갸웃해진다. 왜 이렇게 정의한 걸까? 55세를 벌써 고령자라 부르다니, 너무 심한 것 아닌가. 이유는 분명하다. 50대 중반에 대규모 은퇴가 이루어지기 때문이다. 상황이 이러하니 최근 학계에서도 계속고용제도를 강화해야 한다는 목소리가 커지고 있다. 「고령자고용법」에도 은퇴 후 고용에 대한 내용이 곳곳에 녹아 있다. 계속고용제도는 이름 그대로, 나이에 상관없이 계속 일할 수 있게 하는 장치다. 방식은 다음과 같은 세 가지다.

먼저, 가장 흔한 형태는 '재고용'이다. 정년퇴직 후에도 그 자리에서 계약직이나 촉탁직으로 다시 일하는 방식이다. 같은 회사에 남아 있지만, 예전과는 역할과 대우가 달라진다. 정년퇴임한 교수가 시간강사로 강단에 서거나, 숙련된 기술자가 계약직으로 복귀하는 식이다. 현대차, 포스코, 기아 같은 대기업들도 이런 제도를 도입해 운영하고 있다.

두 번째는 '정년 연장'이다. 「고령자고용법」 제19조는 모든 사업장에서 정년을 60세 이상으로 정하도록 의무화하고 있다. 지금은 사실상 60세가 사회적 표준이지만, 정부는 65세까지 늘리는 방안도 검토 중이다. 평균수명이 길어지고 건강하게 일할 수 있는 시간이 늘어나면서, '60세 은퇴'라는 기준 자체가 현실과 어긋난다는 인식이 확산되고 있기 때문이다.

마지막으로 '정년 폐지'가 있다. 말 그대로 정년이라는 개념을 없애는 것이다. 나이가 아니라 일할 능력과 의사를 기준으로 삼는 방식이다. 이미 미국, 호주, 뉴질랜드, 캐나다(대부분의 주)에서는 정년제가 없고, 대만도 2024년 7월 '65세 정년 조항'을 없앴다. 이런 흐름은 결국, 나이를 기준으로 사람의 일할 자격을 제한하는 시대가 끝나가고 있다는 신호이기도 하다.

하지만, 2라운드를 뛰게 하는 '재고용', 경기 시간을 늘리는 '정년 연장', 경기 규칙 자체를 없애는 '정년 폐지' 등, 계속고용의 효과를 두고 갑론을박이 이어져 왔다. 논쟁의 중심에는 이러한 계속고용이 청년의 일자리를 빼앗는다는 우려가

자리하고 있다. 어떤 이들은 청년과 고령자의 일자리가 충분히 상생할 수 있다고 말한다. 그 논쟁, 조금만 더 들여다보자.

정말 계속고용이 청년 일자리를 뺏을까?

생산가능인구 감소로 노동력 공백이 생기자, '은퇴 세대의 지속적인 노동 참여'가 하나의 해법으로 제시되고 있다. 그러나 이 주장은 신중하게 접근할 필요가 있다. 단순히 일할 사람이 줄어드는 것을 넘어, 산업 구조 변화로 인해 일자리 자체도 빠르게 사라지고 있기 때문이다. 인구 감소와 동시에 급속한 기계화 및 자동화가 진행되면서, 노동 수요는 전반적으로 감소하는 흐름이다. 이는 적은 인력으로도 충분한 생산이 가능해지는 환경으로 바뀌고 있음을 의미한다.

여기서 한 가지 더 짚고 싶은 게 있다. 일자리는 '양'도 중요하지만 '질'도 중요하다. 단순히 몇 개의 자리가 있느냐가 아니라, '어떤' 자리인지가 관건이다. 소위 정규직, 안정적 수입, 복지 혜택이 보장된 '좋은 일자리'가 늘지 않는 상황에서 계속고용 제도가 확산되면, 좋은 일자리를 놓고 세대 간 경쟁이 심화될 가능성이 높다. 청년들은 이미 한정된 자리를 두고 서로 경쟁하는 것만으로도 벅찬데, 직장을 구하는 은퇴자와도 맞붙어야 할 수도 있다.

실제로 한국은행은 2016년 법정 정년이 60세로 연장된 이후의 고용 변화를 분석했다.[28] 그 결과, 중장년층의 일자리는 늘어난 반면 청년층의 고용은 줄어든 것으로 나타났다. 구체적으로는, 고령 근로자가 한 명 늘어날 때마다 청년층 일자리가 약 0.4명에서 1.5명까지 감소했다. 이러한 현상은 특히 청년들이 좋은 일자리로 여기는 대기업이나 노조가 있는 사업장에서 두드러졌다. 한국은행은 평균적으로 고령자가 한 명 더 일하면 청년 일자리 하나가 사라지는 셈이라고 평가했다. 결국 고령층이 안정된 자리를 지키는 동안, 청년들은 그 밖에서 기회를 기다릴 수밖에 없는 구조가 형성된 것이다.

한국은행은 청년 고용이 늘지 않는 가장 큰 이유로 우리나라의 '호봉제'를 꼽았다. 2016년부터 정년이 연장되면서 고령 근로자들이 자리를 비우지 않게 되었고, 기업은 부담스러운 인건비 탓에 새 사람을 뽑지 않게 되었다. 호봉제는 연차가 오를수록 임금도 함께 올라가는 구조다. 그러니 고령 근로자의 임금은 기업 입장에서 상당한 부담이 된다. 결국 기업은 고령 인력을 유지하는 비용이 커서 청년 채용을 미루거나 줄이게 된 것이다.

한국은행은 여기서 중요한 점을 짚었다.

"정년 연장 자체가 문제가 아니다. 임금 체계 개편 없이 정년만 늘린 것이 문제의 핵심이다."

즉, 정년을 늘리려면 그에 맞는 임금 구조도 함께 손봐야 한다는 이야기다. 이와 관련해 한국은행은 일본의 사례를 소개하고 있다. 일본은 정년을 그대로 두되, 퇴직 후 일정 조건 아래 '재고용'을 할 수 있도록 제도화했다. 보통 계약직 형태로 다시 일하게 되며, 이때 임금은 정규직 시절보다 평균 30~40% 정도 낮아진다. 이렇게 되면 기업은 인건비 부담을 줄일 수 있고, 청년 채용 여력도 생긴다. 고령자 입장에서도 일을 계속하면서 일정 수준의 소득을 유지할 수 있다. 이걸 우리나라 상황에 대입해 보자. 정년 직전 50대 근로자의 평균 월급은 400만 원 정도라고 한다. 재고용으로 40%가 낮아지면 240만 원 정도다. (이는 2025년 월 환산 최저임금보다 30만 원 정도 높다.) 이 정도의 일자리를 원하는 이들, 원해도 구하지 못하는 이들이 대도시에는 차고 넘친다.

사실 은퇴한 베이비부머의 주머니 사정은 그리 좋지 않다. 공적연금만으로는 생활이 어렵고, 자녀의 교육과 결혼, 부모 부양까지 이어지는 부담은 은퇴 이후에도 끊임없이 이어진다. 자연스럽게 많은 베이비부머들이 인생 후반에도 계속해서 일을 하길 원한다. 통계청의 2025년 경제활동인구조사 고령층 부가조사[29]에 의하면, 전체 고령층(55~79세) 약 1,645만 명 중 장래에 근로를 희망하는 이들은 약 1,142만 명으로, 69.4%를 차지하는 것으로 나타났다. 근로 희망 사유로는 '생활비에 보탬(54.4%)'이 가장 많은 응답을 차지했다.[30] 장래에도 일을 계속하길 원하는 고령층은 평균적으로 73.4세까지 일하고 싶어 한다. 우리나라 평균 건강수명인 73세와 거의 일치하는 수치다. 결국 건강이 허락되는 한, 가능한 한 오래 일하고 싶다는 뜻이다.

이런 경향은 특정 직업군에 국한되지 않는다. 사무직, 전문직, 자영업 등 직종을 막론한 전반적인 흐름이다. 실제로 서울·수도권의 고학력 사무직 은퇴(예정)자 803명을 대상으로 한 조사[31]에서도 무려 91.7%가 '은퇴 후에도 계속 일하고 싶다'고 답했다. 소득 수준이 높거나 은퇴 대비 재정이 잘 준비된 사람들조차 일을 계속하고 싶다고 응답한 점은 특히 주목할 만하다.

자, 이제 생각해 보자. 이런 상황에서 은퇴 세대가 청년들과 직접 경쟁하지 않는 구조를 만들 수 없을까? 『베이비부머가 떠나야 모두가 산다』(마강래 저)가 강조하듯, 전 국토적 차원에서 젊은 세대는 대도시로, 은퇴를 앞둔 베이비부머는 지방으로 이동하는 거대한 흐름이 동시에 진행되고 있다. 그렇다면 해법은 의외로 단순할 수 있다. 베이비부머를 위한 일자리를 지방에 만들기 위해 노력한다면 청년과의 일자리 충돌을 피해갈 수 있다.

재고용도 필요하고 정년 연장도 의미가 있다. 하지만 도시에서는 이런 움직임이 청년 세대와의 일자리 경쟁을 더 치열하게 만들 가능성이 크다. 지금 우리 사회가 더 과감하게 추진해야 할 방향은 퇴직 이후 '지방에서의 재취업' 활성화다. 이렇게 '세대 간 공간적 분업'이 이루어진다면 일자리를 두고 세대가 충돌할 이유가 없다. 제도와 기업 문화를 이 방향으로 설계해 나가야 한다.

> 건강이 유지되는 동안, 지방에서 매달 일정한 소득을 안정적으로 벌 수 있게 해주는 사회적 설계. 그것이 청년세대와 베이비붐 세대가 공존할 수 있는 길이다.

앞서 보았듯, 적정 생활비는 월평균 350만 원이다. 그러나 은퇴를 앞둔 이들이 예상하는 노후에 조달 가능한 생활비는 230만 원 수준에 머문다.[32] 두 금액 사이의 간극, 즉 '결핍분'은 약 120만 원임을 강조하고 싶다. 다행히 지방에는 일손을 찾는 기업이 넘쳐난다. 중소기업들은 구인난으로 어려움을 겪고, 일할 사람이 없어 생산이 지연되거나 회사 운영이 흔들리는 경우도 많다. 반면 은퇴자들은 소득이 부족해 새로운 일거리를 갈망한다. 이 둘을 연결한다면? 한쪽의 부족한 돈과 다른 쪽의 부족한 사람이 서로를 채워 줄 수 있다. 결국 '일할 수 있는 은퇴자'와 '빈 일자리가 있는 시장'을 연결하는 것, 그것이 결핍을 기회로 바꾸는 길이다. 다음 장에서는 이 방안을 더 구체적으로 살펴보려 한다.

기대수명이 40세일 때 만들어진 고령자 기준

고령자는 왜 65세부터일까? 그 기준은 어디서 비롯된 것일까? 시간을 거슬러 올라가면, 1880년대 독일에서 실마리를 찾을 수 있다. 독일을 통일한 철혈재상 비스마르크(Otto von Bismarck, 1815-1898). 그는 1889년 세계 최초로 노령연금보험법을 도입했다. 처음에는 70세부터 연금을 주었지만, 1916년에 그 나이를 65세로 낮췄다. 이때 정해진 기준이 오늘날까지 '은퇴의 문턱'이자 '노인의 나이'로 굳어졌다. 말하자면 65세는 비스마르크 시대 복지정책이 남긴 오래된 각인인 셈이다.

비스마르크는 누구였을까. 그는 전쟁과 외교술로 1871년 독일제국을 통일했다. 프랑스, 오스트리아, 덴마크와 차례로 싸우며 '철혈재상'이라는 별명을 얻었다. "위대한 문제들은 연설이나 다수결로 해결되지 않는다. 오직 철과 피 Blut und Eisen 로만 해결된다." 프로이센 국회에서 했던 이 발언은 그의 정치 철학을 압축한다. 왕권과 귀족 중심 질서를 중시한 보수주의자였지만, 정작 노동문제 앞에서는 의외의 선택을 했다.

19세기 후반, 독일은 급속히 산업화되면서 도시 노동자가 늘어났다. 열악한 근로환경에 대한 불만은 쌓였고, 사회주의 운동은 거세졌다. 마르크스주의의 기세에 위기감을 느낀 비스마르크는 뜻밖에도 국가가 직접 노동자를 돌보는 사회보험을 내놓는다. 혜택을 주어 불만을 달래고, 사회주의 세력을 잠재우려는 전략이었다.

그리하여 세계 최초의 사회보험 3종 세트가 등장한다.

- 1883년 건강보험법: 아프면 치료비 지원
- 1884년 산재보험법: 다치면 국가가 보상
- 1889년 노령연금법: 70세부터 연금 지급

겉으로는 복지였지만, 속내는 달랐다. 비스마르크에게 복지는 국가 안정을 지키는 무기였다. 사회주의를 막고 기강을 세우는 수단이었던 것이다. "사회주의라고 부르든 뭐라고 부르든 상관없다." 그는 비난에 아랑곳하지 않았다.

연금 구조는 단순했다. 노동자가 기여금을 조금 내면, 고용주가 같은 금액을 보태고, 국가는 거기에 소액의 보조금을 얹어 준다. 오늘날

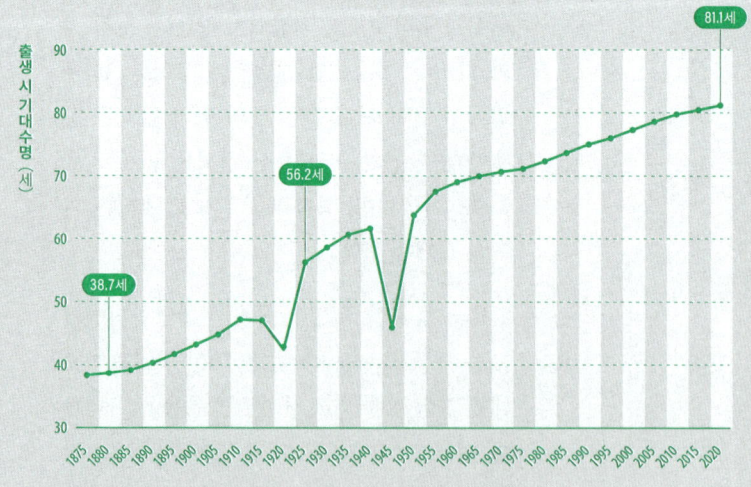

그림 4. 독일의 기대수명 [33]

국민연금의 원형이 이미 그때 갖춰진 셈이다. 다만 수급 나이는 무려 70세. 당시 평균 수명이 40세 남짓이었으니, 연금을 실제로 받는 이는 거의 없었다. 국민에게는 "국가가 책임진다"는 안도감을 주면서도, 국가는 큰돈을 쓰지 않아도 되는 치밀한 설계였다.

문제는 곧 드러났다. 70세는 이미 사망한 사람들이 대부분인 나이였다. 결국 1916년, 연금 개시 연령을 65세로 낮췄다. 비스마르크는 이미 세상을 떠났지만, 그의 제도는 유럽 각국에 퍼져 65세라는 숫자가 곧 은퇴와 노년의 상징이 되었다.

이 기준이 정해지던 때의 평균 기대수명은 겨우 47세였다. (<그림 4> 참조) 지금은 상황이 완전히 달라졌다. 2024년 현재 독일 남성의 기대수명은 78세, 여성은 83세. 다른 선진국도 비슷하다. 20세기 초보다 무려 35년 이상 더 오래 살게 되었지만, 우리는 여전히 65세를 고령자의 기준으로 붙잡고 있다. 삶은 길어졌는데, 제도는 제자리걸음을 하고 있는 셈이다.

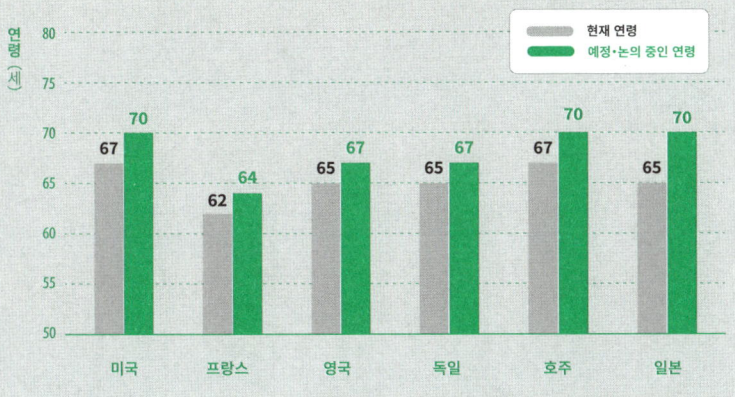

그림 5. 국민연금 수급 개시연령 국가 간 비교[34]

2장

잉여인가, 자원인가

"결혼 후 부산에 정착해 살았어요.
그런데 50대가 넘어가니
도시에서는 제가 '중늙은이'가 되더라고요.
그런데 시골에 가면 아직 젊은이잖아요.
'이거 괜찮겠는데?' 싶은 거죠.
인생 후반은 쾌적한 자연에서 보내고 싶었어요.
여기서 일까지 할 수 있다면,
그건 노후가 아닌 두 번째 인생이 되겠죠."

− 귀촌 베이비부머 인터뷰 중에서

세 자원은 왜 '잉여'로 밀려났나
— 60년대생·중소도시·중소기업

우리 사회의 메가트렌드 속에서 뒷전으로 밀려날 세 가지 자원이 있다. 정말 귀한 자원이지만, 쓰임새가 사라지는, 그래서 '잉여화'될 가능성이 많은 3자이다.

- 인구사회적으로는 '60년대생'이다. 조금 더 엄밀하게 말하면, 고령자로 편입되기 직전의 10년, 그러니까 1961년생(64세)부터 1970년생(55세)까지의 인구다. 이들은 기존 산업세대와는 달리, 문화적, 경제적으로 축적된 내공이 두텁다. 그러나 이들은 55세까지 쌓아온 역량을 계속 활용할 수 있음에도, 대부분 그 무렵에 퇴직하면서 축적

된 경험과 내공이 아쉽게도 활용되지 못한 채 사장되고 있다. 사회적으로 이들에 대한 뚜렷한 대책은 보이지 않는다.

- 공간적으로는 지방의 '중소도시'[1]다. (이 책에서 광역시를 제외한 지방의 121개 도시를 중소도시라고 표현했다. 잠시 시간을 내서 <부록 1>을 잠깐 봐주길 바란다.) 수도권 쏠림이 심해지면서, 국토 곳곳이 비어가고 있다. 이미 50% 이상의 지방이 인구소멸 위기에 처했다. 이 수치는 앞으로 더 높아질 것이다. 지방소멸을 막기 위한 특별한 대안도 보이지 않는다.
- 산업적으로는 '중소기업'이다. 4차 산업혁명이라는 흐름 속에서 첨단기업은 뜨고, 구 제조업은 점차 가라앉고 있다. 청년들에게 외면받는 중소기업들은 일할 사람을 구하지 못해 발을 동동 구르고 있다. 이들에 대한 대책도 막연한 상황이다.

'잉여화'라는 단어가 불편한 독자들도 있을 것이다. 여기서 '잉여화'란 단순히 남아돌아 필요 없다는 뜻이 아니다. 충분한 가치를 지니고도 사회 시스템이 제대로 활용하지 못하는 상태를 가리킨다. 능력이 없어서가 아니라 쓰이지 못해 남는 것이다. 따라서 이 책에서 말하는 '잉여화'는 쓸모없음을 뜻하는 게 아니라, 반드시 다시 쓰여야 할 만큼 소중하다는 점을 드러내기 위한 '문제제기형 표현'이다. 3자가 처한 상황을 간략히 보자.

먼저, 60년대생 이야기다. 이 세대는 50대 중반부터 은퇴를 맞으며, 소득이 뚝 끊기는 '소득절벽'에 직면한다. 연금을 받기까지는 10년 정도 남았다. 이들은 역대 어느 세대보다 많은 자산을 가진 동시에, 가장 불안한 세대이기도 하다. 평균 순자산은 5억 원에 달하지만, 그 절반가량이 부동산에 묶여 있어 현금 흐름이 막혀 있다. 주머니에 돈이 있어도 쉽게 꺼내 쓰기 어렵다. 게다가 주위를 둘러보면 80대에도 정정한 노인이 수두룩하다. 남은 세월을 계산하면, 가진 돈을 아무리 잘게 쪼개 써도 모자랄 것 같은 불안이 엄습한다. 여기에 더 큰 문제가 있다. 젊은 세대 가운데 '세금 독박'을 호소하는 이들이 늘고 있다는 점이다. 불과 10년 뒤, 젊은이가 고령자의 멱살을 잡으며 이렇게 외치는 날이 올지도 모른다.

"내가 무슨 죄를 지었길래 이렇게 세금을 많이 내야 합니까! 우리도 좀 살자구요."

둘째, 중소도시 이야기다. 수도권 쏠림이 심해지면서 지방 중소도시는 점점 비어가고 있다. 인구소멸 위기 지역은 해마다 늘어나지만, 뾰족한 해결책은 없는 듯하다. 거둬들인 자체 세수만으로는 공무원 인건비조차 감당하기 어려운 지자체가 늘고 있다. 재정자립도가 10%도 안 되는 곳이 많아지면서, 예산 대부분을 중앙정부 지원에 의존하게 됐다. 이러다 보니 많은 지자체가 정부 '보조금 따기'에 매달리며, 스스로 세수를 키울 동력마저 약해지고 있다. 역량이 떨어진 지자체는 결국 세수까지 줄어드는 악순환에 빠진다. 결국 자력으로 버티기 어려운 지자체 때문에 더 많은 돈이 지방으로 흘러 들어가야 하는 상황이 된다. 10년 후면, 이런 목소리가 터져 나올지도 모른다.

> "가능성 없는 지자체는 이제 정리해야 하지 않겠습니까. 우리 모두를 위해서요."

셋째로, 중소기업 이야기다. 4차 산업혁명이라는 거대한 흐름 속에서 첨단기업은 성장하지만, 전통 제조업은 고꾸라지고 있다. 중소기업은 사람을 못 구해 발을 동동 구른다. 남아 있는 기술 인력은 빠르게 고령화되고, 혁신이나 구조조정을 해낼 내부 역량은 부족하다. 대기업과의 생산성 격차는 갈수록 벌어진다. 지금은 50대 후반과 60대 초반이 사실상 중소기업의 버팀목이다. 게다가 대출 연체율은 오르고, 금리 부담이 커지며, 외부의 도움 없이는 자력으로 기업 활동이 불가능한 한계기업이 늘어난다. 지난 10년간 중소기업의 영세화는 오히려 가속이 붙었다. 실제로 2024년 3분기 기준, 코스

닥 상장 중소기업 가운데 23.7%가 이자조차 갚지 못하는 한계기업이다.[2] 네 곳 중 한 곳 꼴이다. 청년들은 '굶을지언정 중소기업엔 가지 않겠다'는 입장이다. 이대로라면 10년 후, 그들의 미래는 불투명하다. 지금 경제계에서 나오고 있는 목소리다.

> "중소기업은 경제의 '골칫거리'이자 성장의 발목을 잡는 리스크입니다. 혁신 역량이 없는 기업이나 한계기업은 과감히 정리해야 합니다."

앞으로 10년. 한국 사회는 대격변기를 지나게 될 것이다. 이 과정에서 60년대생, 중소도시, 중소기업은 각자가 따로 놓이면 힘없이 사그라들 가능성이 크다. 메가트렌드 속에서 보면, 60년대생 베이비부머도, 지방 중소도시도, 중소기업도 모두 약자처럼 보인다. 그러나 이 셋이 만난다면 이야기는 완전히 달라진다. '60년대생이 중소도시의 중소기업에서 일하는 구조'가 만들어지면, 세 주체가 동시에 살아난다. 60년대생은 일자리를 얻고, 중소도시는 활력을 되찾으며, 중소기업은 일손 부족을 해소한다. 나아가 이들의 결합은 국가 재도약의 기회가 될 수 있다. 세 주체가 만나 만들어 내는 힘은, 화학반응처럼 폭발적이다.

EBS에서 방영했던 <출동! 원더펫 Wonder Pets!>이란 어린이 프로그램이 있었다. 기니피그 리니, 거북이 턱, 오리 밍밍,

교실 한쪽의 평범한 애완동물이지만, 수업이 끝나고 아이들이 모두 귀가하면 이 귀여운 친구들은 외부의 구조 요청을 받아 '작은 구조대'로 변신한다. 해초에 걸린 잠수함을 함께 끌어내고, 아기 돼지의 울음을 멈추게 하기 위해 역할을 나누며 힘을 합친다. 뻐꾸기 시계에 갇힌 할아버지를 구출하기도 한다. 이 애니메이션은 '협동의 힘'과 '역할 분담의 가치'를 아이들의 시선에 맞게 전한다. 각자는 작고 나약해 보이지만, 힘을 합친 순간 '괴력'을 발휘한다.

우리가 말하고 싶은 3자 연합의 매력도 이와 같다. 60년대생, 중소도시, 중소기업은 각자 힘없이 사그라질 존재처럼 보인다. 그러나 셋이 팀을 이루면 이야기가 달라진다. 중요한 건, 이 셋이 만들어 내는 팀워크가 우리 사회를 구할 만한 괴력을 품고 있다는 사실이다. 이제 우리 이야기의 주인공들을 소개하겠다.

- 60년대생 - '경험씨'
  '경험씨'는 60년대생을 대표한다. 풍부한 인생 경험과 지혜를 지녔으며, 위기의 순간마다 문제 해결의 열쇠를 쥐고 있다. 넓은 시야와 리더십으로 세대를 아우르며, '경험은 가장 강력한 무기'라는 사실을 증명하는 인물이다.

- 중소도시 - '지방씨'

'지방씨'는 지방 중소도시와 지역사회를 상징한다. 활발하고 에너지 넘치는 성격으로, 언제나 새로운 아이디어를 내고 고향의 미래를 고민한다. 겉으론 작고 외로워 보일지 몰라도, 속에서는 변화를 일으킬 힘을 차곡차곡 키워 가는 주인공이다.

- 중소기업 - '기업씨'

'기업씨'는 중소 제조업의 얼굴이다. 기계의 숨소리까지 읽어내고, 고장 난 설비를 손끝 하나로 되살린다. 오래된 기술을 품고 있지만, 그 기술을 새로운 시대에 맞게 적용할 줄 아는 사람. 복잡한 생산 라인의 문제도 척척 풀어내며, '중소 제조업은 아직 끝나지 않았다'는 걸 보여주는 전문가다.

자원 1: 경험씨 — 현역급 인적자본

너무나 귀하지만, 정작 본연의 가치를 발휘하지 못하는 첫 번째 주체는 누구일까. 사회에서 조금씩 밀려나고, 무관심 속에 '잉여'로 취급되는 사람들. 이 책이 주목하는 건, 고령층으로 편입되기 전 딱 10년 구간의 인구다. 1961년부터 1970년 사이에 태어난 이들은, 은퇴와 함께 서서히 사회의 뒤편으로 밀려나고 있다. 이들은 정말 은퇴할 정도로 나이가 많은 걸까? 유명인들을 떠올려 보자.

1961년생	유열, 주현미, 최화정
1963년생	공지영, 박찬욱, 선동열, 이만기
1965년생	김국진, 김의성, 김종서, 이승환, 허재
1967년생	김용만, 김희애, 설경구, 송강호, 차인표
1969년생	김완선, 봉준호, 양준혁, 엄정화, 윤종신
1970년생	강호동, 김혜수, 박명수, 이병헌, 한강, 황정민

이들이 우리 사회의 뒷자리에 물러나야 할 만큼 나이가 들었다고 생각하는 사람은 많지 않을 것이다. 지금도 각자의 분야에서 활약하며 여전히 주목받고 있다. 경제적으로 안정적이고, 사회적으로도 필요로 하는 곳이 많다. 하지만 이들이 일반인이었다면? 이야기는 전혀 다르다.

가장 막내인 1970년생, 즉 올해 55세를 예로 들어 보자.

- 이미 은퇴했거나, 곧 은퇴할 차례다.
- 노인 일자리 사업의 문을 두드리기까지는 아직 5년을 기다려야 한다.
- 국민연금을 받기까지는 무려 10년이 남아 있다.

이처럼 어정쩡한 상황에 놓인 인구, 그러니까 고령인구로 편입 직전 10년간의 인구(61년생~70년생)가 전국에 무려 840만

출생 연도	나이(2025년 기준)	인구(명)	누적 인구(명)
1961년	64세	928,574	928,574
1962년	63세	815,565	1,744,139
1963년	62세	864,102	2,608,241
1964년	61세	740,916	3,349,157
1965년	60세	824,497	4,173,654
1966년	59세	822,714	4,996,368
1967년	58세	814,397	5,810,765
1968년	57세	837,554	6,648,319
1969년	56세	932,515	7,580,834
1970년	55세	887,301	8,468,135
1971년	54세	925,413	9,393,548
1972년	53세	893,794	10,287,342
1973년	52세	887,250	11,174,592
1974년	51세	874,336	12,048,928
1975년	50세	810,713	12,859,641
1976년	49세	769,899	13,629,540
1977년	48세	735,423	14,364,963
1978년	47세	755,381	15,120,344
1979년	46세	750,751	15,871,095
1980년	45세	835,286	16,706,381

표 4. 앞으로 20년 안에 고령층 (65세 이상 인구)이 될 인구 규모[3]

명이 있다. 이들은 현재의 법과 제도 속에서 매해 80~90만 정도씩 65세 고령인구로 편입될 것이다. <표 4>를 보면, 2026년엔 1961년생이, 그다음 해엔 1962년생이, 그다음엔 1963년생이… 차례로 '돌봄 대상'에 편입된다. 매해 늘어나는 인구 규모는 놀라울 정도다. 내년엔 93만 명, 내후년엔 82만 명, 그 다음 해엔 86만 명… 이렇게 10년 동안 840만 명이 사회적 돌봄의 범위 안으로 들어온다.

그리고 그다음에는 줄어들 거라고? 천만의 말씀. 1971년부터 1980년 사이에 태어난 인구도 약 820만 명이다. 결국 이 20년간의 세대를 합치면 1670만 명. 대한민국 전체 인구의 약 3분의 1이다. 지금 이 순간, 대한민국 인구의 1/3이 이미 잉여화되고 있거나, 곧 그 길목에 들어서고 있다는 뜻이다.

이들이 무대 뒤로 밀려난다면 어떤 일이 벌어질까? 1960년대생, 이제는 퇴직의 문턱에 선 세대다. 이들은 IMF 외환위기(1998), 글로벌 금융위기(2007), 최근의 디지털 혁명까지 다양한 변혁의 시대를 살아낸 세대다. 경제성장과 함께 성장했고, 교육 수준도 높으며, IT 활용 능력도 남다르다. 자산도 풍부하고, 사회·문화 활동에 대한 욕구도 크다. 이런 이들이 퇴장하듯 사회에서 밀려난다면, 우리는 두 가지 큰 것을 잃게 된다.

첫째, 우리가 잃는 것은 '살아 있는 매뉴얼'이다. 20~30년 넘게 몸으로 부딪치며 쌓은 현장 감각, 사람을 대하는 기술, 조직을 움직이는 요령, 위기에서 결단하는 힘. 이건 책으로 배울 수 없다. 산업 변화의 파도를 타며 살아남은 노하우는 그 자체가 '암묵지의 덩어리'다. 매뉴얼로 적을 수 없는 감각, 조직의 분위기를 읽고 설득하는 힘, 위기관리의 DNA, 세대 간

소통의 다리 역할까지. 단순히 오래 버틴다고 생기는 게 아니라, 수많은 격랑 속에서만 얻을 수 있는 자산이다. 포스코에 근무했던 김성남 명장의 얘기를 들어 보자. 그는 전기수리 진단기술에 있어 포항제철 최고의 전문가였다.

> "현장 일이라는 것이 기술적 이론도 중요하지만 경험이야말로 가장 소중한 자산입니다. 지금까지 전기설비 진단과 점검을 주로 해왔지만, … 수치적으로 이론에 맞게 확인해야 하지만, 경험으로 판단해야 하는 상황도 매우 많아요. 즉 진단 경험이 판단 능력으로 이어집니다. 제가 가진 기술의 가장 큰 노하우는 기술 그 자체라기보다 입사 후 현재까지 쌓아 온 '경험'이라고 할 수 있습니다." [4]

한국은행도 50~60대를 '현역급 인적자본'으로 평가한다.[5] 높은 교육 수준, IT 활용 능력, 강한 근로 의지가 있기 때문이다. 만약 이 경험 자산이 한순간에 증발한다면? 젊은 세대는 시행착오라는 비싼 수업료를 치러야 하고, 기업은 현장 노하우와 리더십을 잃는다. 사회 전체의 성장 엔진에서 중요한 연료가 빠져나가는 셈이다. 그래서 지금 필요한 건, 이 경험을 다음 세대로 이어주는 통로다. 고용 연장, 재취업 지원, 멘토링 등 형태가 무엇이든, 이들을 무대 밖으로 밀어내는 순간 국가 전체의 손실이 된다.

둘째, 잃게 되는 것은 '지갑의 힘'이다. 이 세대는 부모를 부양하고, 자식을 돌보며 적극적인 소비행위를 하는 세대이다. 이들이 지갑을 닫는 순간, 가족 경제가 흔들리고, 동네 상권은 직격탄을 맞는다. 한국은행 분석에 따르면, 젊은 베이비부머의 은퇴만으로도 경제성장률이 매년 0.38%포인트 낮아진다.[6] 1차 베이비부머 은퇴 때보다 더 큰 충격이다. 그만큼 이 세대의 존재감이 크다는 의미다. 실제로 2023년 기준 50대 가구의 연 평균 소득은 8,891만 원.[7] 부동산과 금융자산을 착실히 쌓아 왔고, 여가와 문화생활에도 아낌없이 지갑을 연다. 1차 베이비부머보다 순자산은 24.6% 더 많고, 소비성향도 1.3%포인트 더 높다.[8] 여전히 내수경제를 떠받치는 '큰 손'이다.

경험씨를 무대 뒤로 밀어내는 순간, 우리는 경험의 자산과 소비의 활력을 한꺼번에 잃는다. 그 손실은 개인이 아니라 사회 전체가 떠안아야 할 비용이다.

자원 2: 지방씨—소멸위기 속 기회의 공간

지금부터 소개할 두 번째 주인공은 '지방씨'다. 수도권 독식의 흐름 속에서 지방씨는 점점 더 홀쭉해지고 있다. 4차 산업혁명이라는 산업 지각변동 속에서 '덩치 큰 도시'만 빠르게 성장하고 있기 때문이다. 서울은 이미 인근 도시의 사람과 자원을 빨아들이며, 흡수한 에너지보다 더 큰 힘을 발휘하는 도시가 됐다. 전 세계가 주목하는 슈퍼스타 도시로 떠오른 서울, 그리고 그 확장판이라 할 수 있는 수도권은 초거대 도시, '슈퍼 메가시티 super-megacity'가 되었다. 수도권은 다른 지방이 쉽게 제공하지 못하는 일거리, 놀거리, 먹거리, 볼거리, 배울거리를 끊임없이 공급했다. 특히 청년들에게는 '내공'을 쌓을 기회를 제공했다. 가능성과 자극이 넘치는 환경에서 다양한 경험을 축적할 수 있었고, 혁신기업들 역시 인재를 좇아 수도권으로 몰려들었다.

그 과정에서 지방씨는 점점 힘을 잃었다. 마치 거대 플랫폼 기업이 시장을 독점해 승자독식의 질서를 만드는 것처럼, 도시도 '크기가 곧 지배력'인 시대가 온 것이다. 인구가 줄면 삶을 유지하는 기본 인프라조차 사라진다. 인구 20만 명 이하 지역에서는 '응급의료센터'나 '고급 백화점'처럼 상위 위계의 생활 인프라를 유지하기 어렵다. 10만 명 이하로 내려가면 산부인과조차 들어서기 힘들다. 심지어 스타벅스나 서브웨이 같은 프랜차이즈도 인구 10만 명 이하 도시에는 문을 열지 않는다. 혹시 있다면, 관광객이 몰리는 특수지역일 가능성이 높다.

우리나라 기초지자체는 모두 226곳.[9] 이 중 수도권과 지방 5대 광역시를 뺀 120곳 가운데, 인구 20만 명 이하 지역은 98곳에 이른다. 그런데 지난 10년간(2015~2024) 인구가 줄지 않은 곳은 고작 16곳뿐이다. 10곳 중 8곳 이상이 줄었다는

도	시·군
충북	진천군(+35.7%), 증평군(+5.5%), 음성군(+4.5%)
충남	계룡시(+14.7%), 홍성군(+8.6%), 당진시(+8.5%), 서산시(+5.5%), 태안군(+1.8%)
전북	완주군(+7.9%)
전남	나주시(+27.5%), 무안군(+15.4%), 광양시(+4.1%)
경북	예천군(+25.5%), 영천시(+1.9%)
강원	횡성군(+7.7%), 양양군(+3.2%)

표 5. 최근 10년간 (2015년~2024년) 인구가 늘어난 곳

뜻이다.[10]

<표 5>에서 인구가 증가했던 16곳의 면면을 보자.

지방 소규모 지자체 중 인구가 늘어난 곳은 전체의 16% 남짓(98곳 중 16곳)에 불과하다. 그나마 이들 지역에는 인구가 증가하는 뚜렷한 사연이 있다. 혁신도시 조성, 도청 이전, 군부대 이전 같은 정부 정책 덕을 본 경우가 있고(진천·음성·완주·나주·예천·무안·계룡), 수도권 팽창의 덕을 보고 성장한 충북·충남 지역도 있다. 이조차도 인근 쇠퇴 지역에서 인구를 흡수한 결과일 뿐, 순수한 성장이라 보기는 어렵다.

반면 다수의 지자체는 체력이 바닥났다. 사람이 떠나면 세금이 줄고, 세금이 줄면 버틸 수 없다. 지금은 전체 지자체의 절반 이상이 자체 세입으로 공무원 인건비조차 감당하지 못하는 상황이다. 인구가 줄어 홀로 설 힘을 잃은 지역은 앞

으로 더 늘어날 수밖에 없다.

이 과정에서 대도시는 '뜨고', 중소도시와 농어촌은 '지는', '공간적 마태효과 spatial Matthew effect'는 앞으로 더욱 심화될 것이다.

> "무릇 있는 자는 받아 풍족하게 되고 없는 자는 그 있는 것까지 빼앗기리라." 마태복음 25장 29절

지방씨는 이제 있는 것마저 빼앗기고 있다. 한국고용정보원의 연구를 보면, 소멸위험 단계에 들어선 지자체는 빠르게 늘어나고 있다.[11] 여기서 말하는 '소멸위험지수'는 65세 이상 고령인구에 비해 20~39세 여성 인구가 얼마나 되는지를 나타낸다. 쉽게 말해, 한 지역에 미래 세대가 얼마나 남아 있는지를 보여주는 지표다. 젊은 인구가 많으면 지수는 높아지고, 고령층 비중이 높으면 지수는 낮아진다.

이와 비슷한 지표도 많다. 예를 들어, '15~65세 생산가능인구'를 '65세 이상 노인 인구'로 나눈 값인 '노인부양율' 역시 소멸위험지수와 거의 같은 흐름을 보여준다. 결국 이런 수치들은 모두 한 가지를 묻는다. 이 지역이 앞으로 스스로를 지탱할 힘이 남아 있는가?

학계에서는 소멸위험지수가 0.5 미만이면 '위험' 단계, 0.2 미만이면 '고위험'으로 본다. 물론 이 기준이 왜 0.5와 0.2이

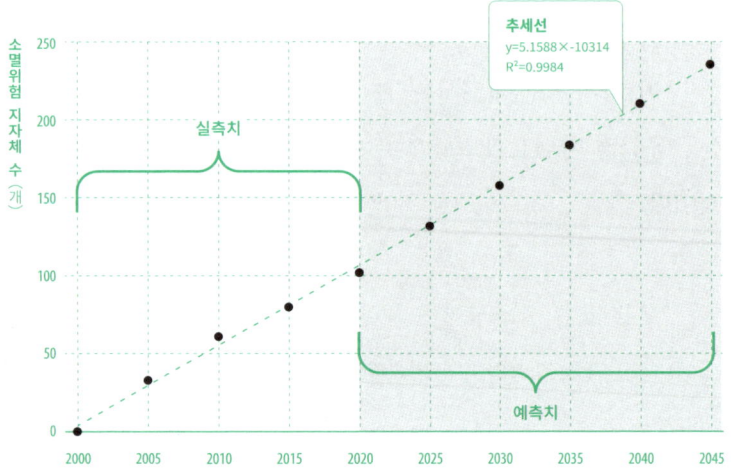

그림 6. 소멸위험지역 증가 추이[12]

어야 하는지에 대한 명확한 논리적 근거는 없는 듯하다. 하지만 분명한 건, 지수가 낮아질수록 젊은 층의 비중이 빠르게 줄었다는 뜻이고, 그만큼 지역이 어려워진다는 사실이다.

<그림 6>을 보자. 한국고용정보원이 추정한 소멸위험지역의 변화가 한눈에 들어온다. 2000년만 해도 소멸위험지역은 단 한 곳도 없었다. 하지만 2005년 33곳, 2010년 61곳, 2015년 80곳, 2020년에는 102곳으로 불어났다. 그리고 2024년 3월 기준, 그 수는 130곳에 이르렀다.[13] <그림 6> 위의 점들을 유심히 보자. 추세선은 거의 직선이고, 점들은 그 선 위에 가지런히 붙어 있다. 해마다 거의 일정한 속도로 소멸위험지역이 늘어나고 있다는 얘기다. 추세선의 기울기는 약 5.1.

매년 평균 5곳씩 새로운 지역이 '소멸의 경계선'을 넘어선다는 뜻이다. 이대로라면 2045년쯤엔 전국 대부분의 지역이 소멸위험에 놓이게 된다. 그리고 2047년이면, 모든 지자체가 '위험 지역' 혹은 '매우 위험한 지역'으로 분류될 수 있다는 감사원의 전망과도 정확히 맞아떨어진다.[14]

지방이 어려워지면 우리는 무엇을 잃을까?

먼저, 재정이 새기 시작한다. 빽빽하던 공간이 듬성듬성 비어가면, 오히려 훨씬 더 많은 '나랏돈'이 들어간다. 수도권 밖 대부분의 지방은 이미 기업이나 인력, 기술 등이 밀집해 발생하는 이익인 집적 경제가 무너진 상태다. 인구가 줄어도 학교, 병원, 도서관 같은 기본 인프라는 반드시 유지해야 한다. 문제는 사람이 줄수록 1인당 들어가는 비용이 기하급수적으로 커진다는 점이다. 정부는 매년 도시재생 사업을 벌이고, 1조 원 규모의 '지방소멸대응기금'을 쏟아붓지만 예전 생활 수준을 지켜내기에는 턱없이 부족하다.

<그림 7>은 전국 226개 기초지자체의 인구수와 1인당 세출예산액, 자체수입액을 비교한 것이다. 흥미로운 건 인구가 적을수록 주민 1인당 세출액이 가파르게 치솟는다는 사실이다. 인구가 줄수록 '한 사람에게 들어가는 나랏돈'은 많아지고, 지자체의 재정 부담은 커진다.

그림을 보면, 인구가 줄어들수록 세출이 급격히 증가하는 현상이 뚜렷하다. 특히 인구 20만 명 규모의 도시에서 이

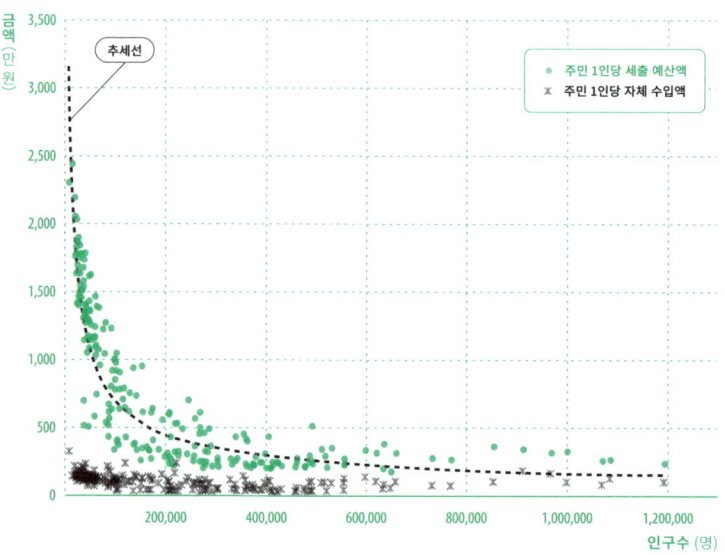

그림 7. 주민 1인당 세출액과 수입액, 인구수의 관계(전국 226개 지자체 대상)[15]

참고 : 실제로 주민 1인당 세출액이 가장 많은 지역은 경북 영양군 약 2,445만 원, 울릉군 2,308만 원, 인천 옹진군 2,198만 원, 전북 장수군 2,057만 원, 전북 진안군 2,035만 원이다.

런 변화가 두드러진다. 좀 더 구체적으로 살펴보면, 인구가 20만 명에서 15만 명으로 감소할 때 주민 1인당 세출액은 448만 원에서 '88만 원'이 더 늘어난다. 15만 명에서 10만 명으로 줄어들면 그 증가 폭은 536만 원에서 '154만 원'이 더 커진다. 인구가 10만 명에서 5만 명으로 줄어들면 상황은 더욱 심각하다. 이때는 1인당 세출액이 690만 원에서 무려 '373만 원'이 증가한다. 결국, 인구 5만 도시의 1인당 세출액 평균은 1000만 원을 넘게 된다! (독자들은 <그림 7>을 꼭 한번 자세히 살펴보길 바란다.)

인구가 줄면 세출도 감소되어야 하지만, 지자체가 쓰는 비용은 줄이는 데 한계가 있다. 이처럼 지방에서는 인구감소에도 불구하고 지출을 줄이기 어려운 문제가 생기고 있지만, 수도권은 반대로 인구가 몰리면서 불필요한 지출이 늘어나고 있다. 인구가 몰리면서 집값은 서민이 감당하기 어려울 만큼 치솟았다. 서울은 세계적으로 손꼽히게 비싸졌고, 사람들은 점점 더 외곽으로 밀려났다. 정부는 외곽에 아파트를 짓고 광역 교통망을 깔았지만, 그 노력은 오히려 더 많은 사람을 수도권으로 끌어들였다. 더 멀리 아파트를 짓고, 더 빠른 교통망을 만들수록 수도권은 더 커졌다. 수도권에 투입되는 재정 역시 앞으로 계속 불어날 수밖에 없다. 이대로 인구 유출이 이어진다면, 우리나라는 '지방 인프라 유지비'와 '수도권 과밀 해소비용'이라는 두 비용을 동시에 지불하며 나라 살림을 축낼 것이다. 그 폭탄을 떠안는 건 결국 우리 모두다.

둘째로, 지방이 어려워지면 '소중한 자원'도 사라진다. 지방에는 저마다의 역사와 문화, 그리고 이야기가 있다. 강릉의 단오제와 안동의 하회마을, 고창과 화순의 고인돌 유적은 유네스코 인류무형문화유산이고, 전주 한옥마을은 연간 방문객이 1,500만 명에 육박한다. 경주의 신라 유적, 순천만과 고성의 갯벌, 남해의 다랭이마을, 제주도의 돌문화… 이 모든 게 대한민국의 색깔이다. 일본을 보라. 일본은 2024년 외국인 숙박일수가 사상 최대를 기록했다. 흥미로운 건 도쿄, 오사카, 나고야 등 3대 도시권의 증가율은 35%였는데, 지방은 51.4%로 더 크게 늘었다는 사실이다.[16] 지방마다 고유한 매력과 전통을 지켜내기 때문에 관광객이 몰리고, 그 힘이 지역 경제를 살리며, 결국 국가 브랜드를 만든다.

그런데 우리가 지방의 문화와 이야기를 놓친다면 어떻게 될까? 다양성도, 창의성도, 국가 정체성도 함께 사라진다. 역사와 이야기가 없는 나라, 곧 '재미없는 나라'가 된다. 모두가 수도권 콘크리트 숲에 몰려 똑같은 아파트에 살고, 어디서나 똑같은 카페, 똑같은 간판, 똑같은 길거리 풍경만 바라보게 될 것이다. 지방 인구감소를 방치하면, 결국 대한민국 전체가 막대한 재정 부담과 역사·문화·다양성의 상실이라는 두 가지 재앙을 함께 떠안게 된다.

자원 3: 기업씨 – 일자리 창출의 보고

지금부터 소개할 세 번째 주인공은 '기업씨'다. 중소기업이 점점 더 어려워지고 있다. 그 배경에는 산업구조가 나날이 첨단화되고, 그 속도만큼 기술 격차가 벌어지는 현실이 있다. 인공지능, 로봇, 빅데이터, 사물인터넷, 자율주행… 4차 산업혁명 기술이 쏟아지듯 확산되고 있지만, 그 혜택은 주로 대기업에 집중되고 있다. 대기업은 막대한 자본과 인재, 그리고 연구개발 R&D 역량이 있으니 신기술을 직접 개발하거나 외부에서 과감하게 도입할 수 있다. 반면 중소기업은 투자 여력도, 전문 인력도, 운영 역량도 부족해 신기술을 도입하기가 쉽지 않다.[17]

4차 산업혁명이 본격화되면서 제조업 현장에는 '스마트 팩토리'라는 개념이 빠르게 퍼지고 있다. 스마트 팩토리는 말 그대로 '똑똑한 공장'이다. 자동화된 기계가 자재를 조달하고, 센서가 문제를 예측하며, 인공지능이 공정 전체를 최적화하는 공장. 과거엔 영화 속에나 있을 법했던 모습이 이제는 현실이 되고 있다. 하지만 이런 스마트한 제조 환경은 여전히 많은 중소기업에겐 쉽게 다가갈 수 없는 현실이다. 결국 스마트 팩토리 도입률은 '기업 규모'에 따라 극명한 차이를 보인다.[18] 규모를 기준으로 한 기업 분류에 대해 잠시 살펴보자.

대기업	자산총액 10조 원 이상인 '상호출자제한기업집단'을 말한다. (통상, 대기업이란 딱지는 '그룹'에 붙이는 말임.)
중견기업	자산총액 5천억 원 이상이면서, 대기업에 속하지 않는 기업을 말한다.
중소기업	자산총액 5천억 원 미만이면서 업종별 매출액 기준 이하인 기업을 말한다. 이 안에서도 다시 세분화된다.
	중기업: 중소기업 중 소기업에 해당하지 않는 기업. 소기업: 업종별 평균 매출액이 일정 기준 이하인 중소기업. 소상공인: 소기업 중에서도 상시 근로자 수가 5명 미만(일부 업종은 10명 미만)인 경우.

2024년 현재, 제조업의 스마트 팩토리 도입 현황[19]을 보면 기업 규모에 따라 차이가 확연하다. 규모가 큰 기업일수록 '스마트'하고, 작아질수록 손작업에 의존한다.

중견기업은 이미 스마트 팩토리를 기본 인프라처럼 갖췄다. 도입률이 무려 85.7%. 이들에게 스마트 팩토리는 더 이상 선택이 아니라 필수다. 그보다 한 단계 작은 중기업의 도입률은 54.2%. 절반은 이미 달리고 있고, 나머지도 언젠가는 스마트화의 길에 들어설 가능성이 크다. 문제는 그 아래다. 소기업은 28.5%, 소상공인은 고작 8.7%. 열 곳 중 아홉은 여전히 손에 의존한다. 중견기업에서 소상공인으로 갈수록 도입률은 85.7% → 54.2% → 28.5% → 8.7%로 뚝뚝 떨어진다. 규모가 작아질수록 인력과 예산이 부족하고, 당장의 생산 일정에 쫓기며 혁신의 여력이 줄어든다.

게다가 '스마트 팩토리를 도입했다'는 말도 속을 들여다보면 제각각이다. 실제로는 대부분이 아직 기초 수준에 머물러 있다. 중견기업의 59.7%가 기초 단계에 머물러 있고, 중기업은 71%, 소기업은 77.4%, 소상공인은 무려 80.4%에 달한다. 규모가 작아질수록 '스마트 팩토리'의 의미는 점점 퇴색한다. 이름만 '스마트'지 현장에서는 여전히 사람이 기계를 돌리고 품질은 사람의 손끝과 감에 의존한다. 문제가 생기면 결국 발로 뛰어 해결해야 하는 게 현실이다. 큰 기업은 자동화 덕분에 적은 인원으로 많은 상품을 찍어내고, 작은 기업은 사람을 더 갈아 넣어야 겨우 버틴다. 생산성 격차는 점점 벌어질 수밖에 없다.

이런 구조 속에서 중소기업들은 심각한 인력난에 시달린다. 신입사원 공고를 내도 지원자가 없고, 어렵게 뽑아도 몇 달을 못 버티고 떠난다. 2023년 IBK 기업은행 경제연구소 조사[20]에 따르면, 전국 중소 제조기업의 65%가 인력 부족을 호소했다.[21] 결국 많은 기업이 외국인 노동자에게 기댈 수밖에 없는 형편이다.[22]

우리나라 외국인 노동자의 대부분은 '고용허가제EPS'를 통해 입국한다. 이 제도는 내국인 인력을 구하기 어려운 중소기업이 정부의 허가를 받아 외국인을 합법적으로 고용할 수 있도록 만든 장치다. 이 제도를 통해 들어온 근로자 중 상당수는 '비전문취업E-9' 비자를 가진 사람들이다. 이들 가운데 약 80%가 광업과 제조업 분야에서 일한다.[23] 대부분은 생산 현장에서 단순하고 반복적인 업무를 맡는다. 지난 2024년에는 E-9 비자를 가진 외국인 근로자 수가 처음으로 30만 명을 넘어섰다. <그림 8>은 지난 10년간 그 수가 어떻게 변했는지를 보여준다. 특히 최근 3년 사이 증가세가 두드러진다. 코로나19로 억눌렸던 인력 수요가 2023년 이후 한꺼번에 폭발하면서 외국인 노동자 수가 급증한 것이다. 정부가 고용 쿼터를 대폭 확대한 것도 영향을 미쳤다. 이렇게 단순노무직은 외국인 노동자가 어느 정도 메워주지만, 그 이상은 어렵다. 현장에

그림 8. 외국인 취업자(E-9 비자) 변화 추이(2015~2024년)[24]

서는 기술이 필요한 숙련 인력도, 공정을 관리할 중간 관리자도, 사무실에서 운영과 마케팅을 맡아줄 사람도 턱없이 부족하다. '앉아서 문 닫을 판'이라는 하소연이 결코 과장이 아니다.

    이런 중소기업 인력난의 핵심은 단순히 '사람이 없다'가 다가 아니다. '젊은이들이 오고 싶어 하지 않는다'는 데 있다. 청년들이 중소기업을 기피하는 데는 다 그만한 이유가 있다. 낮은 임금, 턱없이 부족한 복지, 불안정한 근무환경, 불투명한 전망. 산업구조의 변화로 중소기업이 설 자리도 줄어들고 있다. 최근 SBHI(중소기업경기전망지수)가 내리막을 타고, '내년(또는 향후 분기) 경영이 악화될 것'이라고 보는 중소기업 비중이 높아진다는 조사도 잇따른다.[25]

    기업씨가 꺾어지는 걸 방치한다면 우리가 잃는 사회경제적 손실은 무엇일까?

먼저, 기업씨가 무너지면 일자리가 사라진다. 한국 제조업 고용의 중심은 대기업이 아니라 중소기업이다. 통계로 보면 제조업 종사자의 약 68.5%가 중소기업 소속이다. 근로자 10명 중 7명이 중소기업에 다니고 있다는 뜻이다. 이 구조가 흔들리면 대규모 실업과 고용 불안은 바로 현실이 된다. 중소기업이 투자와 채용을 멈추면, 결국 폐업이 늘고 실직자가 쏟아진다. 일자리를 잃은 사람이 많아지면 지역 소비가 줄어 상권이 연쇄적으로 무너진다. 2025년 초 조사에선 폐업 결심 소상공인의 평균 부채가 1억 원을 넘고, 폐업 절차 비용만 평균 2천만 원대라는 결과가 나왔다.[26] '닫는 데도 큰돈 드는' 현실이 사회적 비용을 눈덩이처럼 키우고 있다. 소상공인의 급격한 붕괴는 복지비용 등 사회적 비용을 키울 수 밖에 없다.

둘째, 기업씨의 붕괴는 대기업도 휘청이게 한다. 한국 제조업의 밸류체인은 촘촘한 협력망 위에 서 있다. 완성차, 전자, 기계, 화학 어디든 부품·소재·장비의 다층적 공급망이 끊기면 전체 라인이 멈춘다. 실제로 최근 몇 년 사이 중소 협력업체의 화재·도산·가동 중단이 생산 차질로 이어진 사례가 반복됐다. 2024년 울산의 한 협력사 공장 화재로 현대차 제네시스 라인 가동에 차질이 빚어진 사건은 공급망 리스크가 얼마나 실물로 빠르게 전이되는지 보여주는 좋은 사례다.

셋째, 기업씨가 무너지면 '지방 전체'가 무너진다. 지역 경제에서 중소기업 매출액이 차지하는 비중은 수도권보다 지

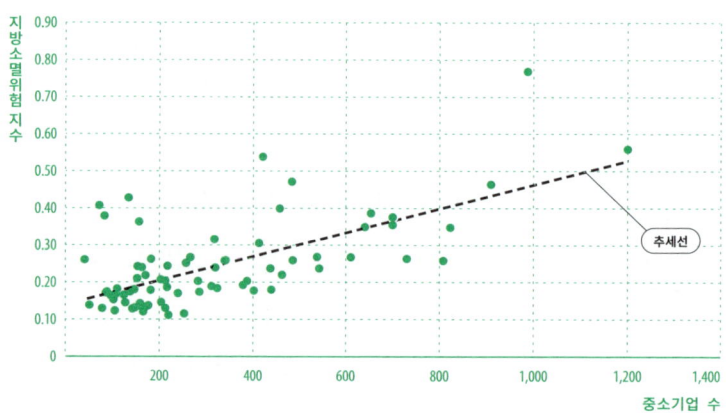

그림 9. 인구 20만 이하 지방도시 내 중소기업 수와 지방소멸위험지수 간의 관계[27] (소상공인 제외)

참고 : 지방 인구 20만 이하의 도시 중에서 수도권에 직접적 영향권에 있는 충청권 도시들을 제외한 결과이다.

방이 훨씬 크다. 서울(24%)은 낮고, 대구·광주·강원·제주 등은 65~85%대로 매우 높다.[28] 숫자만 봐도 지방은 중소기업이 버티는 힘으로 돌아간다는 걸 알 수 있다. 그 버팀목이 꺾이면 지방 경제 전체가 흔들린다. 실제 현장의 감각도 같다. 지방소재 기업의 68%가 '지방소멸의 위협'을 체감했고, 가장 큰 애로로 '인력 확보(약 51%)'를 꼽았다.[29] 사람을 못 구하면 기업이 멈추고, 일할 곳이 없으면 사람은 떠난다. 떠나는 사람이 늘수록 남은 기업은 더 힘들어진다. 악순환이다.

실제로 그럴까? 인구 20만 이하 지방 도시를 대상으로 '중소기업 수'와 '지방소멸위험지수'의 관계를 분석해 보았다. 결과는 명확했다. <그림 9>에서 x축은 중소기업 수(소상공인 제외), y축은 지방소멸위험지수다. (참고로 y축의 경우, 값이 낮을수록 소멸위험이 높은 것이다.) 분석 결과, 점들은 뚜렷하게 한 방향으로 향하고 있었다. 중소기업이 많은 지방일수록 소멸위험이 낮았다. 이는 곧, 중소기업이 하나의 경제 주체를 넘어 지역의 생존을 결정짓는 핵심 변수임을 보여주고 있다.

전체는 부분의 합보다 훨씬 크다

경험씨, 지방씨, 그리고 기업씨. 이 셋은 우리 사회가 가진 너무나 소중한 자원이다. 하지만 오늘의 빠른 변화 속에서 이들은 '잉여'로 취급되며 사회·경제·공간의 변두리로 밀려나고 있다. 그러나 이 셋이 서로 손을 잡는 순간, 이야기는 완전히 달라진다. 아래에서는 경험씨×지방씨, 경험씨×기업씨, 지방씨×기업씨가 어떤 걸 주고받으며 함께 성장하는지 살펴보도록 한다.

경험씨와 지방씨의 연합

경험씨와 지방씨가 손을 잡으면 무엇이 달라질까? 이 둘의 연계가 강화되고 있다는 정황은 최근 통계에서도 또렷하다. 2차 베이비부머의 은퇴, 농촌 체류 수요의 증가와 함께 귀촌 인구가 3년 만에 다시 반등했다. 2024년 귀촌가구 31만 8,658가구, 귀촌인 42만 2,789명. 전년 대비 각각 4.0%, 5.7%

증가다. 귀촌가구주 평균 연령은 45.4세, 이 중 50대 비중 17.8%. 2차 베이비부머가 지방 인구 유입의 주요 축임을 보여주는 대목이다. (이 통계에는 교통과 인프라가 좋은 경기도 남양주시 화도읍, 화성시 봉담읍 등 '대형 읍 지역'이 포함되어 있어 실제 농촌 귀촌 규모는 약간 부풀려졌을 수도 있다. 농식품부의 귀농어·귀촌인 통계는 '동' 지역에서 '읍··면'으로 이동할 때 도시를 떠났다고 간주하기 때문이다. 이런 집계 방식에 대해 현장 연구자들과 지자체 관계자들 사이에서도 "도시 근교 이동을 농촌 귀촌으로 보는 것은 왜곡"이라는 지적이 꾸준히 제기되고 있다. 그럼에도 불구하고 고쳐지지 않고 있는 게 아쉽다. 귀촌 통계에 관해서는 이 책의 3장에서 별도의 분석을 통해 자세히 다룰 것이다.)[30]

경험씨가 많아지면 지방씨는 무엇이 좋을까?

첫째, 경제적 활력이다. 지방으로 이주하는 경험씨가 많아질수록 지방은 '경제적' 구조에 변화가 생긴다. 이들은 대한민국에서 가장 부유한 세대로, 자산과 경험, 인적 네트워크를 고루 갖추고 있다. 이러한 인구가 지방으로 유입되면 어떤 일이 벌어질까? 도로에 차량이 늘고, 상점과 시장이 활기를 되찾는다. 어느 귀촌인의 말이다.

> "그동안의 지역에선 주로 청년을 데려와야 한다고 하는데, 청년들이 와서 카페나 베이커리를 열어도 지역의 어르신들은 그런 것들을 잘 소비하지 않는다. 지역에 50대, 60대들이 와서 그것들을 소비해야 젊은 층들이 지역에 자리를

잡는 기반도 만들어진다."³¹

지역 축제와 문화행사도 재개되고, 마을 곳곳에 활력이 돌아온다. 경험씨의 이주는 지방에 새로운 성장의 기회를 제공하는 중요한 계기가 될 수 있다. 무엇보다도 경험씨는 넓은 인맥을 갖고 있다. 또한 풍부한 사회 경험을 갖고 있다. 이들이 사회활동과 자원봉사, 창업에도 나선다면 지방씨의 경제적·문화적 역동성은 한층 커진다.

둘째, 인프라 회생이다. 현재 지방씨는 인구 유출로 공공시설과 사회 인프라의 활용도가 급격히 떨어졌다. 도서관, 체육관, 복지관 등은 이용자가 줄어 텅 비고, 도로와 상점도 활기를 잃고 있다. 경험씨가 이주하면, 활용도가 낮았던 시설이 다시 사람들로 북적이게 된다. 60년대생 경험씨가 주택을 구매하면 재산세가, 전통시장과 로컬 마트에서 소비하면 지방 소득세가 증가한다. 이들이 취미활동은 상권을 살려 지자체는 세수가 늘어난다. 행정 역량이 강화되고, 더욱 다양한 서비스와 문화가 살아난다.

그럼 반대로, 경험씨는 지방씨로부터 어떤 혜택을 받을 수 있을까? 지방씨는 60년대생 경험씨의 인생 2막을 준비해주는 조력자가 될 수 있다. 하나의 예로, 경남 하동군을 보자. 2023년 12월, 전국 최초로 「하동군 귀향인 특별 지원 조례」를 만들었다. 하동에서 태어나 10년 이상 등록기준지나 주민등록을 뒀던 사람이 군 외 지역에서 5년 이상 살다가 다시 하동으로 돌아와 실제 거주하는 경우, 여러가지 우대 혜택을 제공하겠다는 것이다.

'컴백 홈' 하는 이들에 대한 지원 내용도 꽤 실질적이다. 일자리 면에서는 농지 구입과 임대, 농업 정착에 필요한 여러 지원책을 마련했다. 주거 측면에서는, 이사비용과 정착장려금을 주고, 특히 5가구 이상이 함께 들어오면 진입도로, 상하수도, 배수, 전기, 통신 같은 기반시설까지 깔아준다. (마음 맞는 사람들끼리 함께 들어올 수 있다면, 작은 마을 하나를 만들 수도 있다!) 사회적 프로그램도 많다. 현장탐방, 농촌체험, 주민초청행사 등

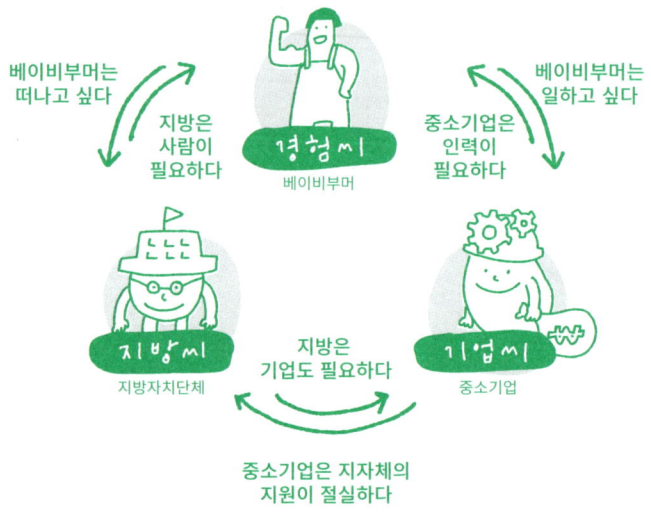

그림 10. 서로에게 서로가 필요한 3자

으로 귀향인들이 지역사회와 부드럽게 어울릴 수 있도록 돕고자 했다. 하승철 하동군수의 말이다.

> "현재 군은 귀농·귀촌·귀향인들의 안정적인 정착을 위해 주택 수리비 지원, 신규농업인 현장실습 교육 등 다양한 정책을 펼치고 있다. 그중 주택 수리비 지원사업은 경남 도내 최대 규모로 개소당 1200만 원을 지원하며 올해만 62명의 귀농·귀촌·귀향인이 혜택을 받았다. … 이러한 맞춤형 정책을 펼친 결과 작년에만 하동군 인구의 4%에 해당하는 1652명이 귀농·귀촌·귀향했다. 2024년 3분기에만 1308명이 귀농·귀촌·귀향해 올해에도 1600명이 넘을 것으로 예상하고 있다."[32]

하동에서 시작한 이 '귀향인 정책'은 의령군, 홍성군 등으로 번지며 귀농·귀촌인을 위한 지원책이 많아지고 있다. 이사 및 정착비 지원부터 시작해서, 일자리 지원, 창업 지원, 평생학습, 사회공헌과 봉사활동 기회까지. 단순히 농촌으로의 이주를 돕는 수준을 넘어, 새로운 지역 생활을 안정적으로 꾸릴 수 있도록 여러 방면에서 촘촘히 지원하는 셈이다. 귀촌을 고민하는 이들이라면, 이런 지방씨의 제안이 꽤나 매력적으로 다가올 것이다.

이사·정착비 지원	세대 규모에 따라 70만~150만 원 지급
주택 수리·신축비 지원	빈집 리모델링·노후 주택 수리 비용을 최대 사업비 70% 혹은 최대 1,000만 원까지 보조
농업·농촌 체험 지원	팸투어(지역 익숙해지기), '농촌에서 한 달 살기' 등 적응형 체류 프로그램 운영

경험씨와 기업씨의 연합

경험씨와 기업씨가 손을 잡으면 어떤 일이 벌어질까? 이 또한 서로에게 이로운 '윈윈'이다. 우리나라 전체 고용의 약 90%는 중소기업에서 나온다. 그리고 경험씨의 상당수는 이미 기업씨의 일터에서 일하고 있다. 이들이 계속 그 자리를 지킨다면, 경험씨도 살고 기업씨도 산다.

귀촌하는 경험씨가 많아지면 기업씨는 무엇이 좋을까? 우선 기업씨의 하소연을 들어보자.

"더 큰 문제는 인력 구하기가 너무 힘들다는 겁니다. 어떤 회사가 있는데, 좋은 아이템이 있어서 물건을 만들면 잘 팔립니다. 잘 팔리면 좋지요. 그런데 그걸 만들 인원이 없다는 거예요. 대학교 나온 사람이 제조업체 와서 생산직 할 것 같습니까? 안 합니다. 90%가 외국인이에요. 정책을

> 입안하는 사람들은 현장을 잘 모릅니다." [33]

경험씨가 귀촌을 하면, 인력난으로 미래가 불투명했던 기업씨가 사회경험과 기술이 풍부한 '사람'을 얻을 수 있다. 경험씨는 MZ세대와는 다른 특성이 있다. 경험이 많기에 갈등 상황에서 침착하게 대응한다. 회사에 대한 충성심도 높다. 기업씨가 딱 원하던 사람이다. 중장년 일자리 전문가인 장욱희 박사가 말한다.

> "우리나라 베이비붐 세대가 보유하고 있는 강력한 무기는 크게 두 가지라 생각한다. 풍부한 경험을 토대로 한 '직관력'과 조직에 대한 충성도가 높고 주어진 업무에 끈기를 갖고 일에 임하는 '성실성'이다. 그 두 가지 역량을 보유하고 있다면 자신 있게 재취업에 도전해 보라고 이야기한다. 베이비붐 세대는 노동시장에서 경쟁력이 있다." [34]

인력난이 심한 기업씨들은 외국인 노동자를 찾기도 하지만, 이 경우 임금이 꼭 저렴한 것도 아니다. 숙소를 제공해야 하는데, 그 비용이 만만치는 않다. 반면 경험씨를 고용하면, 이런 비용을 크게 줄일 수 있다. 게다가 일부 경험씨들은 풀타임을 원하지 않는다. 지난 20~30년간 풀타임으로 일하며 몸과 마음이 지쳤기 때문이다. 유연하게 일할 수 있는 사

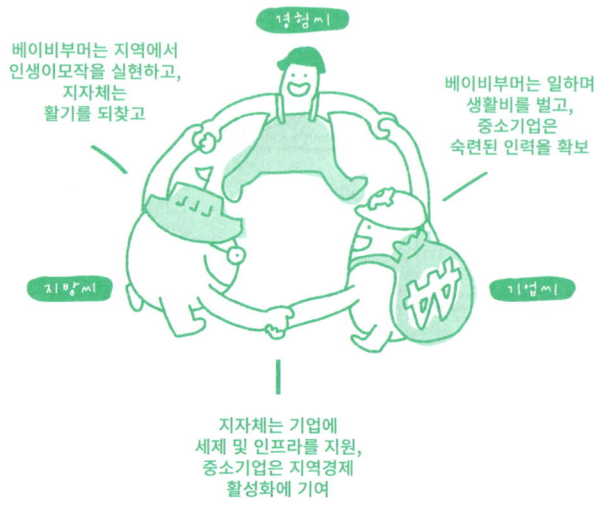

그림 11. 서로가 서로에게 무엇을 얻을 수 있나?

람을 원하는 기업씨들도 있다. 이 경우 완벽한 맞손이 된다.

반면에, 기업씨와 함께 하는 경험씨는 무엇이 좋을까? 무엇보다 '월급'이다. 앞서 살펴보았듯이 은퇴 부부 기준으로 최소한의 생활비는 250만 원 정도다. 하지만 은퇴 후 이 생활비를 맞출 수 있는 부부들, 그리 많지 않다. 부족한 생활비를 채워줄 안정적인 소득이 필요한 상황에서 기업씨는 경험씨에게 일자리를 제공한다. 은퇴 후 푸드뱅크에서 냉동차를 운전하고 있는 한 재취업자의 말이다.

"은퇴 후 초기에 막상 일없이 쉬다 보니까 3개월 동안 우울감이 약간 왔었어요. 33년 동안 직장 생활을 하다가 그만 뒀으니까 허전하기도 했었죠. 3개월 지나고, 집에 있으면서 헬스장에서 운동하고 취미활동 조금 하고, 집 안 청소 등 하루 일정들이 습관화되니까 되게 재미있더라고요. 그런 생활로 8~9개월 흘러가니까 지루해지기 시작하더라고요. 뭔가 공허한 느낌? 갑자기 하던 일을 안 하니까 뭔가 허전한 거예요. 뭔가를 해야겠다고 생각하게 된 거죠 … 월수입(실수령액)이 한 230만 원 정도 돼요. 오전 9시부터 오후 6시까지 주 5일 일하면서 이 나이에 이 정도 받고, 크게 민원도 없는 일을 하니까 고맙죠. … 제가 이걸 해보니까 자꾸 비워야 채워진다, 베풀면 또 생기더라는 걸 깨우치게 되었어요. 받는 것보다 주는 게 더 기분이 좋잖아요. 제가 소유한 물건은 아니지만, 주고 나면 너무 행복한 거예요. 이 일을 하면서 즐겁고 행복해요. 참 고마운 일이죠." [35]

그러나 경험씨가 기업씨에게서 얻는 건 돈만이 아니다. '나는 아직 쓸모 있는 사람'이라는 사회적 효능감이다. 50대 초반에 은퇴해 할 일이 사라졌을 때, 그리고 지인들과의 교류가 급격히 줄 때, 쉽게 '버려졌다'는 감정을 느낀다고 한다. 주고받을 명함이 없을 때 사람이 얼마나 작아지는지, 아직 현역에 있는 사람들은 알기 어렵다. 경험씨의 명함은 '나는 필요한 사람'이라는 메시지를 담고 있기도 하다.

지방씨와 기업씨의 연합

지방씨와 기업씨가 손을 잡으면 어떤 일이 벌어질까? 이 역시 명백한 윈윈이다.

우선, 기업씨가 지방씨로부터 어떤 지원을 받을 수 있는지 살펴보자. 지역을 돌아다녀 보면, 지방씨와 기업씨의 연계는 아직 그리 끈끈하지는 않은 듯하다. 그러나 연계를 강화할 수 있는 다양한 방안이 곳곳에서 제시되고 있으며, 그 내용도 점차 구체화되고 있다.

자금	창업자에 저금리 장기융자, 공장·부지 스마트 산단 리모델링, 임대료 감면, 기반시설 패키지 제공
인재	지역 대학·직업훈련기관과 협력해 맞춤형 과정 개설(예: 금형 기업씨 요청으로 '정밀 기계 가공' 단기 코스 운영→수료생 대부분 즉시 취업)
고용 인센티브	일정 기간 이상 중장년 고용 시 인건비 일부 지원
브랜드·판로	중소기업 제품 공공조달·학교급식 우선 구매, 박람회 참가비·홍보비 지원 → '작지만 강한 브랜드'로 성장하도록 지렛대 제공

물론 모든 지자체가 같은 방식으로 지원하는 것은 아니다. 어떤 도시는 창업에, 또 어떤 도시는 기술 인증이나 수출에 더 무게를 둔다. 기업이 가장 큰 어려움을 겪는 부분 중 하

나는 바로 판로 개척이다. 아무리 물건이 좋아도, 구매할 사람과 연결되지 않으면 모든 노력이 헛수고가 되기 때문이다. 예를 들어, 2024년 10월 전북특별자치도는 해외 유망 바이어와 도내 중소기업을 연결하는 수출 박람회를 열었다. 이 행사에는 해외 바이어 102개사와 도내 기업 179개사가 참여했고, 그 결과 해외 바이어 5개사와 도내 중소기업 6개사 간에 약 30억 원 규모의 수출 계약이 체결되었다.

> "이번 수출 계약이 체결될 수 있었던 이유는, 지난 무역사절단에 참여해 만났던 바이어를 다시 만날 수 있게 해준 전북특별자치도와 경진원의 촘촘한 사후 관리 때문이었다."[36]

똑같은 기업이라도 A시에선 버티기 힘든데, B시에선 3년 만에 두 배 성장하는 일이 벌어진다. 지방씨의 정책이 기업씨의 생존율을 좌우하기도 한다.

반면에, 기업씨가 번성하면 지방씨에게는 어떤 이점이 있을까? 앞서 살펴보았듯이, 기업씨가 많은 곳은 '지역소멸위험'이 낮다. 먼저 기업씨는 주민들에게 직접적이고도 안정적인 일자리를 제공하기 때문이다. 지방에서 대기업 취업은 쉽지 않다. 그럴 때 기업씨는 청년에게 '떠나지 않아도 되는 이유'가 되고, 장년층에게는 '다시 일어설 기회'가 된다. 전북의 중소기업 회장의 말이다.

> "전라북도에 대기업이라고 할 수 있는 곳은 100개도 안 됩니다. 다 중소기업이고 소상공인이에요. 전체에서 차지하는 비율이 거의 98% 정도 될 겁니다. 현재 기준으로 전라북도 중소기업 수가 281,963개이고, 이곳에서 총 569,911명이 근무하고 있습니다. 전북 전체 인구의 1/3이 중소기업인인 셈이어서, 전북이 살려면 중소기업이 살아야 합니다." [37]

또 기업씨가 지역에 있으면, 돈이 외부로 빠져나가지 않는다. 직원들의 월급은 지역 식당, 카페, 마트에서 쓰인다. 납품업체, 택배 회사, 청소 용역, 기계 수리 등 수많은 주변 산업에도 경제 효과가 번져간다. 대기업처럼 수익이 본사로 흘러가지 않고, 지역 안에 머무르며 '작지만 단단한 경제 생태계'를 만든다.

무엇보다 기업씨는 지역 사람들과 가깝다. 지역 축제 후원, 학교 장학금 기부, 청소년 멘토링 참여 등으로 '같이 사는 사람들'이라는 공동체 의식을 만든다. 이건 지역의 경제 활성화 효과를 넘어, 지방씨와 기업씨가 함께 공생하는 방식이다.

지금까지 살펴본 것은 세 주체가 서로에게 어떤 이익을

주고받을 수 있는가였다. 여기서 강조하고 싶은 말이 있다.

"전체는 부분의 합보다 훨씬 크다."

경험씨도, 지방씨도, 기업씨도 서로의 필요를 채워주며 시너지를 만든다. 그 시너지는 지역을 살리는 힘이 되고, 더 나아가 나라를 움직이는 에너지가 된다. 이 3자 연합모델은 언뜻 보면 추상적인 이상처럼 들릴 수도 있다. 그러나 이미 곳곳에서 그 움직임이 감지되고 있다. 과연 그 변화는 얼마나 빠르고, 또 어떤 형태로 현실이 되어가고 있을까? 다음 장에서 그 실마리를 함께 살펴보자.

3장

대이동의 신호

"제가 왜 시골로 다시 왔냐고요?
인생에 변곡점이 두 번쯤 있는 것 같아요.
첫 번째는 대학 갈 때나 취업할 때죠.
그때는 미래를 걸고 큰 도시로 올라갔어요.
근데 지금이 두 번째 변곡점 같아요.
앞으로 남은 30년을 어떻게 살 건지 걸어야 하잖아요.
그래서 꾸역꾸역 버티던 도시를 결국 떠나온 거죠."

"요즘 젊은 친구들은 태어나고 자란 곳이 대부분 대도시 아파트잖아요.
그러니 시골에 대한 '몸으로 새겨진 기억' 같은 게 없죠.
아마 이 친구들은 귀촌이 쉽지 않을 거예요."

— 귀촌 베이비부머 인터뷰 중에서

경험씨는 두 번째 인생을 원한다

이쯤에서 이런 의문을 갖는 독자도 있을 것이다.

"그래, 3자가 앞으로 더욱 힘들어질 거라고 했잖아. 그런데 이렇게 힘든 이들이 서로 결합할 수 있겠어? 이거 희망 사항 아니야?"

우리는 이 모델의 가능성을 확인하기 위해 여러 문헌과 통계를 살펴보았다. 그리고 그 과정에서 하나의 확신에 이르렀다. 이 모델은 충분히 실현 가능하다. 그 근거 중 하나는 60년대생, 즉 경험씨가 품은 '인생 이모작에 대한 욕구'에 관한 것이고, 또 다른 하나는 두 번째 인생을 꿈꾸는 이들이 보여주는 '대도시 탈출 흐름'에 관한 것이다. 지금부터는 이 두 가지의 근거에 대해 독자들과 공유하려 한다.

먼저, 이 모델이 실현 가능성이 높은 첫 번째 이유는 많은 경험씨가 두 번째 인생을 원하고 있기 때문이다. 경험씨는 자신의 두 번째 인생의 무대가 '새로운 곳'이길 바란다. 사람은 생애주기의 중요한 시기마다 거주지를 옮긴다. 대학 진학, 취업, 결혼, 은퇴… 그때마다 개인의 '평균적으로 비슷한' 선택이 모여, 한 세대의 거대한 이동 흐름이 만들어진다. 과거 수많은 베이비부머가 시골을 떠나 일자리가 있는 대도시와 수도권으로 향했던 것도, 지금의 20~30대 청년들이 교육과 일자리의 기회를 찾아 수도권으로 몰려드는 것도 같은 원리다. 과거 베이비부머의 이촌향도 흐름은 산업화와 도시화를 이끌었고, 현재 청년 세대의 수도권 이동은 첨단산업, 신산업, 기술 혁신, K-문화를 만들고 있다. 이렇게 개인의 선택이 모여 세대의 물결이 되고, 그 물결이 천천히 깊은 변화를 만들고 있다.

우리가 주목하는 경험씨, 특히 60년대생은 이전 산업 세대와는 다르게 산업화와 도시화의 한복판에서 성장하며, 우리 사회의 굵직한 전환점마다 핵심적인 역할을 해온 세대다. 『60년대생이 온다』(김경록 저)에서는 이들이 가난한 나라에서 태어나 선진국에서 은퇴하는 첫 세대로, 앞으로 30년 이상 소비와 문화를 주도할 세대라고 전망했다. 우리 연구진 역시 주목했던 건, 전국 840만 명의 60년대생 집단이 은퇴 전후로 느끼는 '인생 이모작'에 대한 열망이다. 계속해서 강조하지만, 60년대생은 이전 세대보다 교육 수준이 높고, 여전히 자아실현에 대한 욕구가 강하다. 단순히 여가를 즐기거나 안락한 노후를 원하는 게 아니라, 사회공헌이나 자원봉사, 의미 있는 일에 참여하고 싶은 의지도 크다. 우리가 엿본 첫 번째 가능성이 여기에 있다.

    이 지점에서 '인생 이모작'이라는 말의 의미부터 다시 짚어보자. 농사에서 이모작이란, 한 해에 같은 땅에서 서로 다른 작물을 두 번 심고 거두는 농법이다. 이모작은 땅을 더 깊이 이해하고, 작물의 생태를 배려해야 가능하다. 첫 작물을 수확한 뒤, 농부는 다시 밭을 갈고, 퇴비를 주며, 땅을 돌본다. 그렇게 정성을 들여야 새로운 작물이 뿌리를 내리고 무럭무럭 자란다. 그만큼 더 많은 손이 가지만, 잘만 하면 두 번째 수확이 첫 번째보다 더 알차고 풍성하다. 인생도 그렇다. 농부가 두 번째 수확을 위해 흙을 가꾸듯, 두 번째 인생도 그렇게 준비하면 첫 번째보다 더 나은 결실을 맞이할 수 있다.

    앞서 1장에서도 살펴보았듯, 직장인들이 생각하는 제2의 인생의 시작 시점은 대개 50세 전후다. 50대를 인생의 전환점으로 보는 책들도 많다. 『인생은 왜 50부터 반등하는가』 (조너선 라우시 저), 『인생은 50부터』 (김성준 저), 『오십부터는 이 기적으로 살아도 좋다』 (오츠카 히사시 저), 『50부터는 인생관을 바꿔야 산다』(사이토 다카시 저) 등등. 저자들은 50대를 두 번째 인생의 시작점으로 그린다. 그러니 인생 이모작이라는 말에는, 100세 인생 중 삶의 중반을 지나 새로운 자신으로 다시 살아보겠다는 강한 의지가 담겨 있다. 전반기 인생이 생계와 경쟁, 자녀 교육에 쏟아졌다 해도, 후반기 인생은 자아실현과 관계, 여유, 의미에 더 집중하겠다는 다짐이다. 말하자면 인생 이모작은, 같은 사람 안에서 또 다른 삶을 살아보려는 아름다운 실험이자, 인간 존재에 대한 깊은 성찰이 담긴 말이기도 하다.

최근 들어 학계, 언론, 그리고 사회 전반에서는 베이비붐 세대의 인생 이모작을 어떻게 지원할 것인가에 대한 관심이 커지고 있다. 이에 발맞춰 2015년 서울시를 시작으로 전국 지자체들도 다양한 정책을 추진해 왔다.

선두주자인 서울시의 사례를 보자. 「서울특별시 중장년층 인생이모작 지원에 관한 조례」는 중장년층을 '40세 이상 65세 미만'으로 규정한다.[1] 40대 초반부터 신중년으로 본다는 점은 꽤 파격적이다. 서울시는 '서울런4050' 같은 평생학습 프로그램을 운영하고, 50+재단 설립을 통해 교육·재취업·사회공헌·건강·문화·여가까지 전방위 지원에 나서고 있다. 위기가 닥치기 전, 40대부터 미리 재교육과 전직 설계를 시작하라는 취지다.

전국 여러 지자체도 '인생이모작 지원', '생애재설계 지원', '중장년 지원' 등 이름은 조금씩 다르지만 비슷한 조례를 제정했다.[2] 지원 대상의 호칭도 중장년층, 신중년층, 예비노년 세대 등 다양하다. 연령 기준은 지자체마다 다소 차이가 있는데, 40세부터 시작하는 곳도 있고, 45세 혹은 50세를 기준으로 삼기도 한다. 다만 대부분 상한은 65세로 정한다. 현재 가장 널리 쓰이는 정의는 '50세 이상~65세 미만'을 신중년으로 보는 것이다.

사회적 공감대도 이미 충분히 형성됐다. 50+세대의 인생 이모작을 국가와 지자체 차원에서 지원해야 한다는 데에는 이견이 거의 없다. 실제로 고용부는 2025년 5월, '50대 취업 지원 강화 방안'[3]을 발표했다. 은퇴가 본격화되는 2차 베이비붐 세대를 겨냥해, 재취업과 경력 전환을 돕겠다는 것이다. 특히 주목할 점은 50대의 재취업을 청년의 첫 사회진입처럼 이제는 더 체계적으로 다루기 시작했다는 것이다. 자격증 취득 지원을 비롯해 인턴 기회 제공, 경력지원제를 통한 직장 매칭까지, 단계별로 지원이 이어진다. 인턴 기간이 끝난 뒤 50대를 정식 채용한 기업은 고용촉진장려금도 받을 수 있도록 설계했다. 이처럼 지자체뿐만 아니라 중앙정부의 관심도 점점 커지고 있다. 앞으로 경험씨의 인생 이모작을 돕는 논의는 더 활발해질 것이다.

인생의 두 번째 커브

이쯤에서, 독자들에게 물어본다. 은퇴 이후의 나를 떠올리면, 머릿속에 어떤 모습이 그려지는가? 퇴직 후 10~20년, 건강수명인 73세까지 무탈하게 살아가는 동안, 그 일상을 어떻게 채우고 싶은지 한번 상상해 보자. 당신이 그리는 이상적인 인생 이모작은 어떤 풍경일까? 그 상상을 조금 더 구체적으로 해보기 위해, 이 책의 두 저자가 나눈 대화를 그대로 옮겨본다.

김지원 저는 아직 서른이라 은퇴라는 게 너무 먼 얘기예요. 20년, 30년 뒤 일이라 감도 잘 안 오고요. 그때 세상이 어떻게 변해 있을지도 모르겠고요. 그런데 교수님은 퇴직하면 어떤 삶을 살고 싶으세요?

마강래 나는 은퇴하면 좀 더 여유를 가지고 싶어. 대신 그냥 쉬는 건 아니고, 뭔가 새로운 걸 해보고 싶어. 아직 구체적으로 정한 건 없지만, 그동안 쌓아온 경험을 나누는 일일 것 같아.

김지원 나누는 일이라… 자원봉사 말씀하시는 거예요?

마강래 자원봉사도 좋지만, 내가 생각하는 건 조금 달라. 아서 브룩스라는 학자가 이런 얘기를 했어. 생애 주기에는 '전환점'이 존재하는데, 첫 번째 커브가 최고점을 찍고 유동지능이 줄어들면, 두 번째 커브로 갈아타야 한다는 거야.

"두 번째 커브는 지혜를 모아 나누는 일이다."

김지원　유동지능이요?

마강래　응, 유동지능fluid intelligence은 쉽게 말해 '머리가 빨리 돌아가는 힘'이야. 새로운 걸 빨리 배우고, 복잡한 문제를 단번에 해결하는 능력 같은 거지. 보통 젊을 때 가장 강하고, 나이가 들면서 조금씩 줄어들어. 대신 그때부터는 결정지능crystallized intelligence이 커지는데, 이건 경험과 지식을 바탕으로 쌓이는 지혜야. 사람 사이의 관계를 어떻게 조율하는지, 어떤 일이 결국 좋은 결과를 낳는지 아는 감각 같은 거지. 나는 이 얘기에 완전 공감했어. 앞의 삶이 나만의 성취를 위한 거였다면, 두 번째 인생은 그렇게 쌓아온 지혜를 남들과 나누는 단계로 가야 한다는 거지.

김지원　아… 그게 두 번째 커브군요.

마강래　맞아. 내 지인 중에 중소기업에서 일하는 분이 있어. 원래 대기업에 다녔는데, 조금 빨리 구조조정 당했어. 퇴직 후에 고향 근처의 조그만 기업에 들어갔는데, 거기서 '조직 관리 노하우' 같은 걸 전해주더라고. 후배 직원들 멘토도 하고. 그분이 그러더라. "다시 살아난 기분이다." 바로 그게 두 번째 커브야.

김지원　듣기만 해도 좋네요. 기업에는 그런 경험이 꼭 필요하잖아요. 결국 두 번째 인생은 내가 잘하던 일을 남들도 잘하게 만드는 거네요.

마강래 두 번째 커브로 바뀌는 시기는 사람마다 다르겠지만, 대략 은퇴를 맞이하며 시작되는 것 같아. 앞에서는 내가 성과의 중심에 서려 했다면, 두 번째 인생은 '모두가 함께 성과를 낼 수 있도록' 조건을 만들어 가는 시기이지. 그게 의미 있는 전환인 것 같아.

이전 세대와는 달리 경험씨는 교육 수준이 높고, 삶에 대한 기대와 자아실현 욕구도 강하다. 이들은 생계 유지를 넘어서, 사회활동이나 여가, 봉사처럼 의미 있는 활동에 참여하고 싶어 하는 경우가 많다. 한 논문[4]에서 퇴직 후 선호 활동을 조사한 결과, 중장년층을 '70대 이상 기존 세대'와 '60대 이하 장년층'으로 나누었을 때, 60대 이하 장년층은 '사회공헌활동'을 가장 선호하는 경향을 보이고 있었다. 그 외에도 '재취업', '창업' 뿐만 아니라 '사회적기업·마을기업·협동조합 설립 또는 참여' 등에 대한 선호도 70대 이상에 비해 더 높은 것으로 보고된다. 결국 경험씨에게는 여전히 사회 속에서 자신의 역할을 찾고 공동체와 나눌 수 있는 무언가를 갖고자 하는 것이 큰 기쁨이자 보람인 것이다. 이런 욕구가 인생 이모작을 향한 강한 의지와 맞물려 있다.

길게 설명했지만, 요약하면 간단하다. 살날은 아직 충분히 남았고, 체력도 좋고, 재력도 있다. 경험씨는 '건강이 허락되는 한' 인생의 후반기에도 일하고, 배우고, 사회와 관계 맺으며 살기를 원한다.

'어디에 사는가'가 행복을 가른다

경험씨의 인생 이모작을 둘러싼 흥미로운 빅데이터 분석이 있다. 미래에셋은퇴연구소가 최근 노후 담론에서 언급 빈도가 급증한 키워드를 뽑아보니 '홀로', '친구', '일', '여행', '텃밭' 다섯 가지가 핵심으로 떠올랐다.[5] '홀로'와 '친구'는 관계 욕구를, '일'은 소득과 역할 욕구를, '여행'과 '텃밭'은 일상의 기쁨과 자율성을 상징한다. 연구소는 이 결과를 바탕으로 노후 설계를 위한 관계, 소득, 시간의 '3배분 전략'을 제안했다. 요지는 간단하다.

관계 배분	'나', '가족', '친구'로 관계망을 분산해, 어느 하나에만 올인하지 말 것.
소득 배분	연금에만 의존하지 말고, 일과 연금을 병행하는 것을 표준으로 삼을 것.
시간 배분	일과 여가를 함께 설계하되, 여행이나 텃밭 같은 소소한 루틴을 일상에 심을 것.

문제는 이 '3배분 전략'을 대도시에서 구현하기가 쉽지 않다는 점이다. 아파트에서는 원래 이웃과의 접촉이 드물고, 은퇴와 함께 직장 동료들과의 관계마저 끊기기 때문이다. 친

구에 대한 욕구는 커지지만 시간이 갈수록 관계망은 오히려 더 빈약해진다. 소득 문제도 마찬가지다. 높은 주거비와 생활비 탓에 연금만으로는 버티기 어렵다. 실제로 50대 임금근로자의 평균 부채는 5천만 원대이며, 그중 대부분이 주택담보대출이다. 이는 '연금+일'이 선택이 아니라 생존의 문제임을 잘 보여준다.

아이러니하게도, 같은 전략이 지방 중소도시에서는 훨씬 수월하다. 지방은 지역 커뮤니티가 발달해 있어 마음만 먹으면 이웃과 쉽게 얽히고설킬 수 있다. 동네 도서관, 체육관, 텃밭, 공동체 프로그램이 일상 가까이에 있고, 시간의 흐름도 한결 느려 여가를 즐기기 좋다. 생활비 부담이 낮아 연금에 파트타임 일만 더해도 삶이 유지된다. 눈높이를 조금만 낮춘다면 지역 기업이나 농업, 사회서비스 분야에서 은퇴 전 경험을 살려 '가벼운 일'을 찾는 것도 어렵지 않다. 귀촌한 베이비부머를 대상으로 한 한 연구의 심층 인터뷰에서도 이러한 경향이 확인된다. 한 참여자는 이렇게 말했다.

> "퇴직하면서 저는 시골에 가서 살아야겠다는 생각은 했어요. 서울에서 더 이상 살기 어렵고… 주거비가 너무 많이 들잖아요… 노후 대비가 특별히 된 것도 없는데 따로 이제 생활할 자금도 부족하고, 그래서 그 집값이면 내려가서 충분히 살겠다 싶더라고요… 직장 생활하고 애들 교육

때문에 서울에 사는 거지. 지금은 직장도 끝나고 애들도 어느 정도 다 컸는데 더 이상 빡빡한 데서 살기가 싫은 거예요. 공기가 너무 안 좋고, 제가 거기에서 특별히 해야 하는 생산적인 일이 없잖아요." [6]

이 지점에서 우리는 문득 궁금해졌다. 수도권에 사는 베이비부머와 지방에 사는 베이비부머의 행복감에는 차이가 있을까? 이를 확인하기 위해 2023년 기준 한국노동패널조사 자료를 활용해 분석해 보았다. 분석에서는 베이비붐 세대를 1차와 2차 베이비부머로 구분하고, 거주지를 수도권과 지방으로 나누어 행복감을 비교했다. 그 결과, 예상대로 베이비붐 세대의 행복감이 가장 낮은 경향을 보였다. 특히 2차 베이비부머(1965~1974년생)의 행복도가 크게 낮았다. (<그림 12> 참고)

수도권과 지방 간의 행복감 격차도 두드러졌다. 〈그림 12〉는 동일한 세대 내에서도 '어디에 사는가'가 행복의 수준을 가르고 있음을 보여준다. 흥미롭게도 1974년 이후 출생 세대에서는 수도권과 지방 간 차이가 거의 나타나지 않았다. (그림에서도 볼 수 있듯, 젊은 세대의 경우 행복감의 오차범위가 서로 겹치며, 지역별 차이가 통계적으로 유의하지 않음을 시사한다.) 결국, 수도권의 높은 밀도와 경쟁, 치열한 일상이 베이비부머의 행복감을 떨어뜨리는 요인일 수 있음이 통계로도 드러난 셈이다.

여러 문헌을 살펴보면서 눈에 띄었던 점은, 예상보다 훨

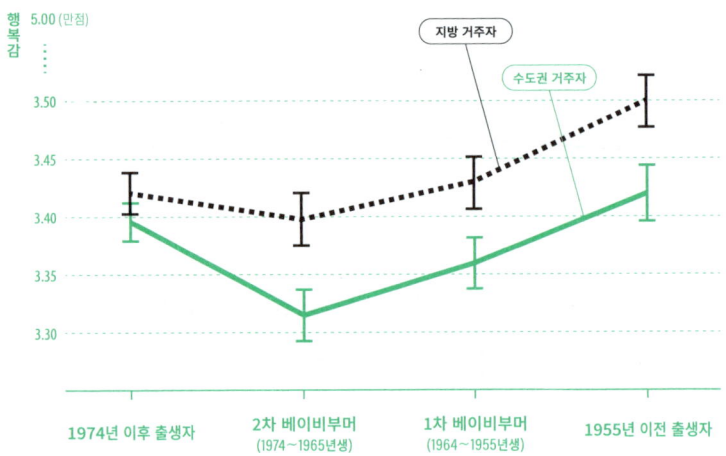

그림 12. 세대에 따른 행복감 격차(수도권 거주자 vs. 지방 거주자)

씬 많은 사람들이 인생 이모작을 '지방'에서 실현하고 싶어 한다는 사실이었다. 실제로 여러 설문조사에서도 은퇴 무렵에 수도권이 아닌 지방으로 가고 싶다는 응답이 절반을 넘어섰다. 한국농촌경제연구원이 2024년에 실시한 조사 결과[7]를 보더라도 이런 귀촌 의향은 뚜렷하게 나타난다. 도시민 1,500명을 대상으로 귀농·귀촌 의향을 조사한 결과, 약 58%가 "은퇴 후 또는 여건이 되면 귀농·귀촌을 하겠다"고 응답했다. 흥미로운 점은 연령이 높을수록 그 비율이 높아졌다는 것이다. 특히 50대와 60대 이상에서는 60%를 넘어섰다. 나이가 들수록 도시를 떠나 지역에서 새로운 삶을 꿈꾸는 이들이 많다는 뜻이다.

우리 연구진이 여러 문헌을 통해 내린 귀촌의 성격에 대한 결론은 이렇다. 귀촌은 '어디서 살지'의 문제가 아니라, '어떻게 살고 싶은가'에 대한 물음과 닿아 있다는 점이었다.

귀촌을 준비하는 이들의 바람은 단순히 생계를 이어가기 위한 것이 아니라, 삶의 의미를 새롭게 찾고자 하는 데 있었다. 이들을 대상으로 심층 인터뷰를 진행한 한 연구[8]는, 50~60대 대졸 베이비부머의 귀촌 유형이 제각기 다르지만 하나의 공통점이 있다고 지적한다. 인생의 전환점에서 '귀촌'을 새로운 돌파구로 삼는다는 것이다. 이 연구에서 한 인터뷰 참여자는 이렇게 말했다.

> "농촌 가서 생활하고 하다 보면은… 내 의지대로 살 수 있는 그런 부분 하나 있고, 또 그때만 해도 보면 시골 와 살면 공기도 좋고, 건강한 삶을 살 수 있잖아요. 내가 뭐 텃밭을 가꿔서 먹고 하면 또 우리 마음대로 움직일 수 있고 … 그런 것들이 좋았던 것 같아요… 그런 걸 동경해 왔었어요."

설문조사에서 드러난 높은 귀촌 의향에도 불구하고, 고개를 갸웃할 독자들도 있을 것이다.

"은퇴하고 조용하고 쾌적한 곳에서 살고 싶다는 사람, 정말 많지. 그건 그냥 생각일 뿐이잖아. 막상 구체적으로 가 겠냐고 물으면, 망설이는 사람이 훨씬 많을걸?"

맞는 말이다. 실제로 2024년 토지주택연구원이 베이비부머(1955~1974년생) 1,000명을 대상으로 조사[9]한 결과, 은퇴 후 지방으로의 구체적인 이주 계획이 있다는 응답은 12.5%에 불과했다. 다만 62.7%는 '계획은 없지만 의향은 있다'고 답했다. 하지만 우리가 눈여겨보아야 할 지점이 있다. 애초에 '이주 의향이 없다'고 답한 24.8%에게 '만약 의료·복지 서비스, 대중교통, 생활 편의시설 등이 개선된다면 이주하겠느냐'고 묻자, 그중 38.7%가 '있다'고 답한 것이다. 정리하면, 구체적인 계획을 가진 사람, 아직 계획은 없지만 의향이 있는 사람, 그리고 조건이 맞으면 떠나겠다는 사람까지 합치면 전체의 85%가 잠재적인 '지방 이주 수요자'인 셈이다.

실제로 귀촌의 흐름이 어떤지 인구이동 통계를 통해 직접 확인해 보았다. 젊은 베이비부머의 이동 패턴은 우리 연구진을 놀라게 했다. 이미 지방으로 향하는 물결이 일고 있었고, 그 흐름은 점점 더 세지고 있었다. 누가 등을 떠민 적이 없는데, 사람들 스스로 선택한 이동이 하나의 일관된 패턴으로 나타나고 있었다. 50명, 100명, 1,000명, 1만 명이 모여 하나의 흐름을 만들고 있었다. 우리는 설레는 마음으로 그 흐름의 패턴을 정리하기 시작했다.

인구 대이동은 이미 시작됐다

우리는 '경험씨가 지방으로 이동하고 있다'는 점에서 두 번째 가능성을 보았다. 여러 문헌에서도 실제로 중장년층이 지역으로 유입되는 흐름이 관찰되고 있고, 이 흐름이 이들의 은퇴 시기와 맞물려 있다는 분석이 이어지고 있다.

한 문헌[10]은 통계청의 '국내인구이동통계'를 바탕으로 1995년부터 2014년까지 도시와 농촌 간 인구이동 추이를 분석했다. 산업화·도시화가 급격히 진행된 60년대 이후로는 줄곧 '농촌→도시'로의 이동이 우세했지만, 2009년 이후로는 '도시→농촌'의 흐름이 끊기지 않고 이어졌다. 당시 1차 베이비부머의 맏이인 55년생이 50대 중반에 들어 은퇴가 본격적으로 시작된 시기였다.[11] 연구자는 이를 '베이비부머의 은퇴로 인한 탈(脫) 대도시화'로 해석했다.

비슷한 흐름은 지역 사례에서도 확인된다. 광주·전남의 연령별 인구이동을 분석한 또 다른 연구에 따르면, 2010년 이후 40~50대에서 1만 명 이상이 순유입되는 흐름이 시작되었다.[12] 다시 반복하지만, 이때가 1955년생이 만 55세가 되어, 본격적인 은퇴를 앞둔 시기였다. (문헌을 뒤적거리거나 통계분석을 하다 보면, 55세 전후가 인생의 터닝포인트인 나이란 걸 깨닫는다!)

지금도 그 흐름이 이어지고 있을까? 우리도 통계청의 '국내인구이동통계' 자료를 바탕으로 최근 10년(2015~2024년) 동안 수도권과 지방 간 인구 순이동을 분석해봤다. 국토를 '수도권', '5대 광역시', '지방 도 지역'으로 나눠 각각의 권역 간 인구 흐름을 살펴보았다. (+)의 값은 해당 지역으로 인구가 더 유입됐다는 의미이고, (-)는 유출이 더 많았다는 뜻이다.

수도권	서울, 경기, 인천
지방 5대 광역시	부산, 대구, 대전, 광주, 울산
지방 도 지역	나머지 도 지역(세종 제외)

먼저 '수도권 ↔ 지방 도 지역' 간의 인구 순이동 패턴을 살펴보면, 아주 뚜렷한 경향이 드러난다. <그림 13>에 따르면, 제주를 제외한 대부분 도 지역에서 청년층(만 20~39세)은 빠져나가고, 중장년층(만 40~64세)은 유입되는 현상이 일관되게 나타난다.

예컨대 충남은 지난 10년간 청년층 약 2만 4천 명이 순유출됐지만, 중장년층은 6만 명 이상 순유입됐다. 청년 유출 규모의 2.5배에 달하는 수치다. 특히 강원·충북·충남처럼 수도권과 가까운 지역일수록 이 패턴이 두드러진다. 수도권이 청년을 빨아들이는 동시에, 도 지역은 중장년을 다시 불러들이는 일종의 '세대 간 인구 맞교환'이 벌어지고 있는 셈이다.

다음으로 '지방 광역시 ↔ 도 지역' 간의 인구이동 흐름을 보면, 광역시에서 중장년층이 빠져나가고, 인접한 도 지역으로 꾸준히 유입되고 있다. 광주에서 전남으로, 대구에서 경북

그림 13. 최근 10년간(2015~2024년) '수도권'과 '지방 도지역' 간 인구 순이동
(청년층 vs. 중장년층)[13]

으로, 부산·울산에서 경남으로 베이비부머들이 옮겨가고 있는 것이다. 예컨대 <그림 14>를 보면, 경북의 경우 최근 10년간 청년층은 약 2만 1천 명 순유출된 반면, 중장년층은 5만 명 이상이 순유입됐다. 경남에서도 청년층 약 8천 명이 떠났지만, 중장년층은 5만 2천 명 이상 유입됐다. 전남 역시 광주와의 관계망을 통해 중장년층 유입 흐름을 이어가고 있다.

마지막으로 '수도권 ↔ 지방 광역시' 간의 인구이동 흐름은 사뭇 다르게 나타나고 있다. <그림 15>에서 보듯 청년층과

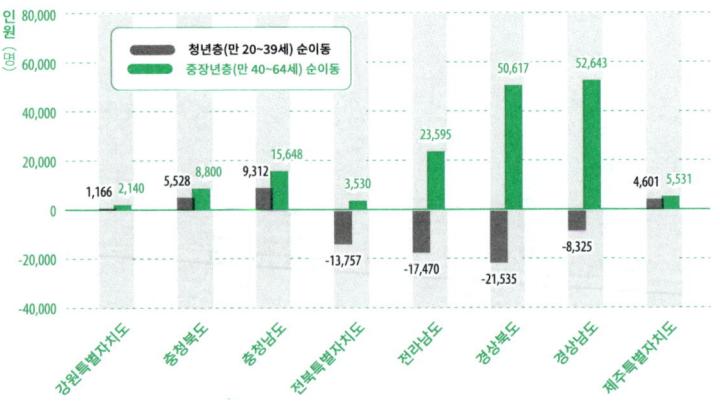

그림 14. 최근 10년간(2015~2024년) '지방 5대 광역시'와 '지방 도 지역' 간 인구 순이동
(청년층 vs. 중장년층)[14]

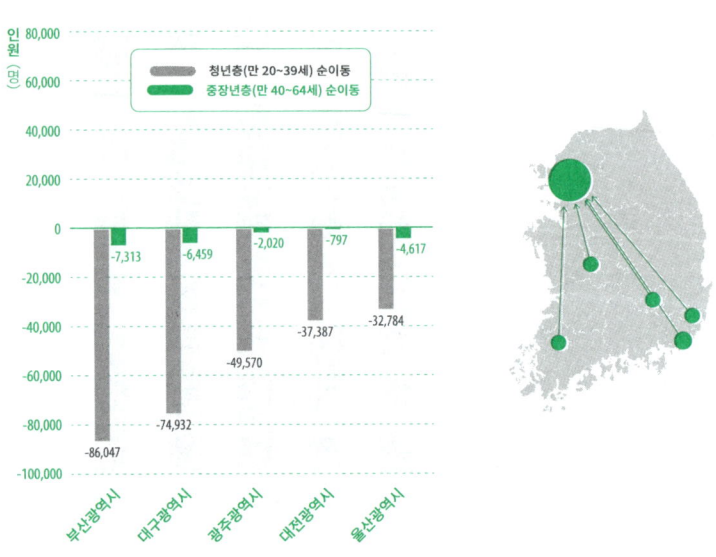

그림 15. 최근 10년간(2015~2024년) '수도권'과 '지방 5대 광역시' 간 인구 순이동
(청년층 vs. 중장년층)[15]

중장년층 모두 수도권으로 순유출되는 경향이 뚜렷하다. 왜일까? 수도권은 고용·교육·의료 등 모든 인프라가 집중된 공간이어서 모든 세대에 강한 흡인력을 가진다. 반면 지방 도 지역은 자연환경과 저렴한 주거비, 여유로운 생활 같은 강점 덕분에 중장년층의 인생 2막에 적합하다. 안타깝게도 광역시는 이 두 장점을 모두 갖지 못한다. 수도권만큼의 인프라도 없고, 도 지역만큼 한적하거나 저렴하지도 않다. 결국 지방 광역시는 청년에게 '기회의 도시'가 아니고, 중장년에게도 '매력적인 은퇴지'가 되지 못하는 셈이다.

조금 장황하게 설명했지만, 지난 10년간의 인구이동 흐름은 이렇게 요약할 수 있다.

수도권 ↕ 지방 도 지역	청년은 수도권으로 떠나고, 중장년은 은퇴 즈음에 도 지역으로 돌아온다. 특히 강원·충북·충남처럼 수도권 인접 지역으로의 유입이 두드러진다.
지방 광역시 ↕ 지방 도 지역	광역시에 살던 중장년이 인근 도 지역 (전남·경북·경남 등)으로 이동한다.
수도권 ↕ 지방 광역시	청년과 중장년 모두 수도권으로 빠져나가 광역시는 '인구 중간 기착지' 역할도 하지 못한다.

은퇴 후 대도시를 벗어나 두 번째 인생을 꿈꾸는 경험씨

의 욕구가 실제로 이들 세대의 '대이동 great migration'으로 이어지고 있는 현실은 여러 데이터에서 확인되고 있다.

해외도 베이비부머 대탈출이 나타나고 있다

베이비붐 세대가 은퇴를 전후해 농촌이나 전원 지역으로 이주하는 흐름은 우리만의 이야기가 아니다. 이미 여러 나라에서 공통적으로 나타난 현상이다. 학계에서도 이런 변화에 주목해 왔다. 특히 '은퇴를 앞둔' 베이비붐 세대가 대도시를 떠나 농촌으로 이동하는 흐름은 꾸준히 관찰되어 왔다.

대표적인 예가 미국이다. 미국에서도 1980년대 이후 베이비붐 세대(1946~1964년생)의 은퇴가 본격화되면서 '이들이 어디로 이동하는지'에 관해 많은 연구자가 관심을 기울였다. 대부분 연구에서 한 가지의 뚜렷한 결론이 제시되었다. 은퇴 전후의 베이비부머의 대도시 탈출 현상이 나타나고 있다는 사실이다. 주로 건강하고 경제적 여유가 있는 베이비부머가 기후가 좋고, 생활비도 저렴하고, 자연환경이 쾌적한 지역으로 이주하는 흐름이 곳곳에서 나타나고 있었다. 이런 흐름은 '은퇴 이주 retirement migration', '귀환 이주 return migration', '편의 추구형 이주 amenity-seeking migration' 등의 개념으로 불리고 있다.

이 흐름을 다룬 몇 가지의 논문을 살펴보자. 존슨과 윙클러(Johnson & Winkler, 2015)[16]는 1950년부터 2010년까지 미국

카운티별 연령대 순이동을 추적한 결과, 연령별로 일관된 '이동 서명migration signature'이 존재함을 밝혔다. 여기서 '이동 서명'이란, 특정 연령대가 주로 어디로 이동하는지를 보여주는 고유한 패턴을 뜻한다. 연구 결과는 특정 연령대별로 선호하는 거주지가 꾸준히, 그리고 반복적으로 나타난다는 점을 보였다. 실제로 대도시 중심(코어)에는 특히 25-29세가 강하게 유입되는 반면, 도시 교외 지역에는 30-49세와 아동이 두드러지게 유입되었다. 농촌에서는 중장년층과 노년층의 유입이 특징적으로 나타났다. 요약하면 도심은 젊은이를, 도시 교외는 가족기를, 농촌은 노년층을 받아들이는 식의 연령 역할 분업이 나타나고 있음을 보여준다.

이러한 연구 결과와 무관하게, 2000년대 미국에서는 일부 도시학자와 인구학자를 중심으로 "베이비붐 세대가 은퇴하면서 도심으로 돌아오고 있다"는 주장이 제기되었다. 도심의 다양한 문화적·생활 편의 시설과 양질의 의료 서비스가 고령층을 끌어당기는 요인으로 작용할 것이라는 논리였다. 이러한 담론은 자연스럽게 '도심 재활성화' 논의와 맞물려 퍼져 나갔다. 워커(Walker, 2016)[17]는 이 담론을 실제 자료로 검증하며, "정말로 베이비붐 세대가 대거 도심으로 회귀하고 있는가?"라는 질문을 던졌다. 그의 분석에 따르면, 도심으로 들어온 이들은 주로 고학력·고소득 계층으로, 문화 시설과 편리한 생활 환경, 보행 가능성 등 이른바 '도심 어메니티'를 선호하는 특성이 뚜렷했다. 반면 은퇴를 계기로 이주한 다수의 베이비붐 세대는 여전히 대도시권 외곽이나 농촌으로 이동하는 경향이 강했다. 결과적으로 도심 회귀는 국지적이고 선택적인 현상에 머물렀다.

여러 연구에서, 사람들은 은퇴를 앞두거나 그 무렵이 되면 새로운 거주지를 찾으려는 움직임을 보이는 것으로 나타났다. 학자들은 이 시기를 '은퇴 전환기 retirement transition stage'라고 부른다. 쉽게 말해, 직장생활과 완전한 은퇴 사이에 놓인 과도기다. 대체로 50대 중반부터 시작되는 이 시기는, 앞으로의 삶을 어떻게 꾸려갈지를 고민하는 중요한 때이기도 하다.

이와 관련해 흥미로운 연구가 있다. 플레인 Plane과 유르예비치 Jurjevich는 미국 전역의 데이터를 분석해 연령대별 이주 패턴을 살펴보았다. 그 결과, 가장 활발하게 움직이는 집단은 55세에서 64세 사이, 즉 은퇴를 눈앞에 둔 '젊은 고령층 young elderly'이라는 사실이 드러났다.[18] 이 연구를 조금 더 구체적으로 들여다보자. 연구자들은 각 연령대가 특정 규모의 지역으로 이주할 확률이 전체 평균에 비해 얼마나 다른지를 계산했다. 그 결과, 두 연령대에서 두드러진 패턴이 확인되었다. 먼저, 20~29세 인구는 뚜렷한 움직임을 보였다. 이 시기는 대학 진학이나 첫 직장으로 처음으로 거주지를 옮기는 시기인데, 실제로 이 연령대는 초대형 도시권으로 이동할 확률이 전체 평균보다 훨씬 높았다. 반대로, 55~64세 인구에서는 정반대의 흐름이 나타났다. 은퇴 전환기에 해당하는 이들은 초대형 도시를 떠나, 중소도시나 농촌으로 이동할 확률이 다른 연령층에 비해 압도적으로 높았다.

연구자들은 이 두 연령층이 '자유롭게 이주할 수 있는 시기footloose stage'에 해당한다고 보았다. 특히 여기서 주목할 만한 사실은 연구자들이 55~64세 인구의 귀환 이주가 '자녀가 독립하는 빈 둥지empty-nest' 시기와도 맞물려 있다고 주장한 대목이다. 자녀가 독립하면, 더 이상 복잡한 대도시에 얽매일 이유가 없다. 그러니 이 시기에 사람들은 마치 인생 첫 독립을 하듯 다시 자유를 얻게 되고, 자신이 살고 싶은 곳을 찾아 떠난다는 것이다. 연구자들은 이 시기를 마치 청년 시절의 첫 독립과 비슷한 '두 번째 자유 이주기'로 설명했다.

특히 영국의 한 연구에서는, 이들이 은퇴 전환기에 단순히 지방으로 이동하는 데 그치지 않고, 새로이 정착한 지역에서 변화를 주도하는 주체로 자리 잡고 있다는 점에 주목했다.[19] 흥미로운 점은 은퇴 직전 연령대pre-retirement age에 이주한 이들이 사회단체나 기금 모금 활동, 지역 봉사, 공공서비스 참여 등의 활동에 가장 적극적이었다. 이들은 지역사회에서 대표나 간사, 위원 등 책임 있는 역할을 맡는 경우가 많았다. 쌓아온 경험과 능력을 묵혀두지 않고, 새로운 자리에서 적극적으로 펼친 것이다. 어떤 이들은 전혀 다른 분야에 도전하며 또 다른 가능성을 찾기도 했다. 대체로 50세에서 많게는 70

세까지의 이주자들이 지역사회 안에서 다양한 방식으로 활약하며 인생 2막을 '액티브'하게 보내는 모습이었다.

같은 연령대지만 도시를 떠나지 않은 이들은 사정이 다르다. 대개 가족과 함께 거주하며 손주를 돌보고 있기 때문에, 사회적 활동에 참여할 여유가 부족하다. 같은 세대 안에서도 삶의 선택에 따라 일상의 풍경이 완전히 달라지는 것이다. 이 연구자들은 이런 경향을 이렇게 해석했다.

> "은퇴 예정이나 실제 은퇴를 계기로 시골로 이주한 사람들은 지역사회에 매우 가치 있는 자산이라 할 수 있다… 이런 이주는 실제 이주자들이 공동체 정신을 재구성하고, 자신들의 이상에 맞게 지역사회 문화를 형성하려는 시도이자, 지역사회에 적극적으로 참여함으로써 공동체에 통합되려는 노력으로 해석할 수 있다." [20]

어떤 나라에서든지 베이비부머는 자신에게 다가온 노후를 수동적으로 받아들이지 않고 있다. 자연의 많은 생명체가 그렇듯이, 우리 인간 역시 삶의 전환기마다 자신에게 가장 잘 맞는 서식지, 즉 '최적의 생존지'를 찾아 움직인다. 먹고, 자고, 숨 쉬는 데 불편하지 않은 곳, 자신의 삶의 리듬에 맞게 살아갈 수 있는 곳 말이다. 그런데 나이가 들어갈수록, '조금 더 의미 있는 인생을 살고 싶다'는 막연한 감각이 마음속에 자리 잡는다. 그 감각이 쌓이고 쌓이다가 어느 순간 '더 기다려서는 안 되겠다'는 신호로 바뀐다. 아마도 많은 젊은 베이비부머들이 은퇴 전환기의 문턱에서, 그 신호에 이끌려 이런 결단을 내리는 것이 아닐까.

더 늦기 전에 나에게 맞는 생존지를 찾아 다시 떠나자!

이런 본능적인 동력이 아니고서는, 전 세계 여러 나라에서 공통적으로 나타나고 있는 젊은 베이비부머가 '대도시를 탈출하는' 이 현상을 도무지 설명할 수 있는 방법이 없다.

55세 전후 인구의 귀촌 파워!

지금까지는 해외에서도 젊은 베이비붐 세대가 지역으로 향하는 흐름이 나타나고 있음을 살펴보았다. 대략 55세를 전후해 도시를 떠나는 흐름이 나타나고 있었다. 이제 시선을 우리나라로 돌려보자. 우리나라에서도 비슷한 현상이 나타나고 있을까? 그렇다면, 그 흐름을 이끌고 있는 연령층은 누구일까? 앞서 3장에서 국토 전체를 대상으로, 연령을 크게 '청년층'과 '중장년층'으로 나눠서 인구이동의 큰 흐름을 살펴보았다. 말 그대로 거시적인 스케치였다.

지금부터는 지방으로 이주하는 인구를 세부 연령대별

로 나누어 살펴보고자 한다. 이를 통해 3자 연합모델이 집중하고자 하는 귀촌인의 연령층도 밝히고자 한다. 여기서는 인구이동 통계를 통해 다음의 두 가지를 살펴보았다.

- 첫째, 지방 전체에서 순유입이 플러스(+)인 연령대를 찾는다.
- 둘째, 89개 인구감소지역(행안부 지정) 중에서 안정적인 유입이 일어나고 있는 연령대를 추출한다.

먼저 지금 지방으로 유입되고 있는 사람들은 어떤 연령대일까? 통계청의 최근 5년간(2020~2024년) 인구이동 통계를 보면 흐름이 뚜렷하다. 우선 지방 5대 광역시(부산, 대구, 광주, 대전, 울산)의 상황을 보자. <그림 16>은 연령별 순이동자 수(유입-유출)를 보여준다. 그래프에서 거의 대부분의 연령대가 음수(-)다. 다시 말해, 영유아와 초고령층을 빼면 모든 나이에서 인구가 빠져나가고 있다. 그 이유는 명확하다. 젊은 층은 일자리와 교육을 찾아 수도권으로 향하고, 중장년층은 생활비가 더 낮은 도 지역으로 이동한다. 광역시는 젊은 인구뿐 아니라 중장년층도 붙잡지 못하고 있다. 지방의 중심 도시가 인구 유출을 막지 못한다는 사실이 그대로 드러난다. (참고로 말하자면, 이러한 흐름을 반영하듯, 최근에는 균형발전 전략 속에서 지방 광역시 중심의 여러 정책들이 쏟아져 나오고 있다.)

이제 시선을 지방 도 지역(강원, 충북, 충남, 전북, 전남, 경북, 경남, 제주)으로 옮겨보자. <그림 17>을 보면 20~30대는 여전히 떠난다. 이 점은 광역시와 다르지 않다. 수도권은 여전히 이들을 끌어당기는 블랙홀이다. 그러나 35세 이상부터는 흐름이 바뀐다. 35~79세 연령대에서 도 지역으로의 유입이 뚜렷하게 늘어난다. 과거 산업화 시기 농촌을 떠나 도시로 향했던 사람들이, 이제는 다시 시선을 돌리고 있다. '이촌향도離村向都'를 주도했던 세대가, 이제 '이도향촌離都向村'의 흐름을 만들고 있는 것이다.

<그림 17>에 따르면 최근 5년간 도 지역으로 순유입된 인구 가운데 가장 큰 비중을 차지한 상위 5개 연령대는 다음과 같다.

60~64세	총 53,681명
55~59세	총 50,106명
50~54세	총 39,335명
65~69세	총 28,965명
45~49세	총 23,032명

이 다섯 개 연령대를 모두 합치면, 최근 5년간 도 지역으로 순유입된 인구는 195,119명이다. 그중에서도 눈에 띄는 건 55~64세다. 이 연령대만 무려 10만 명이 넘게 유입됐다. 상위 5개 연령대 전체의 절반 이상을 차지한다. 법적 정년인 60세

그림 16. 연령별 지방 5대 광역시의 인구 순이동 패턴 (2020~2024년)[21]

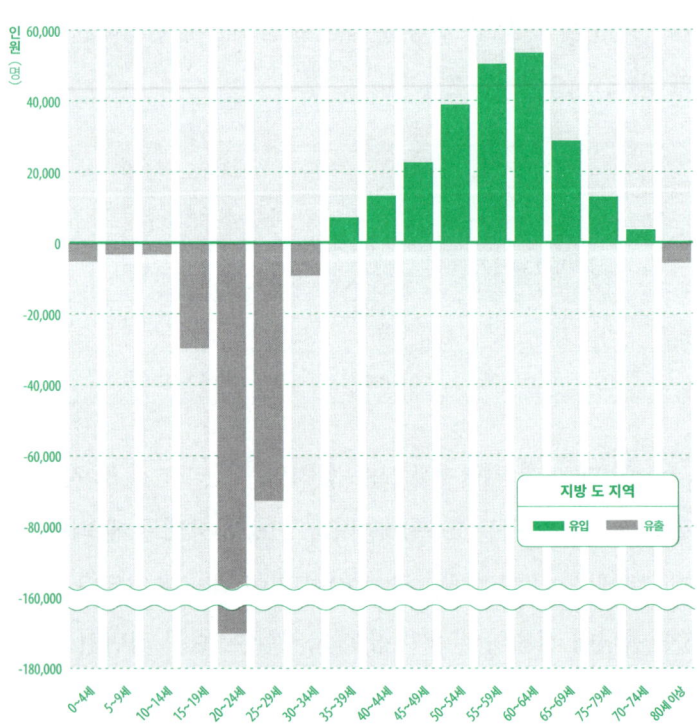

그림 17. 지방 도 지역의 연령별 인구이동 패턴(2020~2024년)[22]

전후, ±5세 구간에서 인구 유입이 가장 두드러진다는 사실은 무엇을 말해줄까? 이는 정년이 다가오거나 막 퇴직한 시점, 즉 인생의 첫 번째 직장을 마치고 다음 단계로 넘어가는 전환기에 해당한다. '언젠가는 내려가야지'라는 막연한 생각이 '지금 아니면 못 간다'는 결심으로 바뀌는 시기이기도 하다.

이외에도 50~54세, 65~69세 연령대에서도 뚜렷한 유입 흐름이 나타난다. 즉, 50대와 60대 전반·후반을 아우르는 폭넓은 세대에서 대규모 이동이 일어나고 있는 셈이다. 이에 더해, 눈길을 끄는 점은 40대 후반에서도 순유입이 나타난다는 사실이다. 아마도 이들은 40대 초반부터 귀촌을 계획하거나 마음속에 담아 두고 있었을 가능성이 크다. 그리고 40대 후반에 이르러 마침내 행동으로 옮겼을 것이다. 도시의 피로를 일찍 체감했거나, 일과 삶의 균형을 다시 고민한 세대일 수도 있다. 따라서 이 연령대 역시, 귀촌이나 전환적 이주 흐름 속에서 주목할 만한 세대로 볼 수 있다.

소멸위기 지역에 '제 발로 찾아오는' 사람들

지금까지는 지방 도 지역 전반에 걸친 귀촌 흐름을 살폈다. 이제 인구감소의 충격이 큰 지역에 초점을 좁혀, 한 걸음 더 들어가 보려 한다. 사람이 빠져나가 기운이 꺾인 곳이라도, 다시 들어오는 이가 있다면 그 자체로 희망의 징후다. 청년이 떠난 지역은 유입이 끊겼다고 여기기 쉽다. 그래도 작은 인구 유입의 움직임이 포착된다면, 그 사실만으로 의미가 있다.

행안부는 2021년, 인구감소 위기를 맞은 89곳을 '인구감소지역'으로 지정했다. 이 지역들의 최근 5년간(2020~2024년) 인구 유입 패턴을 보면 흥미로운 공통점이 드러난다. 무려 93%, 즉 83곳에서 20~30대는 빠져나가고, 40~60대 초반은 들어오는 패턴이 나타났다. 젊은 세대는 지역을 떠나지만, 중장년층은 대도시를 등지고 이곳으로 향하고 있는 것이다. 이는 대도시 탈출이 이미 현실에서 진행 중임을 보여준다. (반면, 부산 영도구, 대구 서구·남구, 강원 태백·철원 등 5곳은 대부분 연령층에서 순유출이 일어나고 있다. 나이 불문, 모두가 떠나는 지역이다. 그리고 부산 동구만이 대부분 연령층에서 순유입을 보였다.)

이어서, 83개 인구감소지역에서 지난 5년간 이들 지역으로 순유입된 중장년 인구는 총 12만 명이 훌쩍 넘는다.[23] 경북 김천시(약 13만 명)나 안동시(약 15만 명)를 따로 만들 수 있는 정도의 규모다. 꽤 많은 사람들이 도시의 삶을 떠나 새로운 터전을 찾고 있다는 신호다. 연령대별로 보면, 흐름의 중심은 역시 정년 전후 세대다. 법적 정년(60세) 전후인 55세~64세는 삶의 리듬이 크게 바뀌는 때, 그동안 마음속에만 있던 이주 욕구가 실제 결정으로 활발히 이어지는 시기다.

이제 정리해 본다. 앞서 정리한 두 가지 기준을 적용하면, 지금 우리가 집중해야 할 계층은 명확하다.

① **핵심 세대 : 55~64세** (수도권 거주자 : 4,115,588명)

지금 당장 움직일 수 있고, 실행력과 가능성이 모두 높은 세대다. 1961~1970년생, 1차 베이비부머 후반에서 2차 베이비부머 전반에 해당한다. 정년(60세) 전후 ±5년 구간으로, 실제 이동 수요가 가장 많다. 퇴직을 앞두거나 막 퇴직한 이들이 도시의 삶을 정리하고 지방으로 옮겨가고 있다.

② **확장 세대 : 50~54세, 65~69세** (수도권 거주자 : 3,973,087명)

핵심 세대를 중심으로 앞뒤로 확장되는 연령대이다. 50대 초반은 조기 은퇴나 생애 전환을 앞당긴 '계획형 귀촌자', 60대 후반은 "이제라도 내려가자"는 늦은 '전환형 귀촌자'다. 출발 시점은 다르지만, 두 집단 모두 인생 후반기를 지역에서 보내려 한다.

③ **잠재 세대 : 45~49세** (수도권 거주자 : 2,015,350명)

아직 숫자는 작지만, 이미 유입 흐름이 시작된 세대다. 자녀 교육, 직장, 주거 등 여러 제약으로 인해 당장은 결단을 내리기 이르지만, 정년까지 시간이 남아 있는 만큼 추동력이 생기면 크게 움직일 수 있는 '예비 전환자'다.

수도권에만 세 타깃층은 1,010만 명에 달한다. 각각 핵심 세대 411만 명, 확장 세대 397만 명, 잠재 세대 202만 명이

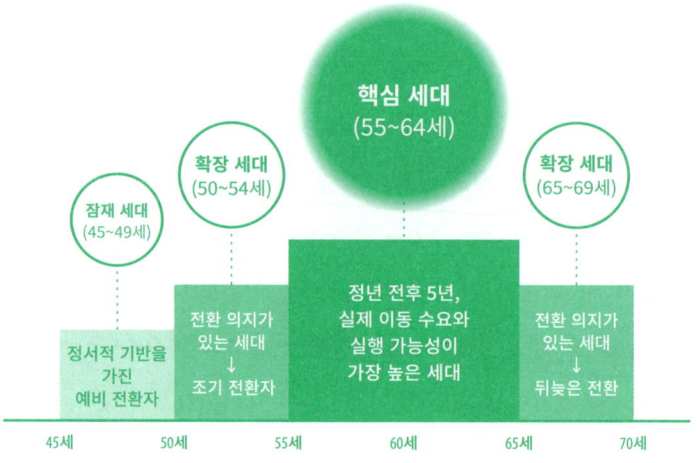

그림 18. 3자 연합모델의 핵심 대상 연령층

다.[24] 이들 중 일부는 귀촌 의지도 강하고, 실행력도 있다. 지역에 정서적으로 익숙하고, 돈도 있고, 일할 의지도 있다. 앞서 이주 의향을 묻는 조사에서 약 13%가 구체적인 이주 계획이 있다고 했으니, 넉넉히 잡아 15%가 '리턴'한다고 생각해 보자. 무려 150만 명이다. 이 중 절반인 76만 명만 실제로 움직여서 일할 수 있다면? 집을 팔지 않고 이동하더라도, 그 물량이 임대 시장에 나오면 수도권 집값은 흔들린다. 연금 재정의 압박은 완화되고, 지역 중소기업은 일손을 얻을 수 있다. 사실 이런 효과를 내는 데는 15%까지 갈 필요도 없다. 5%의 이주를 가정해도 50만 명이고, 10% 이주를 가정하면 100만 명이다.

눈여겨보아야 할 것은, 이미 그 조짐이 나타나고 있다는 사실이다. 지난 5년간 인구감소지역에서만 45~69세 인구가 수천 명씩 순유입되었다. 상위 10곳만 보자. 전체 인구의 3~6%에 해당하는 타깃 인구가 지난 5년간 순유입되었다.

가장 많이 유입된 곳은 인천 강화군, 5년간 무려 4,135명이 들어왔다. 2025년 8월 기준 강화군의 주민등록인구는 69,636명. 즉, 5년 사이 군 전체 인구의 약 5.9%가 새롭게 증가한 셈이다. 대략 20명 중 1명이 순유입된 규모다. 두 번째로 인구가 많이 유입된 곳인 영천시도 만만치 않다. 영천시에서 가장 작은 자양면의 인구가 1,266명인데, 대상 연령대 중 지난 5년간 들어온 인구만 3,921명이다. 순유입된 사람들만 따로 모아도 면 세 개가 굴러갈 정도의 규모다. 밀양시도 비슷하다. 밀양시에서 가장 작은 청도면의 인구가 1,680명인데 순유입 인구만 3,342명이니, 면 두 개와 맞먹는다.

지자체가 베이비부머 유입을 위해 그리 큰 애를 쓴 것도 아닌데도 이런 흐름이 만들어졌다. 그런데도 이 정도라면? 이 흐름에 불을 붙이는 순간, 도미노처럼 연쇄적인 변화가 시작될 것이다. 실제로 베이비부머는 경제력과 사회적 경험을 갖춘 만큼, 한 지역의 생활 안정성과 매력도를 빠르게 끌어올릴 수 있다. 그렇다면 지자체가 지금 집중해야 할 목표는 명확하다. 다시 지역으로 돌아올 가능성이 크고, 지역 발전에 실질적 기여를 할 수 있는 45~69세를 잡아야 한다.

지역	유입 인구(명)	전체 인구(명)	전체 인구 대비 유입 인구 비율
인천 강화군	▲ 4,135	69,636	5.9%
경북 영천시	▲ 3,921	96,142	4.1%
경남 밀양시	▲ 3,342	99,629	3.4%
충남 예산군	▲ 3,238	78,916	4.1%
경기 가평군	▲ 3,071	62,276	4.9%
강원 횡성군	▲ 2,875	45,823	6.3%
충남 태안군	▲ 2,837	59,745	4.7%
전남 고흥군	▲ 2,807	59,712	4.7%
전북 김제시	▲ 2,798	81,443	3.4%
강원 홍천군	▲ 2,693	66,328	4.1%

표 6. 인구감소지역 중 '45~69세' 인구의 순유입이 많았던 상위 10개 지역
2025년 8월, 주민등록인구 기준

왜 지금이 귀촌 정책의 황금 타이밍인가

시골에서 자라본 기억이 남아 있는 세대일수록 귀촌 가능성이 높다. 예를 들어, 베이비붐 세대는 어릴 적 시골에서 자란 경우가 많다. 젖은 흙냄새, 여름밤 귀뚜라미 소리, 손끝에 닿는 나락 이삭의 까끌거림을 기억한다. 하지만 일자리나 교육 때문에 수도권과 대도시로 옮겨갔다. 이들에게 '귀촌'은 어린 시절의 감각이 깃든 '귀향'에 가깝다. 반면, 젊은 세대는 대부분 도시에서 태어나고 자랐다. 시골에서 살아본 적이 없

고, 시골을 직접 겪은 기억도 없다. 이들에게 농촌은 그냥 관심 밖에 있는 낯선 공간이다. 귀촌이라는 말조차 어딘가 이질적이고, 애초에 자기 이야기처럼 느껴지지 않는다.

그래서일까. 실제로 많은 사람들이 선택하는 귀촌지는 어린 시절 오랜 시간을 보냈던 '연고지'다. 그곳에는 여전히 익숙한 사람들이 살고 있기 때문이다. 이와 관련해 흥미로운 연구가 있다. 한 논문[25]에서는 베이비붐 세대의 사회참여 유형을 분석하고, 그에 따른 삶의 만족도를 비교했다. 연구자들은 응답자들의 종교 모임, 친목 모임, 여가 활동, 연고 모임, 자원봉사, 정당 활동, 경제 활동 등의 참여 여부를 기준으로 '연고 중심 집단', '친목 중심 집단', '소극적 참여 집단'의 세 가지로 나누었다. 이 중에서 가장 높은 삶의 만족도를 보인 집단은 '연고 중심 집단', 즉 동창회나 향우회처럼 익숙한 사람들과 관계를 이어가는 이들이었다. 이들은 자신의 건강 상태나 사회적 계층에 대한 인식에서도 가장 긍정적인 응답을 보였다. 결국, 정든 얼굴들과 함께하는 삶이 주는 안정감이 이들을 다시 '연고 지역'으로 이끌고 있는 셈이다.

이런 경향은 통계에도 나타나고 있다. 농식품부의 '2024년 귀농·귀촌 실태조사'는 최근 5년간(2019~2023) 귀촌한 가구 중에서, 농촌에서 태어난 이들의 이동 흐름도 분석한 바 있다. 농촌 출신은 연고지로 돌아온 경우가 36.0%를 차지하는 반면, 연고 하나 없는 낯선 곳으로 가는 귀촌은 15.0%에 그

쳤다.[26] (익숙한 곳으로 돌아가는 흐름은 귀농의 경우가 훨씬 강했다. 귀농의 경우는 74.3%가 연고지로 향했다. 놀라운 사실은, 도시에서 태어나 낯선 농촌으로 직행하는 경우도 37.9%에 달했다. 이는, U턴에 버금가는 도시 출신 인구의 이동 가능성을 보여주는 것이다.) 결국 귀촌의 가능성은 농촌과의 주관적 거리가 가까울수록 높다.[27]

결과적으로 우리나라에서 고향에 대한 기억을 지니고 있으며, 실제로 지방으로 이주할 가능성이 상대적으로 높은 집단은 '지방 출신 55~64세'다. 수도권에서 이들의 비중은 얼마나 될까?

<그림 19>는 수도권에 거주하는 사람들 가운데 '지방 출신'인 55~64세 인구의 규모를 보여준다. 이들은 고향에 대한 기억을 간직한 세대로, 이주 확률이 다른 집단에 비해 높다. (여기서 사용한 자료는 2% 인구주택총조사 통계이며, 여러 통계에서도 은퇴 이후 시점인 55~64세가 인구이동 비중이 가장 높은 연령대임을 확인할 수 있다.)

이 두 조건을 모두 갖춘 인구는 수도권에서 2020년에 정점을 찍은 뒤, 이후로는 꾸준히 감소한다. 5년 단위로 살펴보면 2020년을 100으로 할 때, 2030년에는 79.4%, 2040년에는 50.3%, 2050년에는 33.0% 수준으로 크게 줄어든다. 이 수치가 말해주는 것은? 앞으로 귀촌 가능 인구는 빠른 속도로 줄어들 것이며, 귀촌 촉진 정책이 효과를 거둘 수 있는 시기는 바로 '지금'이라는 점이다.

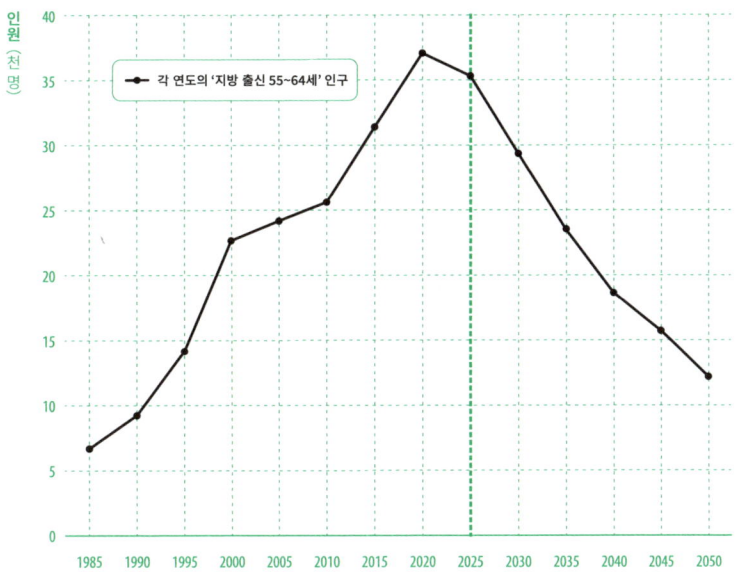

그림 19. 가장 활발하게 귀촌할 수 있는 인구 집단의 크기 변화(1985~2050)[28]
참고: 1985년부터 2020년까지는 실제 인구주택총조사 2% 표본을 활용해 집계한 값이다. 표본조사이므로 절대 인구 규모보다는 증감 추세에 주목하는 것이 적절하다. 또한, 2025년 이후는 별도의 통계를 쓰지 않고, 2020년 기준으로 생존한 인구가 5세씩 나이를 먹는다고 가정해 추정한 수치다. (즉, 사망·이탈이 없다는 단순화된 전제이다.)

귀촌 흐름이 폭발적으로 강해지려면…

핵심세대의 대부분은 1960년대에 태어났다. 60년대생의 귀촌 흐름이 조금씩 커지고 있다. 이런 흐름을 더 크게 만들 수 있을까? 누구는 가능성이 높다고 말하지만, 누구는 그저 과도한 기대일 뿐이라며 고개를 젓는다. 실제로 여러 설문조사 결과, 이 세대는 귀촌에 대한 욕구가 매우 높게 나타났다. 그러나 그 강한 의지에도 불구하고 실제 이주로 이어지지 않는 경우도 있다.

 귀촌하고 싶다고 말하는 사람은 많지만, 실제로 귀촌하는 사람은 이에 비해 적다. 이처럼 의향intention과 행동action은 언제나 일치하지는 않는다. '하고 싶다'(의향)와 '진짜 한다'(행동)는 다를 때가 많다. 이 둘이 이어지지 않는 현상, 즉 '의향 행동 간극Intention-Behavior Gap'은 오랫동안 학계에서 주목받아 온 주제다. 그중에서도 포그 행동 모델Fogg Behavior Model은 이 간극을 명쾌하게 설명한다. 포그는 행동(B)이 일어나기 위해서는 세 가지 요소, 동기(M), 능력(A), 트리거(T)가 동시에 충족되어야 한다고 말했다. 즉 아무리 귀촌에 대한 강한 의향(M)을 가지고 있어도, 그 의향이 행동으로 옮겨지려면 시간, 돈, 에너지 등 실제 실행 능력(A)이 뒷받침되어야 하고, 무엇보다 행동을 일으키는 외부 자극, 트리거(T)가 필요하다.

동기(M)	'귀촌하고 싶다' 처럼 바라는 마음
능력(A)	실제로 이사를 할 시간, 돈, 에너지 등
트리거(T)	행동을 당장 하게 만드는 어떤 자극 (예를 들면, 갑작스러운 계기나 누군가의 권유)

 이 세 가지 중 하나라도 부족하면 원하는 마음만으로는 행동까지 이어지지 않는다. 예를 들어, '살 빼고 싶다'는 동기

가 아무리 강해도, 운동할 체력이나 시간(능력)이 없고, 뭔가 계기(트리거)가 없다면 헬스장에 안 가게 되는 것과 같다. 즉, 원하는 행동은 더 쉽게 하도록 만들고, 실행할 계기를 만들어 줘야 실제로 행동에 옮길 수 있다. 반대로 피하고 싶은 행동은 어렵게 만들거나, 트리거를 없애면 줄일 수 있다.

그러니 귀촌을 가로막는 게 무엇인지부터 정확히 짚어야 한다. 그래야만 그 장벽을 하나씩 걷어낼 수 있다. 이제부터는 베이비붐 세대의 귀촌을 막는 현실적인 장벽을 살펴보려 한다. 큰 결정을 앞두고 사람들의 마음은 대체로 '동기→능력→트리거'의 흐름을 따른다. '언젠가는 내려가야지' 하고 마음속으로 다짐하는 이들은 많지만, 실제 실행까지 가는 길은 멀다. 여러 연구와 사례를 보면 귀촌을 어렵게 만드는 장애물은 크게 세 가지다. '경제적 요인(일자리)', '건강 요인', 그리고 '관계 요인'이다.

첫 번째 장벽은 경제적 부담이다. 시골로 가면 더 가난해질지도 모른다는 두려움이 사람들의 발목을 잡는다. 부부 기준 은퇴 후 최소생활비는 월 250만 원가량. 이를 20년, 30년 동안 꾸준히 감당할 수 있는 사람은 생각보다 적다. 이런 상황에서 지방으로 내려간다면 앞으로의 생계가 선명하게 그려지지 않는다. 흥미로운 건 경제적 이유가 귀촌을 주저하게 만드는 동시에, 귀촌을 꿈꾸게 만드는 이유이기도 하다는 점이다. 앞서 살펴본 토지주택연구원의 조사[29]에서 1955~1974

년생 수도권 거주 베이비부머 1,000명 중, 약 75%가 이주 의향이 있다고 답했다. 이유는 '안정된 노후생활(40.7%)', '주거비·생활비 절감(27.3%)'이 가장 많았다. 주거비와 생활비를 줄일 수 있으리라는 기대가 귀촌을 원하게 만든 것이다.

실제로 은퇴를 앞둔 이들이 생각하는 적정 생활비 수준은 지역에 따라 큰 차이를 보인다. 국민연금연구원의 조사에 따르면, 서울 거주자가 생각하는 부부 기준 적정 노후 생활비는 월 약 337만 원, 광역시는 299만 원, 도(道) 지역은 284만 원 수준으로 나타났다.[30] 대도시를 벗어날수록 생활비 수준이 눈에 띄게 낮아진다. 한국보건사회연구원이 50~69세 신중년 4,000명을 대상으로 조사한 연구에서도 비슷한 결과가 확인된다.[31] 도시적 성격이 강한 '동(洞) 지역' 거주자의 월평균 소비지출은 약 274만 원, 반면 읍·면 지역 거주자는 약 233만 원으로 41만 원가량 낮았다. 2024년 농식품부의 '귀농·귀촌 실태조사'에서도 같은 경향이 드러났다. 3,000명의 귀농인을 대상으로 한 조사 결과, 월평균 생활비는 귀농 전 259만 원에서 귀농 후 194만 원으로 줄었고, 귀촌자의 경우에도 231만 원에서 204만 원으로 감소했다.[32]

그러나 통계가 언제나 현실을 그대로 반영하는 것은 아니다. 도시에 비해 집값과 생활비에 부담이 덜할 것이란 예상과는 달리, 첫 고비인 '집' 비용부터 넘어야 한다. 조사에 따르면 귀촌 가구의 정착자금은 평균 1억 5천억 원 정도이고, 그

돈의 80% 정도를 주택 마련에 쏟아붓는다.[33] '절약'하려고 떠났는데, 출발선에서 큰 선先지출이 발생하는 셈이다. 또한 기초생활 서비스(의료·문화·교통 등)의 접근성이 낮아 자가용에 의존하기 때문에 교통비 증가로 이어지기도 한다. 결국 경제적 부담을 줄이려고 시작한 귀촌이 오히려 더 큰 부담이 될 수 있다.

두 번째 장벽은 건강 문제다. 나이가 들수록 건강은 삶의 핵심 변수가 된다. 그래서 "나이 들면 병원 옆에 살아야 한다"는 말이 나온다. 2024년 한 해 동안 사망자의 75.1%가 병원이나 요양병원에서 생을 마감했다는 통계가 이를 뒷받침한다. 집에서 생을 마감한 비율은 15.2%에 불과하다. 이런 현실 속에서 '병세권'이라는 말이 점점 더 힘을 얻고 있다.[34] 대형병원 근처에서 사는 것이 노년층에게는 일종의 안전망이다. 그러나 지방은 상황이 다르다. 국토지리정보원의 보고서[35]에 따르면 대부분의 의료시설 접근성은 수도권·광역시보다 지방도 지역에서 훨씬 떨어진다. 의원 접근 거리만 봐도 서울은 0.97km이지만 강원도는 11.05km나 된다. 의료 취약 인구 비율 역시 서울 13.77%에 비해 강원도는 60%를 넘는다. '시골에서 아프면 큰일'이라는 생각이 자연스럽게 자리 잡는 이유다.

세 번째 장벽은 사회적 관계의 단절이다. 평생 대도시에서 쌓아온 관계망을 한 번에 끊는 일은 결코 가볍지 않다. 나이가 들수록 새로운 관계를 만드는 일은 더 어려워진다. 그래서 'AIP$_{\text{Aging In Place}}$', 즉 지금 사는 곳에서 나이 들어가는 방식이 주목받는다. 이사 자체가 감정적으로 큰 충격이 될 수 있기 때문이다. 실제로 '이동 쇼크$_{\text{relocation shock}}$'나 '이동 스트레스 증후군'이라는 이름의 현상도 있다. 여기에 앞서 설명한 시골 특유의 텃세도 변수다. 기존 주민들의 결속 속에 새로 들어온 사람은 쉽게 아웃사이더가 된다. 가볍게는 모임에서 배제되는 '무시형 텃세'부터, 심한 경우 노골적인 따돌림까지, 이런 환경에서는 정신적으로나 육체적으로 큰 에너지가 소모된다. 때로는 귀촌 이후 더 깊은 고립감에 빠져 도시로 돌아가기도 한다. 경제적 여건 못지않게 관계망을 유지하는 것이 정착의 핵심이다.

　　귀촌의 길을 막는 요인은 생각보다 단순하다. 기존 연구들은 귀촌의 장벽을 경제적 부담, 건강 문제, 사회적 관계의 단절로 정리한다. 하지만 막상 현장에서 만난 사람들의 목소리는 훨씬 구체적이고 생생했다. "집이 제일 걱정이에요.", "돈은 또 어떻게 벌죠?", "아프면 어디로 가죠?", "외로울까 봐 두려워요." 결국 같은 이야기다. 집 걱정과 소득 걱정은 경제적 부담과 연결되고, 병원 걱정은 건강 문제의 현실을 반영하고 있다. 요약하자면, 집, 돈, 병원 걱정이 귀촌을 가로막는 가장 큰 걸림돌인 것이다. 심심함이나 외로움에 대한 걱정은 사회적 고립의 다른 이름이다. 이 걱정은 대부분 '집'과 관련되어 있는 경우가 많다. 집의 위치, 집 주변 환경을 어떻게 택하는

지에 따라 외로움의 정도가 다를 수 있기 때문이다. 다음 장에서는, 귀촌을 방해하는 집 걱정, 돈 걱정, 병원 걱정 등 '3대 걱정'에 대해 자세히 이야기하도록 한다.

4장

귀촌의 3대 걱정 없애기

"젊을 때의 기억이 평생을 좌우한다는 말, 정말 실감이 나요.
어릴 적 살던 동네가 자꾸 생각나요. 그래서 귀촌을 준비하고 있어요.
주말마다 아내와 이곳저곳을 다니며 가능성을 알아보고 있어요.
물론 지금의 시골은 제가 기억하는 시골과는 차이가 커요.
읍내는 꽤나 도시화되어서 불편함은 없을 것 같아요.
하지만 집을 어떻게 구할지, 소소하게 생활비를 벌 수 있는 소일거리가
있는지에 대한 정보는 얻기 힘드네요."

- 귀촌 베이비부머 인터뷰 중에서

3자 연합모델의 첫 관문은 집

　귀촌이 성공하려면 세 가지가 풀려야 한다. '집 걱정', '돈 걱정', '병원 걱정'. 이런 걱정들을 어떻게 누그러뜨리느냐가 바로 3자 연합모델의 핵심이다. 귀촌은 거주지 이전을 넘어선 '삶의 이주'다. 만약 귀촌인들이 괜찮은 단독주택에서 살며, 지역에서 안정적인 소득을 얻고, 인근 보건소나 의원에서 진료를 받으며 건강을 돌보고, 작은 커뮤니티 속에서 취미를 함께 나눌 수 있다면, 그때 귀촌은 단순한 거주지 선택을 넘어, 새로운 '두 번째 삶'을 꾸려가는 하나의 방식이 될 것이다. 하나하나 살펴보자.

　인생의 전환기에 선 많은 중년들이 대도시를 떠날 궁리를 하고 있다. 하지만 막상 귀촌을 실행하려 하면 가장 먼저 부딪히는 질문은 늘 같다.

"내가 당장 들어가 살 만한 집이 있나?"

귀촌을 꿈꾸는 사람들이 머릿속에 그리는 집은 어떤 모습일까? 카페같은 인테리어가 돋보이는 디자인 주택을 떠올리는 이도 있지만, 인터뷰를 해보면 대체로 비슷한 그림이 나온다. 나무 데크가 있고, 작은 텃밭이 있고, 겨울이면 벽난로 앞에서 가족과 둘러앉는 집. 반려동물이 마당을 뛰어다니고, 이웃을 불러 바비큐 파티를 하는 장면까지 덧붙이기도 한다. 도시에 머물렀던 아파트를 그대로 옮겨 오려는 사람은 거의 없었다. 귀촌에서 중요한 건 집의 크기나 모양보다 텃밭이었다. 직접 기른 상추를 따서 밥상에 올리고, 햇볕에 발갛게 익은 토마토를 가족들에게 먹이는 상상. 귀촌의 로망은 밥상 위에서 완성되는 듯하다.

이런 꿈, 돈이 있어야 가능해지는 꿈이다. 싼 집을 찾는 대부분의 귀촌인에겐 매우 다른 현실이 기다리고 있다. 습기가 차서 벽과 창호에 곰팡이가 피고, 단열이 부실해 겨울이면 난방비만 월 80~100만 원이 드는 집. 30년 넘은 수도관과 정화조는 겨울이면 얼고, 여름이면 역류하기 일쑤다. 그야말로 리모델링 없이는 살 수 없는 집이 대부분이다. 싸게 집을 샀다고 기뻐하다가, 정작 집값 5천만 원보다 더 큰 수리비를 감당해야 하는 경우가 허다하다. 이게 귀촌의 가장 큰 허들이다. 실제로 귀촌을 심각하게 고민하다가도 실행으로 옮기지 못하는 가장 큰 이유는 다름 아닌 '바로 거주할 수 있는 상태의 집이 없다'는 데 있다. 도시 사람들은 신문 기사에서 "시골 빈집이 골칫거리"라는 표현을 숱하게 접한다. 그래서 시골에 가면 집이 널려 있을 거라 믿는다. 하지만 이건 절반만 맞는 말이다. 빈집은 많다. 그러나 그 대부분은 사람이 살 수 없는 상태다. 지붕은 새고, 벽은 갈라지고, 수도와 전기조차 들어오지 않는 집도 많다. 간단히 수리해서 들어갈 수 있는 집은 거의 없다. 무엇보다도, 빈집을 봤을 때의 으스스한 느낌은 겪어보지 않고는 모른다.

결국 귀촌은 '집'에서 시작된다. 3자 연합모델도 예외가 아니다. 경험씨가 지방으로 내려와 안정적으로 정착하려면, 무엇보다 살 만한 집이 있어야 한다. 그리고 그 집의 주변 환경도 중요하다. 귀촌인이 집을 고를 때 중요한 고려 사항 중 하나는 '이웃'이다. 사회적 관계가 무엇보다 중요하기 때문이다. 하지만 그 관계가 오히려 괴로움이 될 때도 많다. 바로 '텃세' 때문이다.

시골 마을에서 어느 정도의 텃세는 흔한 일이다. 도시에서 온 사람들이 깍쟁이처럼 군다며 경조사에 부르지 않는다든가, 뒤에서 뒷담화를 하는 정도는 약한 텃세에 속한다. 문제는 법과 관습이 충돌할 때다. 대표적인 경우가 땅 경계가 불

분명한 상황이다. 이주 과정에서 수십만 원에서 수백만 원까지 '마을발전기금'을 요구받으며 생기는 마찰도 많다. 마을 사람들은 "마을회관이나 행사는 우리가 힘을 모아 유지해 온 것이니, 새로 들어오는 사람도 일정 부분을 보태야 한다"는 논리다. 반면 귀촌인들은 "왜 우리만 내야 하느냐, 차별 아니냐"며 불만을 터뜨린다. 법적 근거도 없는 기금이 어디에 쓰이는지 따져 묻기도 한다.

'땅'을 둘러싼 갈등도 대표적이다. 귀촌인의 집 앞마당을 두고, 마을 주민들은 "원래 동네 사람들이 함께 쓰던 길"이라고 주장한다. 귀촌인은 등기부를 내세우며 법적 소유권을 강조하지만, 마을 주민들은 "이 길은 예전부터 모두가 공용으로 써왔다"며 맞선다. 농약을 뿌리는 문제도 마찬가지다. 젊은 귀촌인들이 "아이들이 오가는 길에 아침부터 농약을 치면 어떻게 하느냐"고 항의하지만, 마을 주민들은 "우리는 원래 새벽에 농약을 친다. 한낮 땡볕에 농약을 칠 수는 없다. 논이 여기에 먼저 있었는데, 왜 나중에 들어와서 농약을 언제 치라 마라 하느냐"라고 반박한다.

한 마을 주민은 인터뷰에서 귀촌인들이 텃세 때문에 정착을 꺼린다고 하자 격분하며 이렇게 말하기도 했다.

"도시 사람들은 툭하면 소송을 걸겠다고 하니, 이러다 우리 마을 사람들 다 쇠고랑 차는 거 아니냐 싶어요. 우리는

법 없이도 살 수 있는데, 자꾸 법을 들이대니 시골사람 무시하는 것 같기도 하고요." 주민 D

텃세도 외로움도 덜어주는 단지형 주거

이런 갈등, 시골에선 정말 심각하다. 이 때문에 다시 도시로 돌아가는 귀촌인도 많다. 우리 연구진은 이런 갈등을 줄이는 방안으로 읍사무소나 면사무소에 '텃세조정위원회'를 두자는 아이디어를 공유하기도 했다. 그건 그렇고, 텃세를 줄이는 정말 좋은 방법 중 하나는 귀촌인들을 위한 '단지형 주택'을 만들어 도시 사람들을 많이 받는 것이다. 단지 안에서는 도시에서 온 사람들이 다수이므로 공감대가 쉽고, 공동의 생활 규칙을 세울 수도 있다. 관리 역시 일괄적으로 가능하다. 그렇다고 원주민을 완전히 배제하는 것은 바람직하지 않다. 그럼 텃세를 더 키우게 될 것이다. 경험상 귀촌인과 원주민의 비율을 7:3이나 8:2 정도로 맞추는 것이 가장 이상적이다.

이제 본격적으로 3자 연합모델에서 단지형 귀촌인 타운의 공급 방안을 보자. 큰 줄기는 두 가지다. 지금부터는 어떻게 귀촌인을 위한 주택을 공급할 것인지를 차근차근 설명해 보도록 한다.

첫 번째는 무주택 귀촌자를 위한 매입임대 방식이다. '매입 → 임대'란 말 그대로 공공이 집을 사서 세입자에게 싸게

빌려주는 제도다. 원칙적으로 무주택+저소득층을 대상으로 한다. 본래 한국토지주택공사(이하 LH)가 주거복지 사업으로 꾸준히 해오던 일인데, 이를 지방 중소도시에서 조금 더 적극적으로 하면 된다. 입주자 모집공고에 '무주택+저소득층' 조건과 함께, 중소기업에 취업한 귀촌인에게 가점을 두면 된다. (입주자 모집에 청년, 베이비부머를 꼭 구별할 필요도 없다!)

예를 들어, 함양에서 이 사업이 진행된다면, 흐름은 이렇다.

1. 함양의 건설 업체가 집을 짓는다. 예컨대 함양의 건설사가 단지형 주택(예를 들어, 약 30호의 단지)을 민간개발로 짓는다.
2. LH가 통째로 매입한다. 완공 단지를 LH가 자기 명의로 소유한다. (집주인이 민간→공공으로 넘어오는 셈)
3. LH가 임대주택으로 운영한다. 시세보다 저렴한 임대료로 무주택·저소득층에게 공급한다. 이때 '지역 중소기업 취업 귀촌인 가점' 같은 지역 특성 반영도 가능하다.

이 방식이 현장에서 어떤 모습으로 구현되는지 묻는다면, 함양군의 서하초 모델을 보면 이해가 쉽다. 폐교 위기의 초등학교를 살리기 위해 LH가 실제로 시행한 주택 공급 방식이 이와 유사하기 때문이다. 사실 이 책에서 제안하는 3자 연합모델의 핵심 아이디어 가운데 하나는 서하초 살리기 모델에서 비롯됐다. 폐교 직전의 작은 학교를 중심으로 경상남도, 함양군, LH, 한국농촌경제연구원, 서하초 교직원, 마을 주민들이 협력해 학부모를 위한 집과 일자리를 동시에 마련하고자 노력한 사례다. 서하초 모델은 집부터 짓는 지역 살리기 전략으로 시작했기에 '주거 플랫폼 모델'이라 불린다. 교육, 일자리, 문화 등 다른 요소들이 주거 플랫폼을 중심으로 얽혀 있는 구조다. 말하자면 서하초 살리기 자체가 '학생(+학부모)', '작은 학교', '중소기업'이 서로 협력한 현장의 3자 모델이었다.

서하초 모델에 대한 짧은 소개는 3자 연합모델을 이해하는 데 독자들에게 도움이 될 것이다. 서하초는 함양군 서하면의 유일한 초등학교로, 1931년에 문을 열어 거의 백 년 가까이 버텨왔다. 그러나 젊은 인구가 빠지면서 학교는 점점 한계에 다다랐다. 2019년 당시 전교생은 14명. 그중 6학년이 4명이었고, 다음 해 신입생은 0명이었다. 새 학기가 되면 전교생이 10명 남짓으로 줄고, 거기서 한두 명만 빠져도 분교 전환을 피하기 어려운 상황이었다. '1면 1교' 원칙 덕분에 간신히 유지돼 왔지만, 그마저도 명분이 위태로웠다.

시골에서 학교가 사라진다는 건 곧 마을이 사라진다는 뜻이다. 초등학교가 없으면 젊은 가족이 들어올 수 없고, 결국 마을의 지속 가능성도 함께 무너진다. 주민들도 이를 잘 알고 있었다. 위기의식을 느낀 이들이 모여 '학생모심위원회'를 꾸렸고, 도시 학부모를 대상으로 전국 설명회를 열었다. 내건 약속은 단순했다. 전학 오면 학부모에게는 일자리, 가족에게는 집을 마련해 주겠다고 했다. 아이를 시골 학교에 보내려면, 부모의 일자리와 가족의 보금자리가 먼저라는 판단이었다. 서하초 살리기 노력은 큰 반향을 일으켰다. 함양군 내부 자료에 따르면, 300가구가 넘는 가족이 관심을 보였지만, 주택이 충분하지 않아 신청한 모든 이들을 받을 수는 없었다.

그럼 집은 어떻게 제공할 수 있었을까?

주민들은 LH에 임대주택을 서하초 앞에 지어달라고 부탁했다. LH도 이에 호응했다. 서하초 인근에는 타운하우스형 매입임대주택 12호가 지어졌다(다자녀 10호, 일반 2호). 어린이 도서관과 커뮤니티를 겸한 공동시설 2호도 함께 들어섰다. 임대 조건은 다음과 같다. (참고로, 최장 20년 거주가 가능하도록 설계되었다.)

일반형(전용 49㎡)	보증금 630만 원, 월 9~10만 원
다자녀형(전용 73㎡)	보증금 875만 원, 월 15~21만 원

이 임대주택 사업에 투입된 예산은 토지와 주택을 모두 포함해 약 26억 원이었다.[1] 이 돈으로 주택 12호와 함께 스터디 공간, 공유부엌 등 커뮤니티 시설 2동을 지었다. (LH가 수도권에서 매입임대주택 사업을 했다면, 이 금액으로는 절반도 짓기 어려웠을 것이다.) 그 결과, 전교생이 10명 남짓이던 학교는 학생 수가 2~3배로 늘었고, 학급 수도 3개에서 6개로 회복됐다. 분교 전환 위기는 사라졌다. 학교가 살아나자 마을도 다시 살아났다. 학생과 학부모 50명 이상이 정착했고, 문을 닫았던 하나로마

트가 다시 문을 열었다. 마을 사랑방 역할을 하는 작은 카페도 생겼다. 상급학교가 없는 서하면의 특성상, 졸업생들은 인근 안의중학교로 진학했다. 그 덕분에 안의중의 학급 수도 3개에서 5개로 늘었다.

서하초 모델이 알려진 이후, 초등학교 인근에 전학생 가족이 살 집을 제공하고 도시 가족을 불러들이는 방식이 전국으로 번졌다. 국토부는 이를 '주거 플랫폼'으로 명명하고, 주거, 일자리, 생활SOC를 결합한 확산 모델로 추진했다.[2] 서하초가 보여준 가능성은 곧 주거 플랫폼의 힘이다. LH가 전입 가족에게 저렴한 임대주택을 공급했듯, 은퇴 전후의 경험씨에게도 같은 구조를 적용할 수 있다. '내려가서 어디 살지?'라는 질문에 막혔던 사람들이 훨씬 쉽게 실행으로 옮길 수 있다.

다만 매입임대는 사업자인 LH의 입장에선 재정적 부담이 따르는 모델이다. 정부가 집주인이 되어 시세의 30~50% 수준으로 임대료를 책정하면, 공공이 장기적으로 비용을 떠안게 된다. 예를 들어 매입가가 2억 원인 주택을 시세의 절반 수준으로 임대한다고 가정해 보자. 단순 계산으로, 월세 시세가 50만 원인 집을 20년간 운영하면 시장 임대수익은 약 1억 2천만 원(50만×12개월×20년)이지만, 절반만 받으면 6천만 원에 그친다. 여기에 장기간 사용으로 인한 계획 수선비(지붕, 배관, 외벽, 창호 등 보수비)도 추가로 필요하다. 20년이 지나면 땅과 건물은 LH의 자산으로 남지만, 대부분 공공임대용으로 묶여 있어 시세대로 처분하기 어렵다. 결과적으로 한 채당 4천만~6천만 원의 적자를 감수해야 한다는 계산이 나온다. 물론 이 비용은 본래 LH가 주거복지사업의 일부로 감당해 온 비용이다. 그러나 귀촌을 희망하는 이들이 많아질수록 이 재정 부담은 크게 늘어날 수 있다. 이러한 이유로, 이 방식은 보편적 확대에는 한계가 있는 모델이다. 정책적으로는 저소득 무주택 귀촌인의 실제 수요를 면밀히 파악한 뒤, 선별적·단계적 추진이 필요할 것으로 보인다.

집이 돌기 시작한다 — 혁신적인 주택 순환 모델

귀촌을 위한 주택 공급이 반드시 매입임대 방식에만 머물 필요가 없다. 3자 연합모델이 고려하는 두 번째 방식은 서울시가 '골드시티'를 통해 적용했던 방식으로, 기본적으로 '유주택 귀촌인'을 위한 것이다. 구조는 이렇다. 서울의 은퇴자가 지방의 미니 신도시(골드시티)로 이주하면, 은퇴자의 서울 집은 공공이 '매입'하거나, '신탁'으로 맡아 운영하거나, 임대로 확보해 청년이나 신혼부부에게 재공급한다. 서울은 은퇴자 이주로 주거난을 완화하고, 지방은 인구 소멸을 늦춘다. 즉, 두 마리 토끼를 동시에 잡는 순환 설계다. 실제로 서울시는 강원 삼척에 골드시티 1호를 추진 중이다. (부지 29만㎡, 약 1,124세대 규모의 단독·공동주택과 의료시설 포함.) 이어 충남 보령에

3,000세대 규모의 주택과 교육, 의료, 휴양시설 등을 갖춘 골드시티 2호도 계획되어 있다.

3자 연합모델은 전국 단위의 사업을 고려하고 있으니, 이 책에서는 지방공사가 아닌 LH를 가정해서 이야기를 조금 더 쉽게 풀어보겠다. 그리고 이 사업으로 새롭게 조성되는 단지 이름을 가상으로 '이모작 타운'이라 붙여 본다.

1. LH가 지방 ○○시에 이모작 타운을 조성한다.
2. 수도권 은퇴자(지방 광역시 은퇴자 포함)가 이모작 타운으로 이주한다.
3. 비워진 수도권 집을 LH가 다양한 방법으로 확보한다.
4. 확보한 물량을 청년이나 신혼부부에게 재공급한다. (임대/분양)

이 모델의 관건은 '유동화'다. 즉, 은퇴자가 가진 수도권 집을 지금 당장 쓸 수 있는 현금 흐름으로 바꾸는 것이다. 방식은 크게 세 가지이다.

매각형	집을 LH에 매각하고, 매각 대금을 연금처럼 매달 분할로 받는다.
신탁형	집은 신탁회사(예를 들어, 한국자산신탁, 코람코신탁 등)에 맡긴다. 신탁회사가 LH와 운영 협약을 체결하고, LH는 집을 청년이나 신혼부부에게 시세보다 낮게 임대한다. 세입자가 낸 월세는 신탁회사로 입금되고, 신탁회사는 관리비 및 수수료(보통 5~10%)를 제하고 집주인에게 송금한다.
임대형	집을 일정 기간 LH에 임대하고, 임대료를 받는다.

간단한 예를 들어보자. 서울에 있는 시세 10억 원짜리 집을 유동화해 지방으로 이주한다고 가정한다. (아래 시나리오에서, 유주택자가 이모작 타운에 임차로 들어가기 위해서는 법제도 개선이 필요하다.)

매각형: 서울의 집을 LH에 매각하고, 그 대금을 연금처럼 나눠 받는 방식이다. 예를 들어 시세 10억 원짜리 아파트를 LH에 팔면, LH가 그 금액을 운용해 매월 약 300만 원 안팎을 종신형으로 지급한다. (사망 시점에는 남은 금액을 정산하는 사후 정산형 구조로, 금리 조건에 따라 다소 차이가 있을 수 있다.) 서울 집을 처분해 현금 흐름을 확보한 이들은, 이제 지방의 이모작 타운으로 들어간다. LH가 새로 지은 단지는 전용 60~84㎡형 중심의 단지형 주택이다. 분양가는 대략 3억~4억 원 수준, 임대형은 월 30만~40만 원대의 공공임대가 가능하다. 매각형으로 월 300만 원 안팎의 연금형 소득을 받는다면, 임차는 물론 자가 매입도 충분히 감당 가능하다. 매입 시 대출을 조금 활용하더라도 주거비 부담은 월소득의 절반을 넘지 않는다.

신탁형: 집을 팔지 않고 신탁회사에 맡긴 뒤, 신탁회사가 LH와 협약을 맺는다. LH는 이 주택을 청년이나 신혼부부에게 시세의 60% 수준으로 임대한다. 세입자가 낸 월세는 신탁회사를 거쳐, 수수료(5~10%)를 제외하고 주인에게 전달된

다. 예를 들어, 시세 월세가 200만 원이라면 LH는 이를 120만 원에 임대하고, 집주인은 월 100만 원 안팎의 안정적인 임대 수익을 받는다. 시세보다 적은 수입이지만 공실이나 관리 스트레스는 전혀 없다.

이 시나리오의 장점은 집값 상승 가능성을 유지하면서 현금 흐름을 만든다는 것이다. 은퇴자는 자신의 집을 팔지 않고도 매달 100만 원의 안정적인 소득을 얻는다. 그리고 그 돈으로 LH의 이모작 타운에 임차로 들어간다. 임대료가 월 30~40만 원 수준이라면, 여전히 60만 원이 남고, 관리의 부담 없이 현금 흐름이 보장된다.

임대형: 신탁형과 매우 유사하지만, 이 방식은 신탁회사 대신 LH에 집을 일정 기간 일괄 임대하고, 그 대가로 임대료를 받는 구조다. 이 방법도 LH가 청년이나 신혼부부에 시세보다 낮은 가격으로 임대해 주는 구조라서, 집주인이 매월 받는 금액은 신탁형과 유사한 100만 원 안팎이다. 은퇴자는 집을 그대로 보유하면서, 임대료로 생활비를 충당하고 이모작 타운에 거주한다. 이 방식도 신탁형과 마찬가지로 '서울 집은 아직 팔기 싫다'는 사람들에게 적합하다. 자녀 상속이나 집값 상승 가능성을 열어두면서, 지방에서 임차형 이모작 타운(월 30만 원대)에 거주할 수 있다.

마지막으로 주택연금과의 결합을 생각해 볼 수 있다. 주택연금은 원칙적으로 거주를 전제로 하지만, 건강 문제로 병원에 있거나 가족 사정 등으로 일시 비거주가 되는 경우 예외를 허용한다. 최근에는 실버타운 이주 시에도 연금을 이어받을 수 있도록 허용되었다. 이 범위를 '지방 중소도시(혹은 농어촌) 실거주 이주'까지 확장하는 방안을 고려해 볼 수 있다. 즉, '임대형+주택연금' 결합이다. 주택연금까지 가능하게 되면, 예컨대 55세에 시세 10억짜리 집을 LH에 임대하고, 매월 250만 원(임대 100만 원+주택연금 150만 원)을 확보하는 시나리오가 가능하다.

귀촌은 집이 아니라 '일'로 완성된다

경험씨가 내려와 살 집은 공공에서 공급할 수 있다고 치자. 하지만 집만 있다고 귀촌을 결심하게 되는 건 아니다. '돈 걱정'이 있는 경우는 귀촌이 실행으로 옮겨지기 어렵다. 잠시 서하초 얘기로 다시 돌아가 보도록 한다. 학부모가 귀촌할 때 가장 큰 걸림돌은 돈 걱정을 해결하지 못했기 때문이었다.

서하초의 학생모심위원회는 LH가 마련한 집에 더해, 학부모가 일할 수 있는 기업을 연결하려 했다. 마침 인력난을 겪던 관내 전기차 생산업체 에디슨모터스가 서하초 전학생 학부모를 우선 채용하겠다고 약속했다. 12주면 배울 수 있는 업무에 월 200만~250만 원 정도를 벌 수 있는 일자리였다. 여기에 군청 공무원과 주민들이 농원이나 공공 일자리를 알선해, 학부모가 귀촌 후에도 생활을 이어갈 수 있도록 했다.

그런데 문제는 이 일자리를 택한 사람은 많지 않았다는 것이다. 전학 온 가족들 중 상당수는 인근 도시로 출퇴근했다. 어떤 가정은 아빠는 도시에, 엄마와 아이는 시골에 남는 '기러기 생활'을 택했다. 기존 직업을 내려놓고 낮은 임금과 낯선 일을 선택하기보다는, 장거리 통근이나 가족 분리를 감수한 것이다. 일자리 연계가 제대로 되지 않았다는 점은 많은 전문가가 서하초 모델의 한계로 지적하는 대목이다.

왜 서하초 모델에서 일자리 연계가 제대로 작동하지 않았을까?

먼저, 젊은 학부모가 안정적으로 생계를 유지할 만한 실질적인 일자리가 아니었다. 에디슨모터스의 일자리는 단순 조립 라인 업무였고, 이들이 가진 경력과도 맞지 않았다. 결정적으로 임금 수준이 충분하지 않았다. 영유아 자녀를 둔 가구는 은퇴 가구와 달리 양육비와 생활비 부담이 크다. 따라서 상대적으로 높은 소득이 필요하다. 통계에서도 그 차이가 분명히 드러난다. 한 연구[3]에 따르면 영유아 자녀 가구의 월평균 소득은 대도시 673만 원, 중소도시 605만 원, 읍·면지역 549만 원이다. 귀촌지의 생활비가 대도시보다 낮다고는 하지만, 아이를 키우며 살기 위해서는 여전히 월 500만 원 안팎의 소득이 필요하다. 문제는, 이런 수준의 임금을 줄 수 있는 기업이 함양에는 거의 없다는 점이다.

다음으로, 학부모들에게 일자리는 단순히 수입 문제만이 아니었다. 30대 말, 40대 초반의 젊은 이들에게는 은퇴까지 수십 년의 시간이 남아 있다. 아직 이들은 경력을 쌓아야 할 시점이다. 그러니 위원회가 알선한 중소기업 일자리는 소득이 불안정하고, 직업도 낯설다. 예를 들어, 디자인 일을 해오던 학부모가 갑자기 농촌에서 단순 제조업에 종사한다면, 급여의 문제를 떠나서 직업적 정체성의 단절을 경험하게 될 가능성이 크다. 여기서 상대적으로 젊은 학부모의 눈높이와 지역 일자리의 미스매칭 현상이 나타난다. 서하초 이주 학부모의 말이다.

> "함양에는 우리에게 맞는 일자리가 거의 없어요. 일자리를 소개해 준다고 하더라도, 해오던 일이 있으니까 쉽게 직장을 바꿀 수 있는 문제가 아니에요."

그런데 이 일자리의 대상을 젊은 학부모가 아닌, 은퇴를 앞두었거나 막 은퇴한 '경험씨'로 바꿔서 생각해 보면 어떨까? 이들이 은퇴 후 지역에 정착해 중소 제조업에서 월 200만원 안팎의 수입을 얻고, 자연 가까운 타운하우스형 임대주택에 모여 살며, 커뮤니티를 이루고 취미를 함께 즐긴다면? 생계를 유지하면서도 사회적 관계를 이어가는, 균형 잡힌 삶의 한 모습이 될 수 있다. 그리고 만약 그런 삶을 꿈꾸는 베이비부머들이 실제로 지역으로 향하는 대규모 인구이동을 만들어낸다면? 그 파급효과는 몇몇 개인의 변화에 그치지 않고, 지역 전체 더 나아가 우리 사회 전반에 긍정적인 파급 효과가 있을 것이다.

그리고 우리는 중소기업 인터뷰를 통해 그 가능성을 확인했다. 업종에 따라 차이는 있었지만, 인터뷰에 참여한 기업들은 한목소리로 말했다.

"50이면 아직 여기서는 청춘이죠!"

인터뷰 참여 기업에서 외국인 노동자 외에 현장에서 일하는 사람들의 평균 연령이 50대 후반 정도였다. 그들에게 경험씨는 여전히 젊고, 경력과 노하우를 갖춘 귀한 자원이었다. 결국 경험씨만 원한다면 귀촌을 통해 지역에서 안정적인 소득을 벌면서 인생 2막을 보낼 수 있는 토대가 마련되는 것이다.

진짜로 기업씨가 경험씨를 채용한대요?

3자 연합모델에 대해 이곳저곳에서 설명하다 보면, 가장 많이 받는 질문이 있다. 우선 도시 거주민에게 받는 질문이다.

"진짜로 지방 중소기업이 베이비부머를 채용한대요?"

일부 지방의 중소기업들도 회의적이다.

"도시에서 많이 받던 사람들을 중소기업이 어떻게 써요. 임금을 못 맞춰줍니다. 안 돼요."

그런데 실제로 일어나는 일을 보자. 제조업 분야에서 부족한 일자리를 60년대생 경험씨가 빠르게 채워 나가고 있다. 이들은 경력도 있고, 임금 수준이나 평판에 구애받지 않아 중소기업을 기피하는 젊은 세대보다 훨씬 유연하다. <표 7>을

(취업자 수 단위: 천 명)

구분	2014		2019		2024		증감(%)
	취업자수	비율(%)	취업자수	비율(%)	취업자수	비율(%)	
29세 이하	3,387	14.4	3,526	14.4	3,290	12.9	-2.9
30~39세	4,989	21.1	4,629	18.9	4,444	17.5	-10.9
40~49세	6,250	26.5	5,799	23.6	5,332	21.0	-14.7
50세 이상	8,966	38.0	10,575	43.1	12,364	48.6	+37.9
합계	23,592	100.0	24,529	100.0	25,430	100.0	+7.8

표 7. 연령별 중소기업 취업자 현황 (2014~2024년)[4]
   참고: 중소기업은 300인 미만을 의미한다. 이 표에서의 증감(%)은 2014년에서 2024년의 취업자수 변화율이다.

보자. 중소벤처기업연구원에 따르면, 2014년 기준 300인 미만 중소기업에서 일하는 50세 이상 취업자는 약 900만 명 정도였다. 10년 후인 2024년에는 40%가량 늘어 1,200만 명에 이르렀다. 이제 전체 중소기업 취업자의 절반 가까이가 이들이다.[5] 특히 제조업 분야에서 경험씨의 존재감은 크다. 한국고용정보원의 2023년 연구[6]에 따르면, 2차 베이비부머의 67.9%가 생애 주된 일자리에서 이직한 뒤 다른 업종으로 재취업했는데, 그중 제조업으로 옮긴 비율이 19.3%로 가장 높았다.

실제로 기업들의 인식도 바뀌고 있다. 한국경제인협회가 2024년 실시한 조사[7]에 따르면, 계속고용제도 도입 시 '퇴직 후 재고용'을 선호한다는 비율이 71.9%로 매우 높았다. 퇴직자들도 함께 일할 수 있는 인력으로 보는 시각이 기업에서도 점점 확대되고 있는 것이다.

사실 인력난이 심각한 지방의 중소기업에서는 이미 이런 변화가 현실로 자리 잡았다. 중소기업은 퇴직자를 '촉탁직'으로 유연하게 활용하는 사례가 많다. (촉탁직: 정년퇴직자를 일정 기간 계약직으로 재고용) 재고용 시 보수는 퇴직 전 정규직보다 낮게 책정되는 경우가 일반적이지만, 근무시간과 업무 강도도 함께 줄어드는 경향이 있다. 이런 구조 속에서 지방으로 향하는 경험씨는 기업씨와 함께 일하며 생활비를 벌고, 경력을 이어갈 수 있다.

사례도 이어지고 있다. 고용부의 『2024 중장년 계속고용 우수기업 사례집』[8]과 노사발전재단의 『2024 다시 시작하는 중장년 우수사례집』[9]에서는 중장년과 기업이 협력해 성과를 낸 이야기를 담고 있다. 이름은 거창하지만, 사례의 주인공들은 우리 주변의 평범한 중소기업들이다. 청년은 힘들다고 기피하고, 오래 일하던 중장년은 나이 들어 빠져나가 인력난이 심해지자, 재고용과 중장년 신규 채용으로 돌파구를 찾은 사례들이다. 몇 가지를 보자.

- (주)케이프라이드: 강원 횡성군에 있는 육가공품 생산업체. 화재로 공장이 큰 피해를 입은 뒤 채용난을 겪자, 채용 상한을 63세까지 넓히고 정부 지원을 활용해 생산·사무 전반에 40여 명의 중장년을 뽑았다.

- 부곡스텐레스(주): 부산 강서구에 있는 금속가공제품 제조업체. 청년이 꺼리는 현장에 숙련 중장년을 촉탁직으로 재영입하고, 공무원 출신 행정 전문가를 들여 현장과 사무를 연결했다. 중장년과 청년이 짝을 이뤄 일하며 노하우가 자연스럽게 전수됐다.

- 비케이엠솔: 경북 영천시의 금속부품 제조업체. 퇴직자와 1년 단위 계약을 이어가 인력난을 해소했다. 임금은 다소 낮아졌지만 근무시간과 부담도 줄어 중장년에게 안정적인 수입과 일할 기회를 제공했다.

아직은 이런 사례가 '우수사례'로 묶일 만큼 흔하지 않지만, 앞으로 기업씨와 경험씨의 연결은 더 늘어날 것이다. 경험씨의 기술과 노하우는 여전히 현장에서 필요하고, 기업씨는 그 경험 없이 버티기 어렵기 때문이다. 여기서 핵심은 '일자리 매칭'이다. 경험씨는 은퇴 후에도 일할 의지가 있지만 풀타임보다 파트타임을 선호하고, 수입만큼이나 보람과 안정감도 중시한다. 반면에 기업씨는 숙련 인력이 부족하다. 두 집단을 유연한 고용 형태로 잇는 순간, 경험씨는 경력을 살리고 기업씨는 인력을 확보한다. 남은 과제는 이 흐름에 불을 붙이는 일이다. 우리는 지금, 지방씨의 '공간적' 문제와 기업씨의 '산업적' 문제, 경험씨의 '인구적' 문제를 복지가 아닌 '딜'의 관점에서 풀 마지막 기회 앞에 서 있다.

이제 정리해 보자. 일자리를 원하는 50대 경험씨는 많고, 사람을 구하지 못해 어려움을 겪는 지방 중소기업도 많다. 한쪽은 일자리를 구하지 못해 발만 동동 구르고, 다른 한쪽은 사람을 못 구해 한숨만 쉬는 상황. 왜 이런 '일자리 불일치mismatch'가 발생할까? 이 불일치의 이유는 크게 두 가지다. 하나는 서로가 원하는 수준이 다르기 때문이다. 우리 모델의 경우, 50대 경험씨는 지방 중소기업의 실제 조건보다 더 좋은 일자리를 원하고, 지방 중소기업은 그 반대다. 또 하나는 '거리'다. 경험씨의 거주지와 귀촌지가 멀수록, 경험씨의 구직 확률은 떨어질 수밖에 없다.

이 문제를 넘어서려면 세 가지 스텝이 필요하다.

첫 번째 스텝은 '구인-구직 플랫폼'을 만드는 일이다. '귀촌 관련 정보 플랫폼'과 '구인구직 플랫폼'이 별도로 운영되고 있다. 지자체가 만든 것도 있고, 중기부가 만든 것도 있다. 하지만 지금 있는 플랫폼엔 '일' 얘기만 있지, 사람과 기업이 서로를 충분히 이해할 수 있는 정보가 턱없이 부족하다.

두 번째 스텝은 경험씨가 귀촌지에 대한 정보를 직접 얻을 기회와 시간을 설계하는 것이다. 귀촌 전에 그 지역을 탐색할 수 있도록 '단기 체류형 주거시설'을 활용하면 좋다. 이미 많은 지자체가 운영 중이니 새로 지을 필요 없이 기존 시설을 쓰면 된다. 특히 부부 이주를 고려한 주거시설이면 더욱 바람직하다.

세 번째 스텝은 경험씨와 중소기업이 서로를 '시험해 볼' 기회를 만드는 것이다. 예를 들어 3개월 인턴 제도를 도입하는 거다. 경험씨에게는 귀촌지도 낯설지만, 중소기업의 업무 환경은 더 어색할 수 있다. 인턴 기간 동안 기업이 마음에 드는지, 업무 조건이 맞는지를 경험씨가 직접 확인할 수 있다. 마음에 들지 않으면 다른 기업 인턴에 다시 도전하면 된다. 기업 입장에서도 마찬가지다. 경험씨가 잘 맞을 수도, 아닐 수도 있다. 인턴은 그러한 '구인·구직 위험'을 낮추는 장치가 된다.

이런 과정은 6개월 안에 마무리할 수 있다. 일자리가 확정되면, 곧바로 공공기관이 마련한 주택 이주 신청으로 이어진다. 더 구체적인 내용은 부록에서 다뤘다. 궁금한 독자들은 이어지는 <부록 2>를 주의 깊게 읽어보시길 바란다.

'병세권'의 오해와 진실

고령화 시대, 대형병원과 가까운 '병세권'이 새롭게 각광받고 있다. 서울에서도 아산병원, 서울대병원, 세브란스병원 같은 대형병원 주변의 부동산값이 오르면서 '병세권 프리미엄'이라는 말까지 등장했다.[10] 베이비붐 세대의 귀촌 고민 중 가장 큰 걱정거리 중 하나도 바로 '병원'이다. 나이 들수록 병원 옆에 살아야 한다는 생각, 이해할 만하다. '시골로 가라는 게 웬 말이냐?'는 반응도 자연스럽다. 실제로 귀촌했다가 병원 문제로 다시 도시로 돌아가는 사례도 적지 않다.

> "서울에서 영월군 산솔면 연상리로 귀농한 지 21년이 지난 곽미옥(63) 씨. 숱한 시행착오를 거쳐 다래 가공업도 안정됐고 귀농인의 멘토로 활동할 정도로 농촌 생활에도 적응했지만, 최근 새로운 문제에 부딪혔다. 40~50대 시절만 해도 크게 걱정하지 않았던 '건강 문제'에 직면한 것. 최근 60대 후반의 남편이 어지러움을 호소했을 때 지역에 종합병원이 없어 충북 제천으로 갔다. 의료시설 부족 문제로 같은 마을에 거주하던 60대·80대 모녀는 읍내로 나갔고, 다른 60대 부부는 도시 이주를 고려 중이다."[11]

지방에선 병원 접근이 어렵다는 말, 사실이다. 하지만 여기에 한 가지 덧붙이고 싶다. 도시에 익숙한 사람일수록 시골이 마치 의료의 사각지대인 것처럼 느끼지만, 지방이라고 해서 모두 의료 불모지는 아니다. 지방 주민들도 일상적인 진료와 치료는 생활권 안에서 충분히 챙긴다. 예컨대 함양군 주민은 대구나 진주의 대학병원으로, 청도군 주민은 대구·경산의 종합병원으로, 철원군 주민은 춘천이나 수도권 병원으로 간다. 이런 이동은 지방 사람들에겐 일상적인 일이다. 그러니 '병원 옆에서만 살아야 하니 시골은 불가능하다'는 식의 이분법은 다소 과장된 생각이다. 시골도 다 같은 시골이 아니기 때문이다. 도시만큼은 아니더라도 건강하게 살 수 있는 곳, 생각보다 많다.

물론 그렇지 않은 곳이 더 많다. 그래서 귀촌자는 입지를 신중하게 골라야 한다. 귀촌 주택의 입지를 볼 때는 두 가지를 집중해서 살펴야 한다. 첫째는, 1차 진료를 꾸준히 받을 수 있는 곳이고, 둘째는 응급 상황에 빠른 대응이 가능한 곳이다. 이 둘을 모두 갖추어야 귀촌지로서의 고려 대상이 될 수 있다.

먼저 1차 진료다. 평소 건강 관리나 정기검진을 챙길 수 있는 환경이 중요하다. 현실적으로 면 지역보다는 읍내가 유리하다. 의료기관이 모여 있고 도로 접근성도 좋기 때문이다. 읍내나 그 근처라면 보건소나 동네 의원이 있어 감기나 고혈압, 당뇨 같은 만성질환을 관리할 수 있다. 수술이나 전문 진료가 필요하면 2차, 3차 병원으로 가면 된다. 일부 지역엔 2차

병원도 있다. 그런 병원이 없을 경우엔 인근 도시로 이동하면 된다.

여기서 한 가지 제안을 덧붙이고 싶다. 시골에서는 건강을 꾸준히 관리할 수 있는 1차 병원이 특히 중요하다. 하지만 현실적으로 동네 병원만으로는 부족한 점이 있다. 의료인력 부족, 검사 장비에 한계가 있다. 그중에서도 가장 중요한 건 환자 기록의 단절이다. 나이가 들수록 병을 계속 모니터링해야 하는 중요성이 높아지기 때문이다.

그래서 오래전부터 '시골 주치의 제도'의 필요성이 제기되어 왔다. 우리와 의료시스템이 매우 다르긴 하지만, 영국이나 캐나다는 이미 주치의 제도를 기반으로 의료 시스템을 운영한다. 한 명의 주치의가 수천 명의 주민을 맡아, 작은 증상부터 만성질환 관리까지 책임진다. 환자는 해마다 같은 의사에게 꾸준히 진료받으며, 의료의 '지속성'을 유지한다. 이 지속성은 시골 노인들에게는 정말 중요하다. 우리나라 의료의 가장 큰 약점이 바로 이 부분이라는 전문가의 지적도 많다.[12]

다행히 최근에는 1차 진료 시스템 강화 논의가 활발하다. 정부 국정과제에는 농어촌 의료취약지 보건소에 '비대면 진료'와 '원격 협진' 체계를 신설하는 계획도 포함됐다. 국회에서도 「일차의료 강화 특별법」이 발의되어, 1차 의료기관에 대한 관리·수가 지원 등 다양한 방안이 논의되고 있다. 또한 복지부가 추진한 '시니어의사 지원 사업'도 눈길을 끈다. '시니어의사'란 전문의 취득 후 10년 이상 수련병원 근무 경력이나 20년 이상 임상 경험이 있는 60세 이상 의사를 말한다. 이들을 채용한 보건소나 지역의료기관에는 지원금이 지급된다. 전북 정읍의 한 시니어의사는 이렇게 말한다.

> "현실적으로 젊은 의사들이 농촌으로 오기에는 제약이 많다. 농촌은 생활 인프라부터 교육·문화·의료 시설까지 모두 열악하다. 병원을 개원하려면 장비만 몇억 원이 든다. 편하고, 수익 좋은 곳에 개업하고 싶은 마음이 인지상정 아니겠나. 젊은 의사들에게 희생만 강요하긴 어렵다. 완전하진 않겠지만, 시니어의사 확대에 해답이 있다고 생각한다. 정읍아산병원장으로 근무할 때 시니어의사들과 자주 모임을 가졌다. 10명 중 6명은 농촌에서 인술을 베푸는 노년의 삶에 관심을 보였다." [13]

이처럼 시골에서도 1차 의료기관의 역할은 점점 강조되고 있다. 주치의 제도나 시니어의사 제도가 제대로 자리 잡는다면, 시골에서도 예방적 건강 관리가 가능해질 것이다. 그리고 그 변화로 인해 귀촌을 망설이는 사람들의 결정도 훨씬 쉬워질 것이다.

응급 골든타임—살 곳을 고르는 기준

　　귀촌은 무엇보다 응급 상황에서 '골든타임을 지킬 수 있는 곳'으로 해야 한다. (응급의료의 중요성은 다음 장의 함양 토박이와의 인터뷰 내용 속에서 다시 강조할 것이다!) 열악한 의료 여건 중에서도 특히 응급 상황에 대한 두려움은 귀촌의 가장 큰 걸림돌이다. 실제로 지방에서는 인력난과 적자 문제로 응급실 운영을 중단하는 사례가 점점 늘고 있다. 응급실 운영만으로도 연간 20억 가까운 적자가 발생할 수 있다는 현실 때문이다. 2025년 8월 응급실 운영을 중단한 경남 밀양의 한 병원,[14] 전담의사를 구하지 못해 운영에 어려움을 겪고 있는 충북 보은의 한 병원,[15] 최근에 전담의 2명을 가까스로 충원해 24시간 진료를 재개할 수 있게 된 속초의료원의 사례[16] 등등. 지방에는 이런 사례가 허다하다.

　　그렇다고 지방에 응급 대응 체계가 없는 건 아니다. 응급의료기관에도 여러 단계와 유형이 있고, 지역에 따라 응급 대응이 잘 갖춰진 곳도 많다. 우리나라의 응급의료기관은 크게 세 가지로 나뉜다.[17] '권역응급의료센터', '지역응급의료센터', '지역응급의료기관'.

　　의료 인프라가 상대적으로 취약한 강원도를 예로 들어보자. 2025년 6월 기준, 강원도에는 다음과 같은 응급의료기관이 운영 중이다.[18] (<표 8> 참조)

　　지역별 분포를 보면, 응급의료기관은 수도권에만 몰려

권역응급의료센터 3곳	강원춘천권역(한림대학교부속 춘천성심병원), 원주충주권역(연세대학교 원주 세브란스기독병원), 강원영동권역(강릉아산병원)
지역응급의료센터 4곳	춘천(강원대학교 병원), 강릉(강릉동인병원), 속초(속초의료원), 삼척(삼척의료원)
지역응급의료기관 15곳	원주(원주의료원, 성지병원), 강릉(강릉의료원), 동해(동해동인병원, 근로복지공단 동해병원), 태백(근로복지공단 태백병원), 속초(속초보광병원), 홍천(홍천아산병원), 횡성(횡성대성병원), 영월(영월의료원), 평창(평창군 보건의료원), 정선(근로복지공단 정선병원), 철원(철원병원), 화천(화천군 보건의료원), 양구(양구성심병원)

표 8. 강원도 내 응급의료기관

있지 않다. 서울 49곳, 경기 74곳으로 수도권이 많긴 하지만, 지방도 전남 35곳, 경남 36곳, 경북 31곳, 강원 22곳 등 수로만 보면 결코 적지 않다.[19] 그런데 인구 백만 명당 응급의료기관 수로 보면 이야기가 달라진다. 전국 평균이 8.0개소인데, 서울은 5.2개소, 경기 5.4개소로 오히려 낮다. 반면 전남 19.4개소, 강원 14.4개소, 전북 11.4개소처럼 지방은 높은 수치를 보인다. 겉으로 보면 지방의 응급의료망이 수도권보다 촘촘한 것처럼 보일 수도 있다. 하지만 이건 '착시'에 가깝다. 지방은 면적이 넓고, 인구가 성기게 흩어져 있기 때문이다. 응급의료기관 수가 많더라도, 실제 거주지에서 응급실까지의 이동 거리와 시간은 훨씬 길어질 수 있다. 그래서 귀촌을 고려할 때는 단순히 '그 지역에 병원이 몇 곳 있느냐'가 아니라, '내가 사는 곳에서 응급실까지 얼마나 걸리느냐', 즉 실제 접근성을 기준으로 판단해야 한다.

귀촌을 고민하는 이들이 가장 걱정하는 건 결국 '응급상황 발생 시 골든타임 안에 응급의료시설에 도착할 수 있느냐'는 점이다. 국토지리정보원이 제공하는 500m×500m 격자 자료를 활용해, '격자 중심에서 가장 가까운 응급의료시설까지의 도로 이동거리'를 살펴봤다. 하나의 격자 면적은 0.25km²다. <표 9>를 자세히 보면, 수도권이 응급의료 접근성이 좋은 건 사실이지만, 지방에도 접근성이 높은 지역이 적지 않다. 이 자료에서 제시된 거리는 실제 도로망을 반영한 '네트워크 거리'다. 현실적인 이동 거리라는 뜻이다. 일반적으로 5km는 여러 응급 출동 사례와 국제 기준을 감안할 때 구급차가 약 7~10분 안에 도착할 수 있는 범위로 본다. 결국, 지방에서도 이 5km 이내 응급의료권을 확보한 지역이라면 '골든타임'을 지킬 수 있는 귀촌지라 할 수 있다.

먼저 수도권과 지방을 비교해 보자. 수도권에서는 응급의료기관이 5km 이내에 있는 면적이 약 2,423km²다. 그렇다면 지방은 어떨까? 수도권을 제외한 지방의 경우, 응급의료기관이 5km 이내에 있는 면적이 약 5,684km²에 달한다. (서울시 면적이 약 600km²인 점을 감안하면, 서울의 9배가 넘을 정도로 크다.)
결국 응급 상황에서도 골든타임을 확보할 수 있는 지역은 수도권보다 지방에 훨씬 더 많이 분포하고 있다는 뜻이다.

이제 본격적으로 우리가 말하는 '귀촌 지역'을 살펴보자. 우리 연구에서 정의한 귀촌은 수도권과 지방 5대 광역시(+세종시)를 제외한 지역으로의 이주를 의미한다. 그렇다면 이러한 귀촌지 가운데 골든타임을 지킬 수 있는 지역은 얼마나 될

응급의료 접근성 거리 구간(km)		0~0.5	0.5~1	1~2.5	2.5~5	5~10	10~25	25초과
수도권	격자수(개)	106	441	2,983	6,162	11,121	19,653	6,399
	격자수 환산 면적(km²)	26.5	110.3	745.8	1540.5	2780.3	4913.3	1599.8
지방	격자수(개)	215	817	5.796	15.907	51.742	181.640	93.353
	격자수 환산 면적(km²)	53.8	204.3	1449.0	3976.8	12935.5	45410.0	23338.3

응급의료 접근성 거리 구간(km)		0~0.5	0.5~1	1~2.5	2.5~5	5~10	10~25	25초과
귀촌 대상지	격자수(개)	158	592	4,257	13,238	46,390	174,058	91,490
	격자수 환산 면적(km²)	39.5	148.0	1064.3	3309.5	11597.5	43514.5	22872.5

4561.3km²

표 9. 귀촌대상지의 응급의료 접근성

까? 그 면적은 무려 4,561km², 서울시 면적의 7배가 넘는 규모다.

이 책에서 말하는 귀촌 대상지 면적은 약 4,561km²로, 이 정도 규모라면 응급의료에 대한 염려를 조금은 덜어도 좋을 것이다. 물론 지방 중에는 여전히 오지에 가까운 곳이 많다. 그러나 서울시의 7배가 넘는 면적을 '응급의료 병세권'으로 고려할 수 있다면, 지방의 응급의료 접근성을 '붕괴됐다'고 단정하긴 어렵다. 다만 부분적인 응급의료 공백이 존재하는 만큼, 귀촌 모델을 구상할 때는 이런 공백 지역을 피하는 설계가 필요하다. 더불어 베이비붐 세대의 귀촌이 늘수록 양질의 의료 인프라가 구축되기 쉬워지는 만큼, 정부 차원의 지원도 함께 고려되어야 한다.

물론 응급의료시설이 있다고 해서 모두 같은 수준의 서비스를 제공하는 건 아니지 않냐고 반문할 수도 있겠다. 맞는 말이다. 읍내 병원의 지역 응급실과 거점병원 응급실 사이에는 큰 차이가 있다. 최근에는 이러한 격차를 원격진료와 인공지능 기술로 보완하려는 시도가 늘고 있다. 예컨대 한림대학교 춘천성심병원은 'AI 기반 뇌출혈 진단·원격 협진 플랫폼'을 도입했다.[20] 강원도는 의료 인프라가 특히 취약한 지역으로, 뇌출혈 수술이 가능한 병원은 단 네 곳뿐이다. 하지만 이 시스템 도입 이후 거점병원의 신경외과 의사가 원격으로 진료 지침을 내릴 수 있게 됐다.

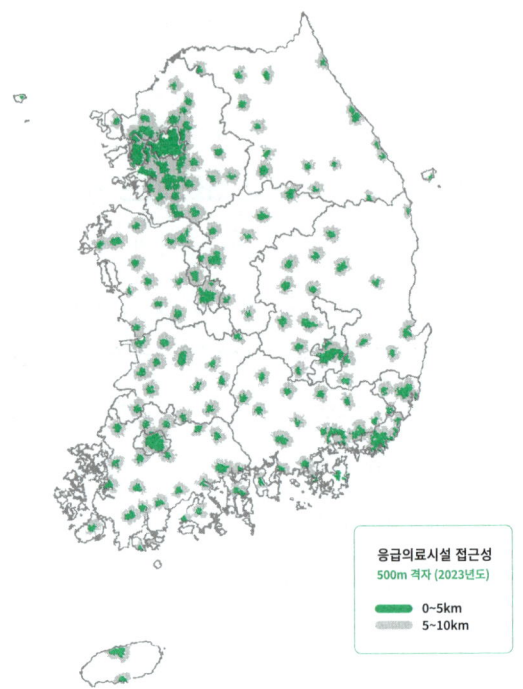

그림 20. 대한민국 응급의료 병세권 지도[21]

　　예를 들어, 뇌출혈이 의심되면 가까운 지역 읍내 응급실에서 CT를 촬영해 그 영상을 원격 플랫폼에 업로드한다. 인공지능이 1차 판독을 수행하는데, 이 과정은 1분 이내에 끝난다. 이어서 거점병원 신경외과 전문의가 AI 판독을 검토해 확진 또는 보정한 뒤, 지역 의료진에게 진료 지침을 전달한다. 필요시 수술 가능한 병원으로 이송을 요청한다. 그 결과, 이송 결정과 수술 준비까지 걸리던 시간이 평균 1시간 이상 단축됐다. 이러한 시스템 덕분에 환자는 '가까운 응급실'을 이용하면서도 동시에 '거점병원의 전문 진료'를 받을 수 있게 되었다. 이런 기술적 변화가 확산된다면 지방 의료 불안도 점차 줄어들 것이다.

그렇다면 완전한 의료 공백지는 어떻게 해야 할까? 응급 상황에서는 즉각적인 대면 처치가 가장 중요하다. 하지만 응급의료 서비스가 부족한 지역에서는 원격의료를 통해서라도 초기 판단과 지침을 받을 수 있다. 예컨대 응급 상황 발생 시 원격으로 의사가 1차 판단을 내리고, 응급처치 방법을 안내하거나 가장 가까운 응급의료시설로 이동하도록 돕는 식이다. 완전한 대면 진료를 대체할 수는 없지만, 일정 부분 보완은 가능하다.

'고령화된 오지에서 원격진료가 가능하겠느냐'는 의문도 생길 수 있다. 아직 도입되지는 않았지만, 다음과 같은 방안들이 고려될 수 있다. 예를 들어 고령자 가정에 버튼 몇 개만 있는 단순한 전용기기를 비치하거나, 음성 인식 기능을 이용해 의료진과 즉시 연결되게 하는 방식이다. 또 마을회관, 경로당, 보건소 등에 이런 기기를 두면 어르신들이 익숙한 공간에서 쉽게 도움을 받을 수도 있다. 의료 공백지 내 고령자가 늘어나는 상황에서 원격진료 기반의 응급 대응 체계는 앞으로 전국적으로 확산될 가능성이 크다.[22]

귀촌할 때 얻는 보너스 임금

경험씨를 중심에 두고 3자 연합모델을 짜보면, 단계별 난이도의 차이가 뚜렷하다. 1960년대생 경험씨의 지방 이주는 비교적 추진이 쉽다. 이미 그 흐름이 나타나고 있고, 점차 강해지고 있기 때문이다.

이 모델을 설계할 때 가장 우려되는 부분은, 경험씨가 월급 수준에 만족하지 않을 가능성이다. 현실적으로 기업씨가 경험씨에게 제시할 수 있는 급여는 최저 수준에 머물 가능성이 크다. 우리나라 중소기업의 재정 여건이 그렇다. 이미 버티기 벅찬 상황에서 임금 인상을 강요할 수는 없다.

2025년 최저임금은 시급 10,030원이다. 주 40시간 근무 기준 월급으로 환산하면 약 210만 원, 반나절만 일한다면 100만 원 남짓이다. 부부가 생활하기엔 충분치 않은 금액이다. 부부 기준 적정 생활비(월평균 350만 원)와 은퇴를 앞둔 세대가 조달 가능한 생활비(230만 원) 사이에는 약 120만 원의 간극이 존재한다.

그러니 여기에 '사회적 임금'이 결합되면 낮은 임금을 꽤 보완할 수 있다. 사회적 임금이란 개인이 국가나 사회로부터 현금이나 서비스 형태로 받는 복지 혜택을 금액으로 환산한 것이다. 실업급여, 아동수당, 보육서비스 같은 지원이 모두 여기에 포함된다. 이런 사회적 임금이 많아질수록, 낮은 임금에 대한 불만이 줄어들게 된다.

다행히 정부가 이미 추진 중인 여러 제도들이 이 사회적 임금의 역할을 수행할 수 있다. 이 제도들은 3자 연합모델과 자연스럽게 맞물린다. 예를 들어, 중기부와 고용부는 중소기업과 베이비부머 구직자를 연결하는 일자리 매칭 플랫폼과 고용장려금으로 '첫 관문'을 만들 수 있다. 국토부와 LH는 귀촌 베이비부머를 위한 주택과 정주 인프라를, 교육부는 평생교육 이용권, 복지부는 1차 의료 서비스, 문체부는 문화·여가 프로그램을 담당할 수 있다. 행안부 역시 2022년부터 10년간 매년 1조 원씩 지원 중인 지방소멸대응기금으로 예산을 뒷받침할 수 있다. 무엇보다 주목할 점은, 새로운 제도나 예산을 만들 필요가 없다는 것이다. 이미 있는 정책을 재배열하고, 제도적 장벽 몇 가지를 조율하기만 해도 충분히 작동한다.

사회적 임금으로 월 35만 원을 보충한다고 가정해 보자.

파트타임(20시간) 근무 시	임금 100만 원 + 사회적 임금 35만 원 = 135만 원 효과
풀타임(40시간) 근무 시	임금 200만 원 + 사회적 임금 35만 원 = 235만 원 효과

여기에 부부가 함께 일한다면, 모아둔 은퇴 자금을 손대지 않고도 적정 생활비 수준인 월 350만 원 이상을 확보할 수 있다. 시골의 평균 주거비와 소비 수준을 감안하면, 안정적이고 자립적인 생활이 가능한 수준이다. 제도 개선을 통해 귀촌

인이 중소기업에 취업할 경우, 교육부에서 평생교육 이용권 10만 원, 복지부에서 건강보험료 지원 5만 원, 그리고 고용부에서 고용지원금 20만 원을 각각 지원받는다면, 일인당 총 35만 원의 지원 혜택을 받을 수 있다. 이렇게 되면 지방씨도 살고, 경험씨도 살고, 기업씨도 산다. 이것이 바로 3자 연합모델이 가진 힘이다. (사회적 임금에 대한 자세한 내용은 <부록 2>에서 자세히 다룬다.)

5장

함양,
3자 연합모델을 마주하다

"중장년이 먼저 들어와서 일하고 자리 잡으면,
청년 유입은 자연스럽게 따라옵니다.
그런데 청년 위주 정책만 하다 보니 실효성이 떨어져요.
혜택을 받는 청년이 지역에 별로 없어요.
농촌 현실에 맞게 중장년 정책도 필요합니다."

− 주민 인터뷰 중에서

왜 함양인가

'60년대생', '중소기업', '지방'. 이 세 주체는 지금은 여전히 귀한 자원이지만, 머지않아 사회적으로 외면받을 위험이 크다. 지금까지 이 소중한 세 가지 자원을 연결하는 3자 연합모델을 살펴봤다. 그리고 이 모델이 왜 지금 시점에서 가능하며 또 필요한지, 그 근거도 함께 확인했다.

3자 연합모델의 개념화 작업은 2020년 3월 출간된 『베이비부머가 떠나야 모두가 산다』(마강래 저) 이후 본격적으로 시작됐다. 이어 2021년 1월, '피렌체의 식탁'에서 이양수 편집인과의 인터뷰가 공개됐다. 제목은 "문제는 균형발전!… 베이비부머+지방도시+중소기업 '삼자연합'을 추진해야."였다. 당시 우리는 이미 3자 연합모델의 구상을 이야기하고 있었지만, 그것을 구체적으로 어디서, 어떻게 실행할지는 여전히 불분명했다. 개념은 있었지만, 실제로 시험해 볼 '실험실'이 없었던 셈이다.

그 실험실로 우리가 선택한 곳은 경남 함양군이었다. 독자들 가운데서는 '왜 하필 함양인가?'라는 의문을 가질 수도 있다. 이유는 두 가지였다. 첫째, 함양군은 '서하초 작은학교 살리기'라는 성공 경험을 갖고 있었다. 성공의 경험이 있는 지역과 그렇지 않은 지역은 큰 차이가 있다. 둘째, 함양군이 성공한다면, 그보다 인구가 많고 조건이 좋은 다른 지역에서는 더욱 성공 가능성이 높다고 보았다. 실제로 함양군은 인구감소가 뚜렷하고, 고령화율이 높으며, 기업 수도 많지 않다. 그렇기 때문에 이곳에서 가능성을 증명할 수 있다면, 다른 지역은 두말할 필요가 없었다.

서하초 모델은 농촌 균형발전의 상징처럼 회자됐다. 학교 살리기가 알려진 뒤, 귀촌인을 위한 임대주택에 대한 관심도 급격히 높아졌다. LH 같은 공공기관이 농촌에 임대주택을 짓고 도시 사람들을 불러 모으려는 시도는 신선하게 받아들여졌다. 함양군은 이런 유사한 실험을 해볼 수 있는 무대처럼 보였다.

우리 연구진도 서하초 작은학교 살리기 연구에 참여한 경험이 있다. 그 성과를 정리해 2023년 11월,『시골을 살리는 작은 학교』(김지원 저)를 펴냈다. 그 과정에서 베이비부머 중심의 3자 연합모델이 점차 구체적인 형태를 갖추게 되었다. 이 책에서는 읍내나 중심지와 떨어진 곳에 집만 덩그러니 지어서는 귀촌인이 오래 버티기 어렵다는 사실에 주목했다. LH 내부에서도 여러 차례 농촌 주택 사업을 추진했지만, '먹고사는 문제'가 해결되지 않으면 집만 지어서는 소용이 없다는 공감대가 확산되고 있었다.

이 무렵 문화일보 민정혜 기자가 3자 연합모델에 관심을 보였고, 2023년 6월 "일자리·노후·수도권 과밀 해결… '지방 활력' 새모델 찾아"라는 기사가 보도됐다. 이후 함양군에는 문의 전화가 이어졌다. "주택은 언제 들어갈 수 있느냐?", "어떤 기업에서 일할 수 있느냐?", "임금은 어느 정도냐?" 등 현실적인 질문들이었다. 마침 함양군은 행안부의 '지방소멸대응기금' 일부를 활용해 LH와 협업을 추진하고 있었다. 서하초 모델을 발전시켜 귀촌인을 위한 주택을 짓고, 새로운 지역 성공모델을 만들어 보자는 데 합의가 이뤄졌다.

그때부터 연구는 본격적으로 시작됐다. 모델의 큰 방향은 단순했다. 대도시에서 살던 베이비부머가 지방 중소기업에서 일하며, 타운하우스에 모여 살며 커뮤니티를 만들고, 이웃과 함께 노후를 즐기는 삶. 기업에서 월 200만 원가량의 임금을 받고, 여기에 고용, 교육, 의료·복지, 문화·여가 서비스까지 중앙부처의 기존 사업이 연계되어 지원된다면, 정착은 훨씬 수월해질 것이다. 각 주체가 조금씩 힘을 보태면, 이 모델은 우리 사회가 안고 있는 여러 난제를 풀어낼 동력이 될 수 있다는 기대감이 커졌다.

연구 질문은 세 가지였다.

- 첫째, 3자 연합모델이 어떤 형태로 실현될 수 있을까?
- 둘째, 중앙부처는 어떠한 정책을 통해 베이비부머의 귀촌 흐름에 추임새를 넣을 수 있을까?
- 셋째, 제도·정책적으로 어떤 허들이 존재하며, 이를 어떻게 개선할 수 있을까?

이를 검증하기 위해 우리는 함양군 내 기업, 귀촌 예정자, 군청 관계자와 만나고, 귀촌 관련 문헌도 꼼꼼히 살폈다. 막상 책상을 벗어나 함양 곳곳을 다니며 이야기를 듣자, 이상과 현실의 간극이 크게 다가왔다. 여건이 예상보다 열악해 마음이 무거운 순간이 많았다. 그러나 성공 가능성을 확인하는 순간도 적지 않았다. 이 가능성을 찾아내는 과정, 주요 관계자 인터뷰, 실행 단계에서 마주한 제약과 제도적 과제, 그리고 모델이 가져올 변화의 잠재력까지, 모든 여정을 있는 그대로 이 책에 담고자 했다.

"이게 정말 가능할까?"라는 의문을 가진 독자라면, 이어지는 구체적 과정을 함께 확인해 주길 바란다. 이 책에는 함양군과 LH의 노력뿐만 아니라, 마강래·김지원 두 저자의 고민과 함께 시행착오의 기록이 고스란히 담겨 있다. 이 모델은 여전히 만들어 가는 중이다.

함양판 3자 연합

함양군을 잘 모르는 독자들도 많을 것이다. 먼저 이 지역을 간단히 살펴보자. 함양군은 경상남도 서북부에 자리하고 있다. 김해·진주·창원 같은 동남권 대도시들과는 거리가 있는, 말 그대로 내륙 깊숙한 곳이다. 2024년 기준, 함양군의 인구는 약 3만 6천 명으로, 지난 30년(1995~2024년) 동안 인구가 30%가량 줄었다.

인구의 '절대 수'가 줄어드는 것도 문제지만, 고령화 속도가 더 문제다. 65세 이상 고령인구를 제외한 모든 연령층에서 인구가 감소하고 있다. 함양군엔 65세 이상 고령층이 전체 인구의 40%를 차지한다. 2024년 기준 함양군의 중위연령은 60.1세로, 전국(46.2세)이나 경남 평균(48.5세)보다 10세 이상 높다. 이 수치는 함양군을 지탱하는 세대가 이미 '중장년'과 '고령층'임을 여실히 보여준다.

그럼에도 함양군의 인구 늘리기 정책은 대부분 젊은 층에 초점이 맞춰져 있다. 「함양군 인구 늘리기 지원 조례」를 보면, 임신·출산 지원, 다자녀 가정 지원, 전입 지원 등이 주요 내용이다. 출산장려금만 해도 첫째·둘째 자녀는 500만 원, 셋

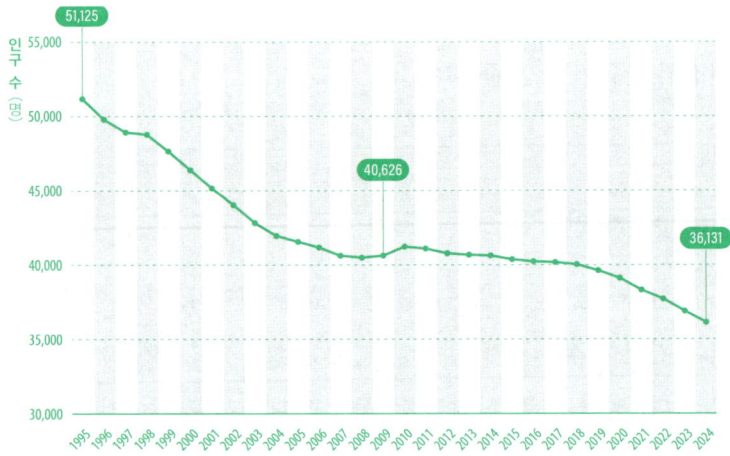

그림 21. 함양군의 인구 변화 추이(1995~2024년)[1]

째는 1,000만 원을 지급한다. 신혼부부는 1,000만 원의 결혼자금과 주택전세대출 이자를 5년간 지원받을 수 있다. 그러나 군 단위 지역 대부분이 그렇듯, 베이비부머나 중장년층을 위한 지원책은 거의 없다.

    청년 유입의 중요성은 누구도 부정할 수 없다. 하지만 현실적으로 청년을 지역으로 끌어들이기는 매우 어렵다. 청년을 돌아오게 하려면, 현재 유입되고 있는 베이비붐 세대를 적극적으로 지원해 이들이 지역을 활성화하고 청년 인구를 불러들이는 '마중물' 역할을 하도록 해야 한다.

    그렇다면 함양군의 인구이동은 어떤 패턴을 보일까? 통계청 자료로 확인해 보니, 지난 10년간(2015~2024년) 함양군의 인구 순이동 패턴 역시 예상대로였다. 20·30대 젊은 층은 빠져나가고, 40대 이후 중장년층이 들어왔다. 유입 지역을 보면 수도권보다는 인근 지역에서 오는 경우가 많았다. 세부적으로는 거창·산청·남원 등 인접 생활권과 부산·진주·창원·김해 등 경남권 주요 도시가 중심이다. 수도권에서는 경기도 수원시와 용인시, 서울 관악구 등에서 일부 유입이 확인되었다.

이 흐름을 보면 함양군이 앞으로 귀촌의 주요 타깃층을 어떻게 설정해야 할지가 한층 분명해진다. 인근 중소도시, 부산·경남 동부권 대도시, 그리고 수도권에서 함양과 연고가 있는 베이비부머를 대상으로 '일자리+주거' 패키지를 결합한 3자 연합모델을 추진하는 것이 효과적일 수 있다.

정책은 결국 그 속에서 살아가는 사람들의 삶에 기반해야 한다. 그래서 우리는 함양에 기반이 있는 기업과 지역 주민, 그리고 귀촌인과 예비 귀촌인을 직접 만나 그들의 이야기를 들었다. 이제부터는 함양에 정착한 베이비부머, 이들을 일터로 맞이하는 중소기업 관계자, 그리고 지역 주민들의 목소리를 통해 이 모델이 현실 속에서 어떻게 작동할 수 있을지 차근히 살펴보려 한다.

함양 주민들은 외지인을 환영할까?

지금부터 본격적인 인터뷰로 들어가 보자. 현지 인터뷰

는 크게 세 그룹으로 설계했다. '함양에 사는 지역 주민(내부인)', '정착한 지 얼마 안 된 귀촌인과 예비 귀촌인(외부인)', 그리고 '지역 중소기업체'. 함양군청의 도움을 받아 대상자를 섭외했고, 2025년 하반기, 군 곳곳을 다니며 인터뷰를 진행했다.

인터뷰에는 함양 토박이부터 귀촌 후 오랜 기간 정착한 이들까지 다양하게 참여했다. 질문은 단순했다. '함양에서 살면서 좋은 점과 불편한 점은?', '만약 60년대생 도시 베이비부머 이주가 늘어난다면 어떤 생각이 드는지?', '주민이 바라보는 함양군의 현재와 미래는?', '함양이 더 나아지기 위해 지자체나 중앙정부에 바라는 점은?' 같은 것들이었다.

먼저 함양을 가장 잘 아는 지역 주민들의 목소리를 들어보자. 주민들이 한목소리로 말하는 함양은 한마디로 이랬다.

'물 좋고, 산 좋고, 공기 좋고, 사람 좋은 곳.'

실제로 함양은 산에 둘러싸여 있다. 북쪽에는 남덕유산, 남쪽에는 지리산. 그 사이에도 삼정산, 삼봉산, 와불산, 감투산, 도숭산, 대봉산, 백운산, 영취산, 황석산, 거망산, 기백산, 금원산까지, 1,000m가 넘는 산만 15개다. 함양 사람들은 이 사실을 큰 자부심으로 여겼다. 그런데 사실 군 지역이라면 산 좋고 물 좋은 건 흔한 자랑거리 아닌가. 그런 생각이 들 무렵, 주민들은 꼭 덧붙였다. 함양은 천연기념물 제154호, 천년의 숲 상림공원까지 품고 있다는 것. 상림공원은 거의 모든 인터뷰에서 빠지지 않고 등장한 단골 키워드였다. 통일신라 시절, 고운 최치원 선생이 함양군(옛 천령군)의 태수로 있을 때 홍수 피해를 막기 위해 강물을 돌리고 둑을 쌓은 뒤 그 위에 나무를 심어 만든 숲. 우리나라에서 가장 오래된 인공숲이다. 주민들은 이 거대하고 아름다운 숲을 집 앞 정원처럼 누릴 수 있다는 걸 축복이라고 말했다.

대구에서 공장을 운영하다 귀향한 한 주민 D 씨는, "대구에서는 매일 두통이 있었는데, 함양에 와서 다 나았다"고 했다. 건강을 챙기기에 최적인 곳이라는 얘기다.

> "함양 전체가 공원 같아요. 예로부터 자연재해도 거의 없고, 태풍이 와도 지리산이 다 막아준다 해요. 상림공원은 우리 집 앞 정원이에요(웃음). 100만 불짜리 정원이죠. 아침저녁으로 맨발로 걷는 사람도 얼마나 많은데요. 참 잘 왔다 싶어요." 주민 D

토박이 주민들은 함양이 외지인에게 유난히 열려 있다고 했다. 함양은 경남 땅이지만 남부의 정중앙쯤에 있어 '사통팔달 교통의 요충지'라고도 했다. 실제로 광주·대구·진주·부산 등 남부권 대도시로부터 차로 1~2시간이면 닿는 거리에 있으니, 자연스럽게 다양한 출신이 모인다. 그래서인지 함양은 다른 군 지역보다 개방적이라는 게 공통된 인식이었다. 흥미로운 얘기도 있었다. 함양에서 장사하는 사람들 중 상당수가 외지인이라는 점이다.

> "함양에는 예로부터 외지 사람이 와서 장사하면 큰돈 번다는 말이 있어요. 어릴 때부터 그 얘기를 들었고, 실제로 남원이나 다른 데서 온 사람들이 함양에서 사업하면 다 부자가 됐어요. 그만큼 옛날부터 외지인에게 열려 있었다고 봐요." 주민 B

> "다른 지역은 텃세가 심해 외지인이 살기 힘든데, 함양은 전라도와 경상도 사이에 있어서 전라도 사람도 많아요. 장사하는 이들 중 토박이가 아닌 경우도 많아서, 외지인이나 주민이나 크게 차별하지 않아요. 외지인이 살기에 좋은 곳이죠." 주민 D

마을 주민들은 "함양엔 텃세가 없다"고 말했다. 하지만 우리가 건너 들은 얘기는 달랐다. 선비 고장이라, 텃세가 많으면 많았지 적지는 않다는 것이다. 실제로 부산에서 귀촌한 주민 A 씨는 이렇게 말했다.

> "저는 부산에서 50대에 이곳으로 왔어요. 도시 생활을 하

다 처음 시골로 오면, 솔직히 외로운 건 사실이에요. 다행히 저는 원래 알던 분들이 있어 잘 적응했지만, 대부분은 그렇지 않죠. 외지인과 주민이 서로 어울리려면 노력이 필요해요." 주민 A

여러 이야기를 듣다 보니, 가장 인상 깊었던 건 이들의 깊은 지역 애정이었다. 단점을 말할 때조차 "그래도 우리 함양은…"이라는 말이 빠지지 않았다. 함양이 어떤 곳인지, 어떤 인물을 배출했는지에 대해 구구절절 설명하려 했다. '좌안동, 우함양'이라는 말이 있을 만큼 역사적 자부심도 컸다. 조선의 정여창 같은 옛 인물부터 강준석 전 해양수산부 차관, 우기홍 대한항공 부회장 같은 이름난 함양 출신 인물들도 많고, 한때는 고 이외수 작가의 귀향을 추진하며 집필 공간과 문학관까지 마련하려 했다는 일화도 전했다.

하지만 과거의 영광은 한때였다. 인구 유출과 고령화로 활기가 줄고 있다는 우려가 컸다. 이런 상황에서 만약 도시 귀촌인이 모여 사는 단지가 들어선다면, 주민들은 어떻게 생각할까? 예전 같으면 "왜 외지인에게 혜택을 주느냐"는 반발이 나왔을 테지만, 지금은 분위기가 달라졌다.

"지금 군민들은 인구감소의 심각성을 잘 압니다. 10년 전만 해도 귀촌인과 갈등이 많아 반대가 컸을 수도 있지만,

> 이제는 따질 여력이 없어요. 귀촌자 단지가 전국 처음 들어서고 전국적인 선도 모델이 된다면, 오히려 반길 겁니다." 주민 B

실제로 불과 몇 년 전만 해도 갈등이 적지 않았다. 하지만 지금은 귀촌인과 함께 지역 축제를 기획하고 있을 정도다. 마을 이장 중에도 귀촌인이 적지 않다.

> "한창 귀촌 붐이 일던 때는 '굴러온 돌이 박힌 돌 뺀다'는 말처럼 경계심이 컸죠. 전통 있는 지역인데 귀촌인들이 권리만 주장한다고 느낀 경우도 있었고요. 지금은 다릅니다. 상림공원 축제 같은 행사도 귀촌인과 함께 기획해요. 어떤 면에는 마을 이장도 절반 이상이 귀촌인입니다. 이제는 '함께 살아가자'는 분위기가 자리 잡았어요." 주민 C

'이대로 가면 함양이 사라질 수 있다'는 위기의식이 커지면서 배타적 분위기도 점차 옅어졌다. 함양 토박이들의 이야기를 들으며, 아마도 인구감소의 위기를 겪는 많은 지역에서 귀촌인을 바라보는 시선이 비슷한 과정을 거쳐 달라져 가고 있을 것이라 생각되었다.

이렇게 좋은 곳인데, 왜 사람이 줄까?

함양 사람들은 자신이 사는 곳을 높이 평가했다. 산 좋고, 물 좋은 곳. 교통 좋은 곳. 게다가 외지인에 대한 텃세도 없는 곳. 외지인이 장사하면 대박을 내는 곳.

그런데 이야기를 듣다 보니, 뭔가 맞지 않았다. 이리도 좋은 곳인데 왜 인구가 계속 줄고 있을까? 그래서 물었다.

"저희도 함양이 참 좋아 보이는데, 왜 인구가 자꾸 빠져나갈까요?"

돌아온 대답은 의외로 단순했다.

"함양은 집값이 너무 비싸요."

이유를 물었다. 돌아온 설명은 '교통'이었다. 과거 고속도로 개통 얘기가 나올 때마다 함양은 주목을 받았다. 기대감에 투기 세력도 몰려왔다. 그 시절 뛴 집값이 지금까지 내려오지 않는다는 것이다.

"외지 분들이 오면 음식값, 집값 비싸다고 해요. 예전엔 교통이 좋아서 주목받던 지역이었죠. 대전-통영 고속도로가 생기면서 땅값이 올랐고, 투기 세력도 들어왔어요. 또 대전에서 거제까지 철도를 놓는 계획이 있었는데, 함양이 노선을 유치하려고 서명운동도 하고 적극 나섰죠. 결국

> 철도는 안 왔지만, 그때 형성된 기대감 때문에 가격이 안 떨어지는 겁니다." 주민 B

주택가격을 살펴보니, 현지인 감각과 다르게 대도시에 비해 확실히 저렴했다. 1억~2억 원대의 아파트와 빌라도 적지 않았다. 대도시 거주자에게는 분명히 '싼 집'으로 보일 만 했다. 2024년 함양군 통계연보[2]에 따르면 주택보급률은 105%로, 전국 평균(102.5%)보다 높았다. 양적인 측면에서도 부족함이 없는 셈이다. 그렇다면, 문제는 무엇일까? 함양군의 주택 연도별 통계에 따르면 1995년 이전에 지어진 건물이 전체의 약 3분의 1을 차지했으며, 단독주택이 전체 주택의 70~75%에 이른다. 이 단독주택 상당수는 단열, 상하수도, 난방 등 현대적 주거 기준에 미치지 못할 가능성이 높다. 또한, 주택의 공간적 분포를 들여다보니, 주택 수요는 읍내와 주요 생활권에 쏠려 있었다. 반면, 면 지역은 빈집 비율이 높고, 거주가 어려운 노후주택이 많았다. 연구진의 눈에는 함양군의 주택 구조가 '살기 좋은 위치의 집은 부족하고, 살기 어려운 위치의 집만 남아 있는' 형태로 보였다.

다음은 의료 서비스 얘기로 넘어갔다. 도시에 비해 열악하다는 건 쉽게 예상할 수 있었다. 2013년, 서부경남 공공의료 거점이던 진주의료원이 문을 닫으면서 공공의료기관도 사실상 사라졌다. 최근 들어 서부의료원 건립이 추진 중이지만 아직은 계획 단계에 불과하다. 큰 병원이 없는 만큼, 마을 주민들이 불안한 일상을 보내고 있을 거라 짐작됐다.

"제 주변에서 귀촌을 고민하는 분들이 가장 민감하게 여기는 게, 주변에 큰 병원이 있느냐는 문제였어요. 이 문제를 어떻게 생각하세요?"

마을 주민의 답변은 연구진이 예상한 것과 조금 달랐다.

"함양에도 병원이 있어요. 주변에는 더 큰 병원이 있어서 필요하면 대구나 진주로 갑니다. 그리고 조금 더 큰 수술을 해야 하면 서울에 있는 아산병원이나 삼성병원에 가면 됩니다. 뭐, 늘 가는 것도 아니니까, 병원 문제는 그렇게 해결하면 됩니다." 주민 B

주민들은 시골에도 대도시급 종합병원이 들어서야 한다고 주장하지 않았다. 그들이 부족하다고 느낀 건 따로 있었다. 바로 응급 대응 체계였다.

"모든 지역의 의료 수준을 수도권처럼 맞추긴 어렵겠죠. 하지만 최소한 응급 병원은 필요합니다. 면 단위에서 뇌졸중이나 심장마비가 생기면 1분 1초가 급해요. 읍내까지 20~30분, 진주나 남원은 최소 1시간이 걸리죠. 가는 데 이미 골든타임이 끝나버립니다." 주민 C

시골 주민들이 두려워하는 건 평상시 건강 진료를 꾸준히 받지 못한다는 점이 아니었다. 문제는 '골든타임'이 중요한 응급 상황이었다. 응급의료에 대한 두려움은 거의 모든 인터뷰에서 반복됐다.

"지방 의료가 열악한 건 다 알죠. 그런데 위급할 때 바로 응급처치를 받을 수 있느냐는 전혀 다른 문제예요. 제가 아는 귀촌인도 면 지역에 살다가 뇌출혈이 와서 아찔했어요. 골든타임이 30분이라는데, 사는 곳에 따라 생사가 갈린다는 걸 느꼈죠. 기초 응급 서비스조차 없는 건 정말 심각한 문제입니다." 주민 B

실제로 함양은 정부가 정한 응급의료 취약지다. 유일하게 함양성심병원이 지역응급의료기관으로 지정돼 있지만, 중증 환자를 감당하기에는 역부족인 듯했다.

주민들과 이야기를 나누며 '의료에 유난히 민감한 쪽은 오히려 농촌 경험이 없는 사람들 아닐까' 하는 생각이 들었다. 도시에 사는 사람들은 나이가 들수록 '병세권'이 얼마나 중요한지 말한다. 인터뷰 참여자들도 의료의 중요성을 잘 알지만, 도시 사람들에 비해 민감하진 않았다. 이들은 정기검진은 주변에서 받고, 큰 병은 대도시 병원에서 해결하는 방식에 익숙했다. 물론 불편은 있지만, 삶을 흔들 만큼의 불편으로 여기진 않았다. 이들이 정말 절실하게 부족하다고 느끼는 건 뇌졸중이나 심장마비 같은 돌발 응급 상황이었다. 농촌의 경우, 인근 대도시 종합병원과 긴밀히 연계된 응급 시스템 구축이 가장 중요해 보였다.

"또 다른 함양의 단점은 없을까요?"

예상대로 '일자리'가 나왔다.

> "시골에는 '로얄패밀리'가 있어요. 공무원, 농협, 경찰, 교사, 보건소 같은 공공기관 종사자들. 이들을 제외하면 대부분 농사, 장사하는 사람들이죠." 주민 E

주민들은 청년 중심 사업이나 단발성 귀촌 지원으로는 근본 문제를 해결할 수 없다는 문제의식도 전해 주었다.

> "정책이 청년 위주예요. 그런데 청년이 이 덕에 결혼하고 아이 낳고 정착하나요? 꼭 그렇진 않은 것 같아요. 청년 정책이 이렇게 많다면, 중장년층 정책도 같이 가야죠. 나이 든 사람 경험이랑 젊은 사람 생각이 잘 섞이면, 좋은 일자리 만들 수 있을 거예요." 주민 A

이어서 한 주민은 경자유전의 원칙 때문에 도시민이 농지를 사기 어렵다는 점도 귀촌의 걸림돌이라고 지적했다. 국가의 농촌 정책이 여전히 과거 틀에 머물러 있다는 점에 대한 아쉬움이었다.

> "제 주변에도 귀촌을 준비하면서 '땅 한 필지 사서 집도 짓고, 텃밭도 가꾸고, 카페도 하자'는 로망을 얘기하는 분들이 많아요. 그런데 농지 소유 규제가 너무 엄격해요. 경자유전의 원칙이 언제 적 제도입니까. 도시민도 농지를 사서 주말농장이나 텃밭을 가꿀 수 있도록 풀어주면 여가도 즐기고 돈도 벌게 할 수 있어요. 귀촌이 훨씬 쉬워질 겁니다." 주민 B

결국 주민들이 꼽은 불편은 세 가지로 모였다. 집, 의료, 일자리. 기존 연구에서 나온 귀촌을 가로막는 요인과 크게 다르지 않았다. 이 장벽이 조금이라도 낮아져야, 더 많은 이들이 함양으로 들어올 수 있다.

'한번 살아보자'에서 시작된 인생 2막

이어서 우리는 이 모델의 중요한 주체 중 하나인 경험씨와의 인터뷰를 진행했다. 마침 함양군에는 '체류형 농업창업지원센터'가 있었다. 이름부터 조금은 낯설다. 이곳은 귀농을 꿈꾸는 사람들이 일정 기간 머물며 농업을 배우고, 정착을 준비하는 공간이다. 함양군은 2016년 농식품부 공모 사업에 선정돼 이 센터를 세웠는데, 경남 도내에서는 함양과 합천, 단 두 곳만 운영 중이다.

센터 안에는 타운하우스 형태의 주택 30채가 옹기종기 모여 있다. 이곳에서 매년 입교생을 모집하면, 선발된 이들이 3월부터 11월까지 약 9개월 동안 '함양살이'를 체험한다. 농업 창업 교육은 기본이고, 텃밭을 가꾸는 법을 배우는 프로그램도 준비돼 있다. 무엇보다 매력적인 건 주거비다. 15평 주택은 보증금 45만 원에 월세 15만 원, 20평은 보증금 60만 원에 월세 20만 원이면 된다. 9개월을 모두 합쳐도 135만 원, 180만 원이 전부다. 게다가 공동 텃밭과 개인 텃밭까지 있으니, 직접 농작물을 길러보는 재미도 쏠쏠하다. 지금 당장은 귀촌이 어렵더라도, 언젠가를 꿈꾸는 이들에게는 훌륭한 연습장이 되는 셈이다.

우리는 이곳에서 세 분의 귀촌인을 만날 수 있었다. 한 명은 6기 입교생으로 교육을 마친 뒤 함양에 정착해, 지금은 센터에서 기간제 근무자로 일하고 있었다. 또 다른 두 명은 8기 입교생으로, 현재 체류형 주택에 머물며 교육을 받고 있었다. 최근에 귀촌했거나 곧 귀촌할 의향이 있는 사람들이니, 3자 연합모델의 직접 수요자가 될 가능성이 큰 이들이었다.

이들은 어떻게 함양과 인연이 닿았을까? 공교롭게도 세 사람 모두 이전 거주지가 부산이었다. 귀촌인 A 씨는 50대에

접어들면서 '부산에서는 내가 곧 잉여 인간이 될 수 있겠다'는 생각이 들었다고 회상했다. 은퇴 후 채워지지 않는 시간을 보내며 '나를 잃어간다'는 느낌이 커지던 무렵, 체류형 센터를 알게 돼 귀촌을 결심했다고 한다.

> "인생 후반은 쾌적한 자연에서 보내고 싶었어요. 제가 산을 좋아하는데 지리산이 가깝잖아요(웃음). 도시에서는 제가 중늙은이가 되는 것 같아 움츠러드는 느낌이었어요. 그런데 여기 와서 보니 제가 오히려 젊은이예요(웃음)."
> 귀촌인 A

또 다른 귀촌인 B 씨는 30년간의 공무원 생활을 마친 뒤, 도시에서 일거리를 찾아 헤매다 '이건 아니다' 싶어 전환점을 찾던 중 귀촌을 결심하게 됐다.

> "저는 부산 토박이예요. 은퇴하고 집에만 있으니 정말 할 게 없더라고요. 주차장 관리도 해봤는데, 매캐한 냄새에 몸이 상하는 것 같았죠. 그러다 아내와 상의를 많이 했고, 노후에는 시골에 기회가 있겠다는 생각이 들었어요. 그래서 귀촌할 곳을 여기저기 알아보기 시작했죠." 귀촌인 B

그가 처음부터 함양을 택한 건 아니었다. 아내와 시간이

날 때마다 농촌 이곳저곳을 다니며 집을 알아봤다. 하지만 외부인의 눈으로는 집이 괜찮은지, 시세가 맞는지 도무지 알 수가 없었다. 그때 아내가 직접 살아본 뒤 집을 구하는 게 낫지 않겠느냐는 제안을 했다. 임대주택에서 먼저 경험해 보자는 것이었다. 그렇게 임대주택을 알아보던 중 군청 홈페이지에서 이 센터를 발견한 것이다. 우리는 문득 궁금해졌다. 사실 귀촌하려면 아내의 허락부터 받아야 한다는 이야기도 있다. 여러 문헌에서도 남성이 여성보다 귀촌 의향이 더 높은 것으로 보고되니 말이다.

"아내분의 반대는 없었나요?"

그가 웃으며 답했다.

"다행히 아내도 시골을 너무 좋아해요. 함양에 와보니 자연환경이 정말 좋은 거예요. 산도 가깝고 쾌적해서, 노후에 살면 삶의 질이 높아지겠다는 생각이 들었죠. 아내에게 이 얘기를 했죠. 아내는 아직 은퇴 전이라 지금은 부산에 머물고 있지만, 제가 먼저 함양에 자리를 잡고 몇 년 안에 함께 귀촌할 계획이에요." 귀촌인 B

살고 싶은데, 살 수 있을까?

우리는 이들에게 교육 기간이 끝난 뒤 함양에 완전히 정착할 생각이 있는지 물었다.

"혹시 교육이 끝나면 함양에 계속 계실 계획이 있으신가요?"

대답은 조금 복잡했다. 함양에서의 삶에는 대체로 만족하지만, 11월 교육이 끝난 뒤 마주할 현실은 녹록지 않다는 것이다. 세 명 중 두 명은 처음부터 정착을 목표로 함양에 왔지만, 입교 절반이 지난 지금은 그 결심이 쉽지 않다고 했다. 당장 살 집도, 안정적인 소득을 얻을 일자리도 확보하지 못했기 때문이다. 귀촌인 A 씨는 이전 기수에서도 집과 일자리를 구하지 못해 다시 도시로 돌아간 사례가 적지 않다고 전했다.[3]

> "저희도 온 지 벌써 4~5개월 정도 됐어요. 11월이 지나면 내년 기수가 들어오기 때문에 나가야 해요. 집을 알아보고 있지만 쉽지 않아요. 이렇게 저렴한 임대료에 풀옵션까지 갖춘 집을 떠나려니, 마땅한 곳을 찾기가 정말 어렵더라고요. 이전 기수분들도 집을 못 구해 돌아간 경우가 많아요." _귀촌인 A_

참여자들은 공통적으로 함양에 살 만한 집이 적고, 전반적으로 주택가격이 높다고 했다. 한 사람은 임대주택을 몇 차례 알아봤지만, 적당한 집을 찾는 게 쉽지 않았다고 했다. 함양군도 이를 알고 있다. 그래서 1년 이상 비어 있는 빈집을 리

모델링해 귀농·귀촌인에게 저렴하게 임대하는 '환대하우스' 사업을 추진 중이다. 보증금 100만 원, 월세 15만 원으로 2년간 거주할 수 있는 제도다. 하지만 그는 신축 체류형 주택에 익숙해진 만큼, 이후 옮길 집이 만족스러울지 걱정이 된다고 했다.

> "우리가 지금 쾌적한 체류형 단독주택에서 살다가 나가야 하잖아요. 주변 전월세 주택도 몇 군데 봤지만, 여건이 여의치 않아요. 군수님께 이 문제를 건의했더니, 빈집 리모델링 '환대하우스'를 추진 중이라고 하더군요. 그런데 아무래도 여기만큼 좋을까 싶죠. 그래서 차라리 체류형 제2주택을 더 지어달라고 했어요. 안 된다면 어쩔 수 없이 집을 구해야 하는데, 지금 당장은 방법이 없으니 내년 5월부터 본격적으로 알아볼 생각입니다." 귀촌인 B

주택 문제는 함양만의 이야기가 아니다. 많은 지자체가 인구 유입을 위해 귀촌 임대주택 사업에 힘을 쏟고 있다. 포털에서 '귀촌 임대주택'을 한번 검색해 보시라. 'OO군 귀촌인 임대주택 입주자 모집' 같은 기사가 쏟아진다. 이들 대부분은 청년과 신혼부부를 대상으로 한 사업이다. 빈집을 매입해 고쳐 임대하기도 하고, 국비 공모 사업을 통해 지자체가 직접 짓기도 한다. 저렴한 임대료를 내세워 젊은 귀촌인을 끌어들이는 과정에서 가격 경쟁도 치열하다. 그 끝에는 월세 1만 원 짜리 '만원주택'까지 등장했다. 전남형 만원주택은 청년과 신혼부부에게 최대 10년 거주 기회를 준다고 한다.

'임대료 1만 원, 최대 10년.'

계산해 보니, 10년간 120만 원이다. 이게 '어떻게 가능한가'라는 궁금증보다 먼저 드는 생각은 '한 가족의 삶터를 옮기는 문제치고는 이 사업이 지나치게 가볍게 다뤄지는 건 아닐까' 하는 생각이었다. 귀촌을 마치 '주거 문제'로만 축소시키는 듯해서 뭔가 찜찜한 느낌이다. 귀촌은 집만 옮기는 일이 아니다. 일자리, 관계, 생활의 기반까지 몽땅 새로 옮기는 일이다. 그렇기에 지역이 진짜 힘써야 할 주택 정책은 보여주기식이 아니라, 귀촌인을 위한 '정착의 기반'이어야 한다. 싼 주택도 중요하지만, 귀촌인에게 더 절실한 것은 안정적인 삶의 기반이다. 그리고 그 기반은 결국 '지역에서 어떻게 먹고살 건가'라는 질문과 맞닿아 있다. 살 집이 있더라도 먹고살 길이 없어서 정착하기 힘든 사람들도 많다.

실제로 참여자들은 일자리 찾기의 어려움을 토로했다. 세 명의 참여자는 공통적으로 '안정적인 소득의 부재'를 걱정했지만, 원하는 일자리의 형태는 각기 달랐다. 먼저 중소기업 취업을 원하는 귀촌인 B 씨는 함양에 있는 중소기업에서 일하고 싶어 했다.

"부산에서도 일자리를 많이 알아봤지만, 경쟁도 치열해요. 오히려 시골에선 할 일이 더 많을 거라 생각했어요. 그래서 이쪽으로 온 것도 있죠. 사실 저는 중소기업에서 일하고 싶습니다. 공무원 되기 전에도 공장, 세차장, 택배 등 안 해본 게 없고, 용접도 기본은 합니다. 그런데 나이 60이 넘으니 도시에서는 잘 받아주질 않더라고요." 귀촌인 B

지금 그는 몇몇 센터 동기들과 농사 일손 아르바이트를 하고 있다. 나중에 정착하게 된다면 중소기업에 취업해 안정적인 소득을 벌고 싶다고 했다.

"지금은 양파, 감자 알바를 하고 있는데, 일당은 14만 원, 상하차하면 20만 원이에요. 그런데 땡볕에서 며칠 해보니, '내일 일어날 수 있을까?' 싶더라고요. 이렇게 힘든 일도 하는데 제조업 일은 문제없을 것 같은데… 중소업체에서 최저임금만 받아도 좋으니 안정적으로 일하고 싶습니다." 귀촌인 B

반면 A 씨는 중소기업 취업을 선택지로 두지 않았다. 젊은 시절의 근무 경험 때문에 다시 돌아갈 마음이 없다고 했다. 임금과 복지, 근로환경의 구조적 한계가 여전한 현실이, 그의 거부감을 더욱 굳힌 것으로 보였다.

"저는 젊었을 때 중소기업에서 일했는데, 사실 막상 해보면 쉽지 않다는 걸 알아요. 시골에서 '청춘'으로 살고 싶어 귀촌했는데, 이곳에서도 나이 들어 그런 일 하다가 인격적으로 힘든 대우를 받을 수도 있잖아요. 그러면 자괴감도 클 것 같아요. 물론 그렇지 않은 경우도 있겠지만요."
　　　귀촌인 A

대신 그는 오래 품어 온 꿈을 실행하고 싶다고 했다.

"저는 산을 하나 사서 체험 농장이나 음식점, 숲가꾸기나 산양삼 재배 같은 걸 하면서 휴양 시설처럼 운영하고 싶어요. 쉽게 말해 산에 제 놀이터를 만드는 거죠. 지금은 함양 임업대학에서 교육을 받고 있는데, 본격적인 사업은 내년부터 해볼 생각입니다. 다만 수익이 나려면 최소 3~5년은 걸리니, 그동안은 기간제 공공 일자리를 하면서 생활비를 벌려고 합니다." 귀촌인 A

옆에서 듣고 있던 C 씨가 말을 보탰다. 그는 공공일자리의 불안정함을 직접 체감하고 있었다. 대부분이 기간제였기 때문이다. 안정적인 직업이라기보다, 시간을 벌어주는 임시방편일 뿐이라는 걸, 그는 잘 알고 있었다.

"저도 지금은 센터에서 근무하지만 계약 기간이 끝나면 또다시 일자리를 찾아야 합니다. 다음 계약을 위해 또 면접을 봐야 하고요. 그런 구애 없이 5년 이상은 안정적으로 일할 수 있는 자리가 있으면 좋겠습니다. 그래야 여기서 잘 자리를 잡을 수 있죠." 귀촌인 C

이들과의 인터뷰는 지역 주민들과의 대화, 문헌에서 반복적으로 확인했던 결론과 크게 다르지 않았다. 경험씨의 정착을 가로막는 가장 큰 걸림돌은 '주택과 일자리'였다. 특히 일자리는 중요해 보였다.

앞으로 이들이 살아갈 함양에서의 두 번째 인생은 저마다 다르겠지만, 두 가지는 분명했다. '모두 일할 의지가 있다는 것'. 그리고 '안정적으로 일할 수 있는 자리가 있어야 한다는 것'. 먹고사는 문제가 불안하면, 경험씨의 두 번째 삶도 불안해질 수밖에 없다는 건 명백해 보였다.

귀농자에서 '귀공자(歸工者)'로

오랜 시간 이어진 인터뷰에서 새로 시작하는 삶에 대한 예비 귀촌인들의 설렘이 우리 연구진에게 전달되었다. 동시에 자신의 계획에 대한 약간의 불안감도 느낄 수 있다. 인터뷰를 통해 우리는 반복해서 확인했다. 먹고사는 문제, 즉 일자리의 중요성이다. 특히 정착한 귀촌인들이 한목소리로 강조한 것은 '귀촌=농사'라는 선입견을 깨야 한다는 점이었다. 농사는 결코 쉽게 생각할 수 있는 영역이 아니었다. 거의 모든 인터뷰에서 이 사실이 언급됐다.

> "베이비붐 세대가 어렸을 때 집안 농사 도운 기억으로 '농사 별거 아니겠지' 하고 내려오거든요. 그래서 제일 많이 하는 게 양파 농사예요. 근데 1년도 못 버티고 다 손사래를 칩니다. 그때 기억만 믿고 덤볐다간, 농사로 돈 버는 게 얼마나 힘든지 금방 알게 돼요." 주민 D

우리가 만난 인터뷰 참여자들도 같은 이야기를 전했다.

> "농사 제대로 지으려면 5년은 지나야 해요. 5번 정도는 반복을 해야 하는데, 농사는 1년에 딱 한 번밖에 연습할 수 없거든요. 농사는 한 번 실패하면 다시 일어서기 어렵습니다. 망하면 끝이에요." 주민 F

귀촌인 A 씨는 중앙정부와 지자체 정책이 여전히 농업이나 창업 위주로 짜여 있어, 다양한 수요를 반영하지 못한다고 아쉬움을 털어놓았다.

"여기도 이름이 체류형 '농업창업' 지원센터잖아요. 1기 때는 농사나 영농창업하려는 분이 많았죠. 근데 해가 갈수록 달라져요. 농사도 창업도 쉽지 않거든요. 실제 창업까지 이어지는 경우는 드뭅니다. 그런데도 교육 프로그램은 대부분 귀농이나 창업 중심이에요." 귀촌인 C

옆에서 듣고 있던 B 씨도 말을 보탰다.

"아니, 농사는 아무나 짓습니까. 전국에서 되게 유명한 강사들이 와서 열심히 가르치는데, 수업 중에 조는 사람도 많아요(웃음). 사실 창업보다 생활 기술, 목공 같은 걸 원하는 사람이 많거든요. 연금 받는 분들도 많으니 힘든 노동보다 적당한 일자리를 찾고요. 이런 수요를 좀 연결해 줄 수는 없는 건가요?" 귀촌인 B

실제로 함양군의 내부 자료에 의하면, 귀농창업지원센터를 통해 정착한 이들 중 절반도 귀농하지 않았다. 지난 3년(2022~2024년) 동안 함양에 정착한 67세대 가운데 귀농을 택한 경우는 31세대(46%)뿐이었고, 그마저도 절반은 농업을 부업이나 취미로 하는 '체험농'이었다. 나머지는 농사와 전혀 무관한 삶을 살고 있었다.

함양군의 귀촌 정책을 체크해 보았다. 이들의 말대로 대부분 '농사를 지으려는' 이들에 대한 지원책이 주를 이루었다.

- 귀농 농업창업 및 주택구입 지원사업 : 귀농인이 안정적으로 농업·농촌에 정착할 수 있도록…[4]
- 귀농인·중견귀농인 영농정착 지원사업 : 귀농인에게 농업 창업 자금 지원을 통해 안정적 농촌 정착과…
- 귀농인을 위한 농지임대료 지원사업 : 귀농 초기 농지 임대료 지원을 통해 안정정착 유도
- 신규농업인 현장실습교육 지원사업 : 귀농인에게 영농기술 및 품질관리, 경영마케팅 등 단계별 체험실습교육…

함양군만의 문제가 아니다. 다른 지자체도 비슷하다. 귀농 창업, 농지 임대료, 영농 교육… 여전히 '귀촌=농사'라는 전제가 깔려 있다. 그러나 우리가 만난 세 명의 귀촌인은 모두 다른 일자리를 원했다. 아마도 30만 명의 귀촌인이 있다면, 30만 가지 서로 다른 일자리의 그림이 존재할 것이다. 이런 상황에서 정책이 '농업'에만 치우쳐 있는 한 귀촌은 제약을 받을 수밖에 없다. '시골=농사'라는 고정관념에서 벗어나야, 정책도 더 유연해질 수 있다.

물론, 귀농 혹은 영농창업에 성공한 사례도 많다. 귀농귀촌통합플랫폼인 '그린대로' 홈페이지에서도 다양한 성공 사례를 소개한다. 인천에서 크레인 일을 하다가 40대 중반에 경북 봉화로 귀촌해 오미자 회사를 차린 이의 이야기, 서울에

서 남편과 같이 숙녀복 만드는 일을 하다가 50대 넘어 충남 서천으로 귀촌해 다육식물 농장을 창업한 이의 이야기 등등. 한 귀촌인은 이야기한다.

> "귀농귀촌하려는 사람들 대부분이 농사를 계획하지만, 농촌이라고 농사만 생각하지 말고 취미로 즐겼거나 본인이 가지고 있는 재능을 활용해도 얼마든지 귀농귀촌해서 살 수 있습니다. 발상의 전환을 조금만 하면 되죠."[5]

하지만 귀농도 어렵고, 창업도 어렵다. 귀농과 창업을 동시에 한다는 건 더더욱 쉽지 않다. 많은 귀촌인들이 공통으로 하는 이야기다. 인터뷰를 진행하면서 우리 연구진 내부에서도 여러 차례 토론이 이어졌다. 결론은 대체로 이런 내용이었다.

> "우리가 주목해야 할 건, 농촌에는 농업 말고도 다양한 선택지가 있다는 사실이다. 제조업 공장도 있고, 지역 농산물을 활용한 식품 가공업도 많다. 떡볶이나 냉면을 만드는 곳, 무말랭이나 팽이버섯을 생산하는 공장, 한복이나 악기를 만드는 중소기업도 있다. 이런 곳에도 귀촌인이 기여할 자리가 충분히 있을 것이다."

인터뷰 과정에서 흥미로운 아이디어가 하나 나왔다. 한 참여자가 '공공 일자리도 필요하지 않냐'는 의견을 내놓은 것이다. 이런 논의가 오가던 중, 또 다른 귀촌인의 제안이 우리를 깜짝 놀라게 했다. 마치 숨은 고수를 만난 듯, 우리는 그의 이야기에 귀를 기울였다.

귀촌인이 제안한 공공일자리 모델에 깜짝 놀라다

"젊은 사람들은 높은 페이를 바라며 일하잖아요. 그런데 우리 같은 나이 든 사람들은 조금 덜 벌더라도 안정적인 일자리를 원해요. 국가에서 스마트팜에 많이 투자하는데, 아무리 자동화해도 혼자 할 수 없는 일이 많은 것 같아요. 그런 대규모 스마트팜에 은퇴자나 귀촌인을 주 4일, 하루 4시간 정도 단순 관리 인력으로 고용하면 어떨까요?"

귀촌인 A

이 귀촌인은 중장년층이 바라는 것은 결국 '생활비 정도를 벌 수 있는 소일거리'라고 강조했다. 그는 스마트팜을 중심으로 한 사회적 일자리 모델을 제안하며, 그런 일자리가 생기면 무료하지도 않고 생활비도 벌며, 자식들에게 용돈도 줄 수 있을 거라고 덧붙였다. 그리고 곧바로 구체적인 상상까지 이어갔다.

> "예를 들어 함양이라면, 토양도 좋고 산도 많아 표고버섯 같은 임산물이 풍부합니다. 그런데 은퇴자가 혼자 창업하기는 어려워요. 융자 창업은 장벽이 너무 높고요. 이런 모델을 지자체가 만들어 보면 좋겠어요." 귀촌인 A

그는 이런 생각을 꽤 오랫동안 해온 듯했다. 이어, 힘주어 말했다.

> "은퇴해서 내려온 사람들이나 귀촌한 사람들이 동네서 소일거리라도 하면, 그게 자기한테도 좋고 함양에도 도움 되지요." 귀촌인 A

우리 연구진들의 고개가 저절로 끄덕여졌다. 고된 노동 대신 주 몇 회 농장 관리 같은 일을 하며 고립감을 줄이고, 몸을 움직이며, 소소한 수입까지 얻는다면, 그 자체로 하나의 복지 모델이 될 수 있을 것이다.

흥미롭게도, 현장에서는 이미 비슷한 논의가 이어지고 있다. 2024년 9월에 개최된 경북혁신포럼의 주요 주제는 '지역활력타운'을 어떻게 활성화할 것인가였다. 이 포럼에서는 주택을 짓고 귀촌인이 정착하면, 지자체가 직접 고용을 창출하는 방안도 제안되었다. MYSC 김정태 대표의 말이다.

> "지자체도 직접 일자리를 만들 수 있는 시대입니다. 법적으로 지자체도 주식회사의 주주가 될 수 있게 되어 있고, 지역 안에서 고용을 만드는 길이 열려 있어요. 주민이 서비스를 직접 운영하고, 그 안에서 일자리도 생기는 구조죠. 이런 방식이라면 민간 자본이 참여할 여지도 충분합니다."

이어서 그는 서울 성동구 사례를 들었다.

> "성동구는 이미 '성동미래일자리 주식회사'를 세워 어르신들과 취약계층을 여러 매장에서 시간제로 일하게 하고 있어요. 지금은 직원이 200명이 넘습니다. 이런 모델이라면 정기적인 수입을 얻으면서, 보람과 사회적 소속감도 함께 느낄 수 있죠."

이 책을 쓰면서 슬로우뉴스에 3자 연합모델을 소개한 적이 있다. 이 인터뷰를 보고 국제노동기구ILO 고용정책국장인 이상헌 박사가 슬로우뉴스와 인터뷰를 했다. 그는 저서 『왜 좋은 일자리는 늘 부족한가』에서, 우리나라가 OECD나 북유럽 국가들에 비해 지역 단위의 '공공서비스 일자리'가 턱없이 부족하다고 지적한 바 있다. 그는 인터뷰에서 '베이비부머 귀향 프로젝트'를 제대로 추진한다면, 지역에서도 훨씬 다양하고 전문적인 공공 일자리를 만들 수 있다고 강조했다. 이상헌 박사의 말이다.

> "기업도 일자리를 만드는 건 맞지만, 지역 단위의 공공 일자리를 적극적으로 생각해 봐야 한다. 영리가 됐든 비영리가 됐든, 여러 가지 서비스와 일자리를 생각해 봐야 한다. 이 모델에서는 아주 필수불가결한 고려 사항으로 보인다. … 장기적으로 한국에서 고령화 추세를 보면, 공공 부문 일자리가 너무 적다. 현재 10% 정도밖에 안 된다. OECD는 20%에 육박하고, 북유럽은 거의 30%다. 선진국일수록 사회적인 서비스와 공공 서비스의 수요가 늘어날 수밖에 없다. OECD나 북유럽이나 그렇게 자연스럽게 늘었다. 지역 단위의 공공 서비스가 OECD와 북유럽에는 참 많다. 그런데 그런 일자리의 질은 한국의 '공공근로'와 단순 노무가 아니다. 아주 다양하고 프로페셔널한 일자리들이다. 이런 '공공 일자리'의 역할과 가능성을 마강래 교수의 제안에 보완할 수 있으면 좋겠다." [6]

그렇다면 지역 단위의 공공서비스 일자리 중 어떤 분야에서 수요가 늘어날까? 돌봄, 건강, 사회복지, 교육, 안전·행정 같은 영역에서 앞으로 수요가 증가할 가능성이 크다. 특히 고령화가 빠르게 진행되는 지역일수록 다음과 같은 일자리의 필요성이 더욱 커질 것이다. 미래자치분권연구소[7]는 이런 일자리를 '로컬뉴딜 일자리'라 부르며, 앞으로 마을 단위에서 충분히 만들어 낼 수 있는 영역이라고 보고 있다.

- 근린공원과 마을정원: 공원 관리자, 생태·체육 프로그램 진행자, 마을 강사
- 공공의료와 마을돌봄망: 생활·건강 지원 서비스 제공자, 케어 플래너, 케어 매니저
- 그린 리모델링: 에너지 진단사, 주거관리·집수리 전문가
- 마을학교: 방과 후 프로그램 코디네이터, 강사
- 폐기물과 자원순환: 분리수거 관리자, 분리배출 교육자
- 로컬푸드 플랜: 식자재 처리시설 운영자, 건강식문화 강사, 도농교류·유통 관리 담당자
- 가상발전소: 에너지 데이터 관리자, 재생에너지 설비 설치·관리 서비스 제공자
- 지역화폐: 지역화폐 기획자, 촉진 활동가, 데이터 기획자

귀촌을 준비하는 베이비부머 중에는 '과거처럼 경쟁적인 환경에서 일하고 싶지 않다. 소일거리 하면서 용돈 정도 수입만 있으면 된다'는 생각을 가진 이들도 많다. 이들에게는 인터뷰 참여자가 제안한 스마트팜 관련 공공 일자리뿐 아니라, 지역에서 꼭 필요한 다양한 사회적 일자리가 마련될 필요

가 있다. 농업이나 중소기업에서 일하지 않더라도, 공공 일자리를 통해 지역의 필수 업무를 돕고 생활비를 벌 수 있다면, 그렇게 번 돈으로 동네 카페에서 커피를 마시고 식당에서 밥도 먹으면, 자연스레 지역 경제도 좋아질 것이다.

**귀촌인이
생각하는
3자 연합모델의
현실적인
걸림돌은?**

이들에게 우리 연구진이 구상 중인 3자 연합모델을 설명하고, 추가로 어떤 점이 보완되면 좋을지 물었다. 참여자들은 함양형 귀촌모델이 마련된다면 고려해야 할 사항으로 두 가지 정도를 덧붙였다. '주택의 입지'와 '임대주택 입주 요건의 제약'에 관한 것이었다.

먼저 주택의 입지에 대한 의견은 분명했다. 가능하다면 읍내, 즉 생활 인프라가 모여 있는 중심지에 주택이 있어야 한다는 것이었다.

"그런 주택이 지어진다면 읍내에 있어야 해요. 저는 다양한 문화 프로그램도 수강하고 싶은데, 문화회관이나 평생학습센터 이런 시설이 상림공원 인근이나 읍내에 모여 있거든요. 오전에는 일도 하고, 귀촌수업도 참여해야 해서 못 가지만, 야간에는 그런 시설에서 프로그램을 수강하면서 즐겁게 살고 싶어요."
귀촌인 A

"처음엔 저도 귀촌하면 산골짜기 조용한 데서 살아야지 했는데, 막상 살아보니 알겠더라고요. 사람들이 왜 읍내에 모여 사는지. 도시 생활에 익숙하다 보니 외딴곳에선 불편한 게 많을 것 같아요." 귀촌인 B

이들은 아주 분명히 말했다. "산골짜기에서 외롭고 싶지 않아요." 기존 문헌에서도 귀촌인들이 경제적인 활동뿐만 아니라 다양한 사회활동을 할 수 있는, 주요 생활 인프라가 밀집된 중심지를 선호한다고 보고된다. 한 연구에 따르면, 귀농·귀촌 의사결정에 영향을 미치는 요인은 경제적 요인 > 사회적 요인 > 환경·정책적 요인 순으로 나타났다.[8] 경제적 요인으로는 '주택가격이나 토지가격', '영농 소득 기회 및 안전성' 등이, 사회적 요인으로는 '대도시 접근성 및 교통', '의료 여건 및 시설', '교육여건 및 시설', '행정 및 치안시설', '쇼핑 및 문화시설' 등이 언급되었다. 결국 이전의 삶을 영위하던 대도시와의 접근성이나 사회경제적 활동을 고려해, 기존 인프라가 어느 정도 갖춰진 곳으로의 귀촌을 원하는 이들이 많다는 뜻이다.

이들이 지적한 또 다른 중요한 문제는 '임대주택의 입주 요건 제약'이었다. 체류형 센터에 머물고 있는 이들 대부분은 아직 도시의 집을 그대로 가지고 있었는데, 이런 상황이라면 함양에 공공임대주택이 들어와도 무주택 조건이나 자산, 소득 요건 때문에 입주 대상에서 빠질 수 있다는 것이다. 실제 주민 인터뷰에서도 같은 이야기가 나왔다.

> "공공임대주택이 들어오면 오고 싶어 하는 분들은 많을 거예요. 그런데 보통 무주택자, 일정 소득 이하 같은 조건이 있다 보니, 정작 지역에 뿌리내리고 싶은 사람들이 못 들어오는 경우가 많습니다. 이런 부분이 고쳐지면 좋겠어요." 귀촌인 E

LH토지주택연구원도 비슷한 문제를 지적한 바 있다.[9] 지금의 공공임대주택 제도는 애초에 수도권 및 대도시 저소득층을 염두에 두고 설계된 탓에, 지방에서 '지역 활성화'를 목적으로 공급할 때는 현실과 맞지 않는 부분이 많다는 것이다. 특히 요즘 주목받는 '지역활력타운 사업' 역시 외부 인구 유입을 전제로 하지만, 까다로운 입주 요건 때문에 정작 들어오고 싶어도 들어오지 못할 것이란 점도 문제로 꼽힌다.

일부 전문가들은 인구가 줄어드는 지역만큼은 소득이나 자산 기준을 더 유연하게 적용하되, 임대료를 차등적으로 책정하거나 실제로 거주하지 않을 경우 혜택을 환수하는 방식으로 제도를 보완할 수 있다고 말한다. 더 나아가 '유주택자도 귀촌 희망자라면 임대주택 입주를 가능하게 하자'는 의견도 있다. 물론 이 경우 '다주택자 특혜'라는 비판을 피하기 위해서는 최소 5년 이상 실거주를 의무화하거나, 중도 전출 시 세제 혜택을 환수하는 장치도 생각해 볼 수 있을 것이다.

앞서 언급한 경북혁신포럼에서도, 한 지방 공사 관계자가 같은 문제를 지적했다.

"지역에 임대주택을 공급할 땐, 그 지역 사정에 맞는 대상층을 찾아야 합니다. 청년, 산단 근로자, 중장년 귀촌자 모두 다르잖아요. 그런데 정부 기금으로 매입임대를 하려면 소득 몇 퍼센트 이하, 자동차 자산 얼마 이하 같은 조건을 맞춰야 합니다. 지역은 지역 나름의 특성이 있고, 정책 목표도 '주거 복지'가 아니라 '지역 활성화'인데 제도는 수도권 기준에 묶여 있는 겁니다."

결국 인구 유입을 목표로 한다면 제도 자체가 지역 상황에 맞게 바뀌어야 한다는 이야기다. 정부도 조금씩 변화의 시도를 하고 있다. 2024년에는 인구감소지역에서 세컨드 홈을 구입하면 세제 혜택을 주겠다는 방안을 내놓았다. 1주택자가 인구감소지역에 집을 한 채 더 보유해도 여전히 1주택자로 인정해 주는 방식이다. 아직 초기 단계지만, 정책이 지역 현실을 반영해 변화를 모색하고 있다는 점에서 의미가 크다.

다만 여전히 넘어야 할 산은 많다. 일부 전문가들은 세제 혜택만으로는 부족하다고 꼬집는다. 지방은 집값 상승 기대 자체가 낮아, 사람들의 발길을 끌어내기 어렵다는 것이다. 그래서 "차라리 다주택자 규제를 지방에 한해 전면 해제하자"는 파격적인 제안까지 나온다. 이런 주장 뒤에는 인구소멸 위기의 지자체를 위한 정책 또한 높은 공공성을 지닌다는 믿음이 깔려 있다. 즉, 저소득층을 위한 정책적 공공성이 중요하듯, 쇠퇴 지역을 위한 정책의 공공성도 임대주택 제도 안에서 함께 고려되어야 한다는 뜻이다.

유주택자에게 임대주택 거주를 허용하거나, 그들을 위한 별도의 혜택을 마련하자는 주장은 다소 급진적으로 들릴 수 있다. 하지만 분명한 것은, 제도가 지금보다 훨씬 더 지역 현실에 맞게 바뀌어야 한다는 점이다.

6장

함양의 중소기업,
현실을 말하다

"많은 지자체가 귀농이나 귀향인 유치에 집중하지만,
저는 귀공인(歸工人), 즉 귀촌해서 지역 기업에 일하길 원하는
사람들을 지원하는 방식이 훨씬 효과적이라고 생각합니다.
처음 와서 농사짓는 게 어디 쉬운 일입니까.
누군가는 농사를 원하겠지만, 누군가는 그냥 조용히 살고 싶을 수 있죠.
또 어떤 이는 귀촌을 하되 지역 기업에서 일하며
생계를 이어가고 싶어 합니다."

- 중소기업 관계자 인터뷰 중에서

함양의 기업, '인산가'에게 묻다

인구적으로나 산업적으로나 모든 통계 지표가 좋지 않다. 2024년만 해도 지방 인구는 1년 새 87만 7,825명이 감소해 역대 최고 감소 폭을 기록했다.[1] 청주시 정도의 도시가 통째로 사라진 셈이다. 반대로 수도권 인구는 3만 3,258명이 늘었다. 수도권과 지방 간 인구 격차는 매해 최대치로 벌어지고 있다.

수도권 인구 증가의 78.5%는 청년층의 유입 때문이다. 나머지 20% 남짓은 다른 연령대의 이동과 출생·사망으로 인한 자연 증가가 차지한다.[2] 수도권 인구는 늘고, 지방의 인구가 줄어드는 건 '자연적 인구 증감'이 아니라 이동으로 인한 '사회적 인구 증감'이 핵심 요인이다. 청년층의 발걸음이 우리 국토의 지형을 바꾸고 있는 셈이다.

청년이 고향을 떠나는 이유는 이제 누구나 알고 있다. 일자리 때문이다. 2024년 청년의 삶 실태조사[3]에서도, 지방 청년들이 다른 지역으로 옮기는 가장 큰 이유가 '더 나은 일자리(43.5%)'였다. 그런데 아이러니하게도 지역에는 사람을 구하지 못해 허덕이는 기업이 많다. 함양군에 있는 한 중소기업 관계자는 이렇게 말한다.

"죽은 이라도 깨워야 할 정도로 일할 사람이 부족하다는 푸념이 나와요."[4]

함양군 내 한 업체 대표와의 대화 중 나왔던 말이었다. 그 한 마디의 여운이 마음속에 쓴 약처럼 오래 남았다. 그 말이 중소기업 관계자를 직접 만나 자세한 이야기를 듣고 싶게 만들었던 것 같다. 본격적인 인터뷰를 소개하기에 앞서, 먼저 함양의 일자리 구조를 간단히 짚어보자.

함양은 '농촌'이다. 농업 종사자가 많은 건 두말할 필요도 없다. 그렇다면 농업을 빼고 함양에서 가장 많은 일자리는 무엇일까? 통계를 보면 의외로 '보건 및 사회복지 서비스업(약 13%)'이다. 노인 인구가 많다 보니 요양 관련 사업이 발달한 것이다. 그다음은 도매 및 소매업, 건설업, 제조업, 숙박 및 음식점업이 각각 10% 안팎의 비슷한 비중을 차지한다. 여기서 알 수 있는 건, 제조업 비중이 생각보다 크지 않다는 사실이다. (이렇게 기업 비중이 낮은 함양에서 3자 연합모델이 성공한다면, 다른 지자체는 볼 것도 없다. 성공 가능성이 매우 높을 것이다.)

그렇지만 함양에도 대표적인 제조기업이 있다. '인산가'. 1987년 함양에 설립된 회사로, 국내 최초로 죽염을 산업화했다. 국내 죽염 시장 점유율 1위. 아마 함양에서 코스닥에 상장된 유일한 기업일 것이다. 2025년 8월 기준 시가총액은 약 500억 원. 회의실에서 김윤세 대표와 그의 아내이자 인산연수원장인 우성숙 원장과 마주 앉았다.

조심스럽게 함양 출신인지를 물었다. 김윤세 대표는 웃으며 고개를 저었다.

"아니에요. 저는 함양 토박이가 아닙니다." 김윤세 대표

인산가가 함양에 자리를 잡게 된 사연은 이렇다. 김윤세 대표의 선대, 의술에 능했던 김일훈 선생은 죽염의 효능을 깊이 이해하고 있었다. 언젠가부터 이걸 본격적으로 만들어야겠다는 뜻을 품었다.

"원래 전북 남원 실상사 근처에서 죽염을 만들 계획이었어요. 그런데 화재로 무산됐죠. 다시 찾아야 했습니다. 물 좋고, 산 좋은 곳. 건강식품은 결국 환경이 좌우하거든요. 그

때 함양이 눈에 들어왔습니다. 죽염을 만들기에 이만한 곳이 없었죠." 김윤세 대표

인산가는 죽염 산업을 키운 데 그치지 않았다. 소금의 사회적 위상도 바꿔놓았다. 불과 20여 년 전까지만 해도 국민 대다수는 염화나트륨을 '정제된 소금'이라 부르며 먹고 있었다. 2006년, 김윤세 대표가 한 방송에 출연해 천일염의 가치와 정제염의 문제점을 조목조목 짚자 반향이 컸다. 그 여파는 제도 변화로 이어졌다. 「염관리법」이 개정되면서, 그전까지 법적으로 '광물'로 분류되어 식당이나 식품기업에서는 사용할 수 없던 천일염이 '식품'으로 인정받게 된 것이다. 인산가는 이렇게 변화를 이끄는 물꼬를 텄다.

2025년 현재 인산가 직원은 약 250명. 이 중 100명 이상이 함양 주민이다. 대를 이어 일하는 직원도 있고, 지역 특성화고인 함양제일고 학생들도 현장실습에 참여하고 있다. 2021년에는 호텔 사업에 진출했고, 최근에는 약 20만 평 규모의 특화농공단지를 자체 조성하고 있다. 죽염 공장을 비롯해 전시장, 판매장, 공연장 등 다양한 시설이 들어설 예정이다. 함양 하면 떠오르는 대표 기업이 된 것이다.

그렇다면 인산가는 3자 연합모델을 어떻게 볼까?

"우리 회사에는 함양에서 나고 자란 어르신들이 꽤 많아

요. 월급 200만 원 정도를 받으면서 자식들한테 손 안 벌리고, 오히려 자식들에게 용돈까지 줄 수 있으니까, 다들 무척 만족하시죠. 매출이 늘면 고용은 반드시 따라옵니다. 그러면 당연히 인산가에도 일손이 더 필요해요. 귀촌해서 우리 회사에서 일하고 싶은 분이 있다면 언제든 환영입니다." 김윤세 대표

김 대표는 기업이 성장하면 지역에 젊은 베이비부머가 할 만한 일이 무궁무진하게 생길 거라고 했다. 그는 인산가가 앞으로 더욱 크게 성장할 것이라 단언했다. 죽염이 더 잘될 거라 보는 이유를 묻자 웃으며 답했다. "소금 장사라 짭짤해요 (웃음)." 그리고 두 가지 이유를 댔다.

첫째, '소금에 대한 인식 전환'이 지금도 계속 이루어지고 있다고 했다.

"죽염 시장이 커지면 더 많은 인력이 필요합니다. 치킨 회사가 '죽염 치킨'을 내세운다고 해봅시다. 그 자체로 차별화가 되죠. 죽염은 짠맛 효율이 높아, 정제염에 비해 아주 조금만 써도 충분합니다. 좋은 재료를 고르는 건 결국 소비자의 몫입니다. 기업이 인식을 바꾸면 수요가 늘고, 일자리도 생깁니다." 김윤세 대표

둘째, '수출 시장이 확대'되고 있다고 했다.

"죽염 제품만큼은 전 세계에서 우리가 1등입니다. 수출이 본격화되면, 함양에서 죽염을 아무리 구워도 모자랄 겁니다. 기업이 성장하면 지역 일자리 창출은 무한대죠. 그때는 귀촌 베이비부머가 정말 귀한 인재가 될 겁니다."
김윤세 대표

그렇다면 귀촌인이 인산가에서 어떤 일을 할 수 있을까? 김 대표는 생산직은 주로 외국인 근로자가 맡고 있지만, 그 밖에도 사무직, 관리직, 마케팅, 기업 부설 연구소의 연구직 등 다양한 기회가 열려 있다고 설명했다. 옆에서 듣고 있던 우 원장이 말을 보탰다.

"인산가 수동 공장에는 예전에 기아차에서 기계 설비를 하던 분이 계신데, 지금도 능숙하게 일하세요. 조선소에서 용접하시던 분도 있고요. 다들 실력이 놀라울 정도입니다. 광주 지점장님은 부임하자마자 매출을 바로 올렸어요. 오랜 경력과 노하우가 있으니 가능한 일이죠. 마케팅 경험이 있는 분이라면 그쪽에서도 충분히 함께할 수 있습니다."
우성숙 원장

인산가가 귀촌인에게 시혜를 베푸는 건 아니다. 인산가는 숙련된 인재를 확보할 수 있고, 귀촌 베이비부머는 안정적인 경제 기반을 마련할 수 있다. 지자체 역시 지역 기업의 성장과 인구 정착이라는 효과를 얻는다. 세 주체 모두가 이득을 보는 구조다.

지역과 기업이 공생하는 그림

인산가는 함양이라는 지역을 어떻게 바라보고 있을까. 우리는 그들이 지역과 가까운 관계라고 느끼는지 궁금했다. 기업의 본질적인 목적이 '이윤 추구'에 있는 만큼, 어쩌면 인산가 역시 지역과 무언가를 함께 도모하거나 적극적으로 연대할 유인이 크지 않을 수도 있겠다고 생각했다. 김 대표는 잠시 고민하더니, 지역과 기업은 결국 함께 가야 하는 '공생' 관계라는 건 분명한 사실이라고 말했다.

> "우리 회사는 1987년부터 줄곧 함양에 있어요. 처음 죽염을 산업화한 곳도 바로 여기였죠. 그 이후로 많은 죽염 관련 회사들이 함양에 자리를 잡았고, 덕분에 함양이 죽염 산업의 메카가 됐어요. 직원 대부분이 지역 주민이고, 그래서 저희도 지역과 함께 가야 하는 '공생 관계'라고 생각합니다." 김윤세 대표

하지만 우 원장은, 정작 외지인보다 지역 주민들이 인산가를 잘 모르는 경우가 많다는 이야기를 꺼냈다.

> "이상하게도 외지인들이 오히려 인산가를 더 잘 알아요. 서울에서 '함양' 하면 잘 모르는 분들이 많은데, '아, 거기 인산가 있는 데죠?' 하면 그제야 아는 경우가 꽤 있거든요. 심지어 인산가를 알고 계신 분들이 저희 호텔에 왔다가 '아, 인산가가 함양에 있었구나' 하고 알게 되는 경우도 많아요. 규모는 작아도 상장사니까 전국에 주주도 많고요." _{우성숙 원장}

옆에서 듣고 있던 김 대표는 웃으며 말했다. 함양에서는 아직도 자신을 '소금 장수'로만 기억하는 주민이 많다는 것이다. 그는 함양군이 지역 기업을 키우기보다는 외부 기업 유치에만 열을 올리는 현실이 아쉽다고 했다.

이어서 그는 이야기를 하나 꺼냈다. 춘추전국시대 연나라 소왕은 전쟁으로 혼란에 빠진 나라를 다시 일으켜 세우기 위해 애타게 인재를 구했다. 하지만 이미 기울어가는 나라에서 인재를 찾기는 너무나 어려웠다. 소왕은 지혜로운 인물로 이름난 곽외_{郭隗}를 찾아가, 어떻게 인재를 불러 모을 수 있는지를 물었다. 그때 곽외는 소왕에게 다음과 같은 조언을 준다.

"먼 옛날 천리마千里馬를 원하던 왕이 있었습니다. 그는 천금千金을 내걸고 천리마를 사려 했으나 누구도 나서지 않았습니다. 그러다가 어느 고을에 천리마가 있다는 소식을 듣고 신하를 보내 사 오도록 명했습니다. 막상 신하가 찾아가 보니 말은 죽고 없었습니다. 신하는 천금을 주고 죽은 천리마의 뼈를 사 왔습니다. 왕은 '쓸데없는 뼈에 천금을 줬다'며 화를 냈습니다. 그러자 신하가 '천리마의 뼈조차 천금을 주셨다는 소문이 나면 진짜 천리마를 팔겠다는 사람이 나타날 것입니다'라고 답했습니다. 정말 얼마 지나지 않아 천리마를 팔겠다는 이가 찾아왔다지요. 왕께서 진정 인재를 원하신다면 저부터 등용해 쓰십시오. 저처럼 별 볼 일 없는 사람까지 대우한다는 소문이 돌면 인재가 연나라로 모일 것입니다." [5]

소왕은 곽외를 궁으로 불러 극진히 대우했고, 이 소식이 퍼지자 인재들이 앞다퉈 연나라로 모여들었다. 그 덕분에 연나라는 다시 기틀을 다잡을 수 있었다.

　　김 대표는 이 고사를 함양의 현실에 빗대었다. 수도권이나 외지 기업을 불러들이려고 각종 혜택을 쏟아붓지만, 대부분 잠시 머물다 떠나버린다. 반면 오래도록 뿌리내린 지역 기업들은 죽은 천리마의 뼈처럼 잠재력을 품고 있다. 그들을 귀하게 여기고 키워준다면, 외부 기업보다 훨씬 안정적이고 지속적인 힘이 될 수 있다는 것이었다.

> "지역 기업 하나 잘 대우했다는 이야기는 금세 퍼집니다. '함양 가면 기업 대접 잘해준다더라' 는 말이 돌면, 오라 하지 않아도 알아서 오게 돼 있어요." 김윤세 대표

지역에 새로운 동력이 필요한 만큼 외부 기업 유치도 중요하지만, 지역에서 싹을 틔우고 자라나는 기업에게 진심 어린 지원을 아끼지 않는 것. 그것이 그가 말하는 함양과 인산가의 공생 관계의 출발점이었다.

우리는 물었다.

"그렇다면 함양과 인산가가 공생하는 모습, 구체적으로 어떤 걸까요?"

그런 방안이 얼마든지 많다고 했다. 그중 한 가지를 조용한 톤으로 설명했다. 우 원장은 인산가가 자체적으로 '죽염의 날' 행사를 열고 있지만, 이를 함양의 공식 축제로 확장할 수 있다고 했다. 죽염과 지역 농산물, 먹거리를 결합하면 충분히 차별화된 축제가 가능하다는 것이다.

> "전국 어디든 축제는 다 비슷하잖아요. 장미, 수국, 국화… 뭐 하나 성공하면 옆 지역에서 금방 따라 하죠. 그러니 관광객도 분산되고, 결국 다 흥행이 어려워집니다. 그런데

"함양엔 죽염이라는 독보적인 자원이 있어요. 이를테면 죽염 음식 경연대회, 죽염 김치 축제를 여는 거죠. 저희가 단독으로 여는 죽염 축제에도 수천 명이 오거든요. 이걸 상림공원 같은 데서 지역 축제로 키우면, 훨씬 큰 시너지가 날 겁니다. 죽염 떡볶이도 만들고, 죽염 먹거리 체험도 하고… 재미있고 특색 있는 축제가 될 수 있죠." 우성숙 원장

옆에서 듣고 있던 김 대표는 매출이 전부가 아니라고 덧붙였다. 죽염을 중심으로 지역 농산물과 먹거리를 연결하고, 학교나 식당에서 죽염을 쓰는 등 지역 일상 속에 들어가는 접점을 만드는 것. 그들의 상상은 우리의 귀를 오래 붙잡았다. 인산가가 함양에 뿌리내린 힘은 지역과 함께 성장하려는 마음에서 나왔을 것이다. 그 과정을 함께 만들어 간다면, 기업과 지역은 단순한 공존을 넘어 서로를 키우는 진짜 '공생'의 모델이 될 수 있다. 그리고 그 속에서 귀촌인, 지역 주민, 청년들이 함께 만들어 내는 새로운 일상과 기회, 생태계가 함양만의 지속 가능한 대안이 될지도 모른다.

현장 인터뷰 속 진짜 이야기

함양에 인산가만 있는 건 아니다. 인산가가 귀촌인들을 전부 채용할 수도 없다. 그렇다면 도시에서 귀촌한 경험씨가

함양 기업에서 일할 가능성에 대해, 또 다른 기업씨는 어떻게 생각할까.

함양에서 중소기업이 밀집해 있는 곳은 산업단지와 농공단지다. 함양에는 일반산업단지 2곳과 농공단지 6곳이 있다. 그중 우리는 일반산업단지 1곳과 농공단지 3곳에 있는 중소기업 관계자를 인터뷰했다. 이들 기업은 유리섬유복합관, 천막, 금속가공 같은 무거운 철강 자재를 생산하거나, 단미사료(가축에게 한두 가지 영양소를 공급하는 단일 원료 사료)를 만드는 곳이었다. 인터뷰는 크게 네 가지 주제로 진행했다.

- 인력난의 실태는 어느 정도인지.
- 귀촌 베이비부머를 채용할 의지가 있는지.
- 반나절 근무나 주 3~4일 같은 유연한 채용 방식이 가능한지.
- 만약 채용한다면, 중앙부처나 지자체로부터 어떤 지원이 필요한지.

대답은 기업의 업종과 여건에 따라 조금씩 달랐다. 먼저, 철강·금속 등 제조업 기반 기업들의 이야기를 들었다. 아래 내용은 그 공통된 이야기를 재구성한 것이다.

첫 질문은 '인력난'이었다. 현장에서 들은 상황은 우리가 문헌으로 접했던 것보다 훨씬 심각했다. 일자리는 크게 현장직과 사무·관리직으로 나뉜다. 여기서 현장직은 용접 같은 기술이 필요한 '기술직', 그리고 특별한 기술이 필요 없는 '단순노무직'으로 다시 구분된다. 단순노무직은 대부분 고용허가제를 통해 들어온 외국인 근로자가 맡고 있어 비교적 인력난이 덜했다. 오히려 인력난이 가장 심한 분야는 외국인 대체가 어려운 '기술직 현장 인력'과 '사무·관리 인력'이었다.

> "우리 업종 자체가 3D 업종이다 보니, 젊은 사람은 사실상 안 옵니다. 오더라도 외지에서 온 50대 후반이나 60대 초반이 대부분이에요. 지역 기업들 중 외국인 인력 없으면 운영이 힘든 곳이 정말 많습니다." 중소기업 A

실제로 대부분 단순 반복작업 직무에는 E-9 비자(비전문취업)를 가진 외국인이 종사하고 있었다. 문제는 단순노무직이 아닌 기술직·사무직 채용이었다. 채용에 몇 달은 기본이고, 1~2년이 걸리는 경우도 있었다.

> "사람을 못 구하는 게 제일 큰 문제예요. 기본 몇 개월은 걸립니다. 대구, 양산, 밀양만 가도 기업 규모도 크고 모여 있으니 인력도 어느 정도 있는데, 여긴 임금이 높지도 않으니 유인할 요인이 없죠." 중소기업 B

최근에 함양 농공단지에 들어온 한 기업은 예상보다 심각한 인력난에 당황했다고 했다.

> "여기 내려온 지 3개월쯤 됐는데, 이렇게 사람 구하기 어려울 줄은 몰랐어요. 직원들이나 근처 기업 종사자들이 같이 쓸 수 있도록 사비로 식당까지 지었는데, 식당 운영 인력을 못 구해서 비워두고 있습니다. 내려와 보니 가장 힘든 게 사람 구하는 일이었어요." 중소기업 C

인구 3만 명 남짓한 소도시에서, 그것도 청년인구가 계속 빠져나가고 있는 곳에서 기술직과 사무·관리직 인력을 구하는 건 거의 불가능에 가까워 보였다. 함양은 사천이나 거제처럼 용접 기술자 풀도 없고, 임금 수준도 높지 않으니, 상황은 더 어려웠다. 그나마 통영·거제 조선업 불황 때 철골 업종으로 넘어온 인력이 일부 있었다. 기술직과 사무·관리직 종사자 대부분은 외지에서 출퇴근하고 있었다. 나머지는 회사 기숙사에 머물며 회사와 기숙사 사이만 오갔다. 지역과의 접점은 거의 없어 보였다.

> "농공단지가 외곽에 있다 보니, 구인 광고를 내도 오는 사람이 거의 없어요. 젊은 사람은 더 없고, 오더라도 평택이나 대도시 현장에서 일하던 분들이에요. 직원 절반은 외

지인이고, 대구·창원·부산·의령에서 출퇴근하거나 기숙사에 머물고 있죠." 중소기업 B

"이 업계에선 요즘 '갑을 관계가 바뀌었다'고 해요. 사람 구하기가 너무 힘드니까, 우리가 작업자 눈치를 봅니다. 창원이나 함안, 거제는 기술자가 비교적 있지만, 함양은 거의 없어요. 지역에서 구하는 건 불가능에 가깝죠."
중소기업 A

더 큰 문제는 현재 인력의 고령화였다. 후계 기술자가 없으니, 나이 든 인력이 빠져나가면 일을 이어갈 사람이 없었다. 청년층은 3D 업종을 기피하고, 지역에 청년 인구 자체가 적으니 인력 풀은 말라갔다. 어떤 기업은 촉탁직이나 단기 계약직으로 간신히 운영을 이어가고 있었고, 어떤 곳은 프로젝트 종료 후 국내 수주가 없어 수출에 의존해야 하는 처지였다. 경쟁업체는 이미 휴업에 들어갔다고 했다.

"우리 회사는 김해에서 2010년에 시작했어요. 그때부터 함께한 기술자들이 지금까지 같이 일하고 있는데, 평균 연령이 50대 후반입니다. 채용이 필요하다면 이런 기술자를 도우며 배울 사람인데, 40대 후반만 돼도 충분히 할 수 있는 일이에요. 그런데 사람이 없어요. 있는 인력으로 버티고 있지만, 솔직히 앞으로는 장담 못 합니다. 이 업종이 사양산업이라, 계속 이어갈지 다른 업종으로 바꿀지 고민 중입니다." 중소기업 B

이들의 인력난은 결국 '기술 인력의 고령화'와 '신규 인력 단절'로 귀결됐다. 농촌 중소기업 인력난은 단순히 사람이 없는 것에서 끝나지 않는다. 그 밑에는 산업구조 변화와 맞물린 구조적 위기가 있다.

중소기업은 3자 연합을 어떻게 보나

그렇다면 귀촌한 베이비부머가 과연 꺼져가는 지역 중소기업의 엔진에 새로운 불씨를 지필 수 있을까. 우리는 인력난과 기업의 현황을 어느 정도 파악한 뒤, 이번엔 3자 연합모델의 가능성을 묻기로 했다. 본격적인 인터뷰에 앞서 모델의 개념을 간단히 설명하자, 철강 관련 기업들의 첫 반응은 비슷했다. 천진난만한 어린아이를 보는 눈으로 우리를 바라봤다.

"취지는 좋은데, 현실은 많이 다르죠. 도시 사람들이 우리쪽에서 일을 하려 할까요?" 중소기업 C

어려울 거란 얘기를 먼저 한 후, 다른 인터뷰 참여자와 비슷하게, '그래도 노력하면 가능하지 않을까' 하는 기대도 표했다.

> "솔직히 저희가 필요로 하는 사람들은 함양에 많지 않아요. 군에서 보조금이니 지원 사업이니 하는 게 있지만, 막상 실질적으로 도움이 되는 건 드뭅니다. 이 모델도 기업을 지원하는 구조가 있어야 해요. 기업이 귀촌인을 채용했을 때 이익이 되는 구조가 필요합니다." 중소기업 C

우리의 질문은, 귀촌한 베이비부머를 채용할 의지가 있는지, 그리고 어떤 방식으로 연계할 수 있을지로 넘어갔다. 답변은 기업마다 조금씩 달랐지만, 큰 줄거리는 비슷했다. 필요한 직무에 일하길 원하는 귀촌인이 있다면, 얼마든지 채용할 수 있다는 것. 군이 기업의 채용 수요를 조사하고, 귀촌 희망자와 매칭해 면접까지 이어주는 시스템이 있다면, 분명 도움이 될 거라는 의견이었다.

> "체력적으로 무리가 없거나 기술을 배울 수 있는 조건이 된다면 문제없어요. 지금도 60대 중후반 분들이 구인 공고 보고 연락을 많이 합니다. 말씀하신 분들이라면 아직 거뜬하실 테고, 배우면 충분히 가능하니까요. 매칭만 제대로 된다면 채용하지 않을 이유가 없죠." 중소기업 B

"결국 사람만 있으면 자리는 많아요. 경기가 좋고 생산량이 늘면, 농공단지 현장 일자리는 얼마든지 있습니다. 하루 8시간 일하고 기본급 받는 자리, 시골에도 많죠. 우리 공장도 단순 작업은 지역 주민이 많이 합니다. 생산이 늘면 귀촌인도 충분히 채용할 수 있죠." 중소기업 E

하지만 몇몇 기업은 조건을 달았다. 기술이나 경험, 힘든 환경을 감수할 의지가 있어야 한다는 전제였다.

"저희가 필요한 인력은 단순노무직이 아닙니다. 채용할 때는 스킬이나 작업자의 스펙을 많이 봅니다. 기계 가공, 용접, 도장 같은 기술이 필요한데, 이런 건 금방 배울 수 있는 게 아니거든요. 학습하는 데만 최소 6개월, 자기 몫을 하려면 1년은 걸립니다. 과연 도시에서 살던 분들이 귀촌해서 이런 일을 할까요?" 중소기업 A

"50대 중후반의 도시 귀촌인은 대부분 화이트칼라잖아요. 그런데 현장은 블루칼라가 필요하죠. 해오던 일과 전혀 다른 일을 하게 되니 쉽지 않을 거예요. 물론 적응하는 분들도 있겠지만, 며칠 하다 그만두는 사람도 많아요."

중소기업 B

그렇다면 유연 근로 형태는 어떨까. 반나절이나 주 3~4일 근무 같은 방식이 가능하냐고 물었더니, 대부분 어렵다고 했다. 기존 근로자가 느낄 위화감, 일의 속성상 연속성이 필요한 점, 그리고 '함께 오래 일할 사람'을 원한다는 이유가 공통적으로 나왔다.

> "그분들 입장에서는 워라밸이 중요하겠지만, 일은 오후에 더 몰리기도 하고, 선택적 시간제로는 회사 운영이 힘듭니다. 급여를 주려면 회사가 돌아가야 하잖아요. 그런 걸 생각하면 굳이 채용할 이유가 없죠." 중소기업 C

다만 일부 기업은, 일의 양이 늘어난다면 파트타임 같은 유연한 방식도 가능하다고 했다.

> "같은 공장에서 어떤 사람은 풀타임, 어떤 사람은 주 3일, 일부 시간만 일한다면 분위기가 흐트러질 수 있어요. 하지만 한 달에 몇 시간을 고정하고 그만큼만 채우는 방식이라면 가능하지 않을까요? 바쁠 땐 오버타임 수당을 주는 식으로요." 중소기업 B

> "제조업 경기가 어려워서 지금은 힘들지만, 일이 늘어나면 파트타임 채용도 괜찮습니다. 도면 보는 일은 금방 못 배

우지만, 검사나 포장 같은 막바지 작업은 몰릴 때가 있거든요. 농번기 외에는 농사짓던 주민이 와서 일하기도 합니다." <u>중소기업 A</u>

마지막으로, 앞으로의 계획과 지자체나 중앙부처에 바라는 점을 물으며 인터뷰를 마쳤다. 돌아온 답은 비슷했다.

"뭘 많이 지원해 주는 것 같긴 한데, 저희랑은 안 맞아요. 크게 바라는 건 없어요. 어차피 현장이랑은 많이 달라요. 지원해 주는 쪽도 현장을 잘 모르구요." <u>중소기업 C</u>

기대보다는 체념이 앞서는 말들이었다. 오랜 세월 반복된 정책 실패와 현실의 괴리가 쌓여 만든 집단적 피로감이 고스란히 전해졌다. 인터뷰를 마치고 돌아오는 길, 막막한 마음이었다. 그날 농공단지에서 만난 중소기업 관계자들은 하나같이 말했다. "그런데 그분들이 여기서 일을 할까요?"

마지막에 만난 한 기업인의 말은 특히 오래 남았다.

"우리 기업에서는 일 못 합니다. 냄새도 심하고, 여름에는 덥고, 겨울에는 춥습니다. 이런 일은 아무나 못 해요. 한국 사람들은 금방 그만둬요. 외국인과 한국인 중 한쪽을 택하라고 한다면, 우리는 외국인을 택할 겁니다." <u>중소기업 D</u>

단호한 어투였다. 그는 귀촌인보다 외국인을 선호했다.

그날 인터뷰를 복기했다. 연구 노트에 빨간 밑줄로 남겨둔 문구를 발췌해 보았다.

- 인력난의 실태? 매우 심각. 일부 기업은 업종 변경이나 폐업까지 고민.
- 귀촌 베이비부머 채용 의지? 의지는 있음. 하지만 작업 환경이 열악해 그분들이 원하지 않을 것이라는 회의적인 시각이 다수. 다만 용접 등 기술을 가진 분이라면 환영.
- 반나절 근무나 유연한 채용 방식? 일부 가능성은 있지만, 결국 '일의 양'이 늘어나야 가능한 이야기.
- 중앙정부나 지자체에 바라는 점? 지금 있는 것도 잘 맞지 않음. 현장과는 많이 다르다…

'우리가 현장을 너무 몰랐던 게 아닐까.' 우리 스스로에게 되물었다. 귀촌인이 두 번째 직업을 지방에서 갖는 시나리오를 너무 쉽게 생각한 건 아니었을까……. 그럼에도 1,000만이 넘는 베이비붐 세대가 있고, 그들의 삶의 방식과 선호는 너무나 다양하다. 이처럼 인구가 많은 세대에서는, 열악한 환경을 감수하려는 사람이 많지 않더라도 절대 수로 따지자면 결코 적지 않다. 기업 역시 우리가 예상했던 것보다 훨씬 다양한 형태의 일자리를 만들 여지가 있다. 그렇게 스스로를 달래며, 그날의 무거운 마음을 겨우 내려놓았다.

농공단지, 여기서 일할 수 있을까?

며칠 뒤, 우리는 또 다른 농공단지를 찾았다. 13만 평 규모의 단지 안, 가장 먼저 눈에 들어온 것은 겹겹이 쌓인 거대한 파이프였다. '귀촌인이 이런 곳에서 일하기는 쉽지 않겠구나' 하는 생각이 스쳤다. 단순한 철관처럼 보였지만, '유리섬유복합관GRP'이라 불리는 특수 배관이었다. 발전소 냉각수 라인이나 농어촌 하수관, 맨홀에 쓰이는 고강도 제품으로, 이 단지에는 GRP를 전문으로 생산하는 업체가 두 곳 있었다. 첫 번째 업체 대표, F 기업 관계자를 만났다. 그는 한국농공단지연합회 임원이기도 했다.

> "GRP는 쉽게 말해 유리섬유를 보강재로 삼고, 수지를 굳혀 만든 복합 파이프예요. 플라스틱이나 강관 파이프와 경쟁하는데, 강관이나 주철은 20~30년이 지나면 교체해야 하지만 이건 50년까지 갑니다. 해수에도 강해서 발전소 냉각수 라인, 농어촌 하수관, 맨홀 같은 데 많이 쓰입니다." 중소기업 F

설명을 마친 그는 곧 인력난 이야기를 꺼냈다.

> "연합회 회원들이 모이면 늘 같은 얘기뿐입니다. 지방소멸, 인력난이죠. 예전에는 '양질의 인력'을 찾는다고 했는

데, 요즘은 그런 말조차 사치예요. 그냥 '일할 수 있는 사람'만 있어도 고맙죠." 중소기업 F

실제로 이 회사 역시 외국인 노동력에 크게 의존하고 있었다. 하지만 언어와 문화의 장벽은 여전히 컸다.

"외국인을 고용해도 힘들어요. 언어가 안 통하고, 문화 차이도 크죠. 그렇다고 로봇이나 자동화로 가자니… 그건 대기업 얘기입니다. 지방 중소기업이 사람을 로봇으로 대체한다? 쉽지 않아요. 이상적인 모습이지만, 현실은 달라요. 벽이 너무 높습니다." 중소기업 F

그나마 현장을 지탱해 준 것은 '산업기능요원 제도'였다. 인근 특성화고 학생들이 군 복무 대신 일정 기간 현장에서 일하며 직무를 배우는 방식이다.

"그런 학생들이 오면 정말 업어주고 싶은 마음입니다. 배우려는 열정이 대단하거든요. 현장에서 시작해서 지금은 검사 업무로 전환한 친구도 있어요. 이런 친구들을 거창 대학과 연계해 교육도 받을 수 있게 하고, 나름 체계를 꾸려가고 있습니다." 중소기업 F

하지만 이런 청년들조차 점점 줄어들고 있다고 했다. 대화는 자연스레 귀촌인 이야기로 옮겨갔다. 그는 귀촌 중장년층 고용에 적극적인 태도를 보였다.

"저희는 절실해요. 귀촌인을 고용한다, 안 한다의 문제가 아니에요. 필요한 자리만큼 얼마든지 고용하고 싶어요. 지금도 한두 자리가 비어 있는데, 지원자가 있다면 면접을 보고 싶습니다." 중소기업 F

실제로 많은 중소기업이 정년이 지난 60대를 촉탁직으로 다시 불러 일을 맡긴다. 그는 이런 형태가 단순히 부족한 일손을 메우는 재고용이 아니라 업계의 표준 모델이 되었다고 강조했다.

"지금도 우리 회사는 촉탁 형태로 1년 단위로 60대 분들과 재계약을 하고 있어요. 정년퇴직한 분들이야말로 기능이 가장 뛰어납니다. 오랫동안 손에 익은 일이니까요. 저는 그분들에게 너무 고마운 마음입니다. 60대라도 건강하고 의지가 있는 분들이라면 무조건 환영입니다." 중소기업 F

우리 눈에는 현장의 파이프가 거대하고 위압적으로 보였다. '과연 귀촌인이 이런 일을 해낼 수 있을까' 하는 의문이

스치는 것도 자연스러웠다. 이미 앞서 다른 농공단지에서 만난 기업 관계자들 역시 "중장년 귀촌인이 할 수 있는 일은 많지만, 어느 정도 기술이 필요한 경우가 많다"고 말하지 않았던가. 그래서 조심스레 물었다.

"혹시 여기서 귀촌한 50~60대 분들이 일을 한다면, 고도의 기술이 필요한 일일까요?"

대표는 손사래를 쳤다.

> "전혀 그렇지 않습니다. 기본 훈련만 받으면 누구나 할 수 있어요. 다만 처음부터 힘든 공정에 투입하면 금세 지치죠. 중요한 건, 기업이 '잘 적응할 수 있는 일'을 찾아주는 겁니다. 그래야 오래, 즐겁게 일할 수 있거든요." 중소기업 F

이어서 그는 굳이 현장만 고집할 필요는 없다고 덧붙였다. 회사 안에는 할 수 있는 일이 다양하고, 그에 맞는 자리를 찾아주면 된다는 것이다. 그러면서 중장년이 가진 강점을 다시 강조했다.

> "업무라는 게 늘 좋은 일만 있는 건 아니잖아요. 힘든 일도 섞여 있는데, 그 균형을 이해하는 데는 중장년들이 훨씬 뛰어납니다. 조직에서 오래 일해봤으니까요. 그래서 우리는 이미 일하고 계시는 분들에게 멀티플레이를 맡깁니다.

젊은 층보다 훨씬 유연하게 소화하거든요."

중소기업 F

    그의 말에는 힘이 실려 있었다. 지금 현장에서 중장년 인력이 절실하다는 것. 실제로 촉탁직으로 돌아온 60대들이 현장을 버티게 하고 있었고, 그들의 경험은 젊은 층이 쉽게 따라올 수 없는 강점으로 꼽혔다. 그런데 문제는, 정작 정책의 무게 중심은 여전히 '청년'에만 쏠려 있다는 점이었다. 기업이 원하는 건 나이와 상관없이 당장 함께 일할 수 있는 숙련된 손인데, 제도는 청년에게만 혜택을 주고 있었던 것이다.

> "청년 고용 장려금은 많습니다. 중앙정부에서 청년을 채용하면 고용 보조금을 지원해 주는 정책이 있어요. 정규직으로 채용하면 기업도, 청년도 혜택을 보죠. 그런데 지역에는 청년이 그리 많지 않아요. 중소기업에 오려는 청년은 더더욱 없고요. 그러니 현실과는 괴리가 큰 겁니다."
>
> 중소기업 F

    결국 기업이 원하는 건 단순하다. 당장 함께 일할 수 있는, 경험과 내공이 있는 인력. 꼭 청년일 필요는 없다. 귀촌한 중장년, 경험 많은 이들도 충분히 그 역할을 해낼 수 있다. 그는 정부 정책이 이 현실에 맞춰 조금만 더 문을 열어주길 바랐다.

> "청년 정책을 중장년층에도 확대하면 기업 부담이 훨씬 줄 겁니다. 우리는 이미 여기서 일하는 젊은 청년들 대상으로 교육 프로그램을 자체적으로 꾸려가고 있는데, 만약 귀촌한 중장년층도 이런 교육 프로그램에 참여할 수 있다면 너무 좋겠죠. 바우처 같은 제도로 지원만 된다면 기업도, 개인도, 교육기관도 모두 윈윈할 수 있습니다. 저는 이런 제도를 300% 원합니다." 중소기업 F

앞서 만난 다른 농공단지의 기업인과 달리, 그는 한층 적극적이었다. 스스로 중장년과 상생하는 선도 기업이 되고 싶다는 바람까지 내비쳤다. 그래서 청년 정책을 중장년층에게도 열어주자는 그의 제안에 우리 연구진도 고개를 끄덕일 수밖에 없었다. 하지만 가능성을 말하면서도 그는 냉정했다. 귀촌인을 채용하려면 기업의 성장이 전제되어야 한다는 점을 강조했다. 이 회사 역시 코로나 시기를 지나며 매출이 크게 흔들렸고, 지금도 꾸준한 확장이 쉽지 않다고 했다. 결국 구조적 한계를 지적하는 대목은 앞서 만난 기업과 크게 다르지 않았다.

지방 중소기업의 '시간'은 왜 짧은가

우리가 같은 농공단지에서 만난 G 기업도 파이프를 다루는 곳이었다. 방산과 우주항공 분야에서 상당한 기술력을 가진 중견기업으로, 함양에 공장을 두고 있었다. 우리가 만난 이는 회사 임원으로, 이 분야에서 잔뼈가 굵은 사람이었다.

> "공무 엔지니어 채용을 하는데, 한 2년 만에 뽑았습니다. 여기선 구하지 못해 양산에 사시는 분을 겨우 구했죠. 그런데 지금 인력이 많이 필요하지는 않아요. 시장이 성장해야 하는데, 지금은 안 되고 있으니, 지금 인력이 나가면 충원만 하는 정도예요. 우리 직원들이 안 나가고 있다는 것만으로도 다행이라 생각합니다." 중소기업 G

담담한 말투였지만, 그 속에는 시장 침체에 대한 우려가 묻어 있었다. 앞서 만난 같은 업종의 F 기업과 '지금 시장이 좋지 않다'는 점에서는 의견이 같았다. 이어 그는 지역 중소기업이 처한 구조적 문제를 차분히 짚었다.

> "작업 환경이 그렇게 좋은 편은 아닙니다. 유해 화학물질을 다루다 보니 냄새도 나고요. 그런데 페이가 세지 않으니까 사람들을 크게 유인할 동기가 없죠. 젊은이들이 가끔 오면 못 버티고 나갑니다. 오래 남아주길 바라지만, 쉽

지 않아요." 중소기업 G

짧은 대답 속에서도, 그가 20년 넘게 현장에서 고민해 온 흔적이 묻어났다. 그저 '사람이 없다'라는 하소연을 넘어, 기업의 구조적 문제에 대한 체감이 그대로 전해졌다. 우리는 조금 더 깊이 물었다.

"조금 벗어나는 질문일 수 있는데요. 저희가 만난 많은 기업 대표님들이, 우리나라 중소기업은 작업 환경도 열악하고, 페이도 낮아 젊은이들이 기피한다고 말씀하셨어요. 중소기업이 임금을 높이는 게 근본적으로 어려운 건지요?"

그는 잠시 생각하더니, 오래 곱씹은 듯한 답을 내놓았다.

"조금만 더 임금을 올리면 기업은 망합니다. 그럴 수 있는 중소기업이 거의 없어요. 중소기업이 이렇게 된 건, 결국 대기업 위주로 성장해 온 오랜 관습과 맞물려 있습니다."

중소기업 G

귀촌인의 일자리를 보러 간 우리는 어느새 한국 산업구조의 본질을 듣는 자리에 앉아 있었다. 그는 긴 시간 의견을 이어갔다. 한국 경제는 대기업 중심으로 성장했고, 강력한 노조와 함께 임금 수준도 대기업 위주로 올라갔다. 중소기업은 그늘 아래에서 몫을 잃었고, 투자할 여력도 사라졌다. 그러니 기술 투자도, 임금 개선도 없는 악순환에 갇힐 수밖에 없다는 것이다. 이어 업종별 임금 차이 문제도 지적했다.

> "제조업도 업종에 따라 임금이 달라요. 저희는 섬유 계열인데, 임금이 높지 않아요. 반면 항공 같은 성장 산업은 임금이 다르죠. 사천에 그런 업종이 많으니, 사람들이 자연히 그쪽을 택합니다. 우리 같은 업종은 경쟁력이 약할 수밖에 없죠." 중소기업 G

그는 독일의 산별 노조 사례를 덧붙였다.

> "독일은 금속노조에 속하면 기업이 달라도 임금이 크게 다르지 않습니다. 그런데 우리나라는 기업별 임금 체계예요. 대기업만 강해지고, 중소기업은 더 쪼그라드는 구조죠. 대기업에 납품하는 중소기업은 비용 압박에 시달리니 투자할 여력도 없습니다." 중소기업 G

말은 담담했지만, 곱씹을수록 무게가 느껴졌다. 지방 중소기업의 인력난은 대기업 위주로 짜인 성장의 틀로 인해 발생한 것이고, 이는 중소기업을 점점 더 좁은 공간으로 몰아넣고 있었다. 임금과 일하는 환경, 기술 투자까지 모두 같은 고리에 묶여 있었다.

그는 이 문제가 단지 대기업과 중소기업의 구조만이 아니라 수도권 쏠림 문제와도 맞물려 있다고 했다.

> "이건 수도권 집중과도 맞물려 있어요. 제 본집은 창원에 있는데, 서울에 있는 딸은 창원도 시골인 줄 알아요. 인구 100만 도시인데도 말이죠. 하물며 함양은 말할 것도 없죠. 기업도 학교도 수도권에 몰려 있으니, 청년들이 그쪽으로 몰리는 건 당연하죠. 지역에는 '청년' 자체가 줄어들고 있는데, 중소기업에서 일할 청년들은 더욱 찾기 쉽지 않죠. 이 뿌리 깊은 지역 문제를 풀지 않는 한, 지역 중소기업은 쉽지 않을 겁니다." 중소기업 G

인터뷰를 마치며 그가 남긴 씁쓸한 말이 오래 맴돌았다.

> "앞으로 지역 중소기업은 쉽지는 않을 것 같습니다……."

책상 위에서 보면 3자 연합모델은 매력적으로 보였다. 하지만 현장에서 마주한 현실은 그 이상을 위해 너무 많은 전제를 요구했다. 귀촌인에게는 기술이, 기업에는 여유가 필요한 구조였다. 무엇보다 "오늘을 버티기도 급급하다"는 중소기업 관계자들의 말은, 우리가 모델이 아니라 '현실'을 설계해야 한다는 사실을 일깨웠다. 아무리 좋은 모델의 설계도라도 현실을 감당할 수 있을 때만 의미가 있다. 산업단지와 농공단지의 풍경은 우리가 상상한 것보다 훨씬 깊은 구조적 문제를 드러내고 있었다. 대부분의 기업 관계자들이 단순히 사람이 부족하다는 문제를 넘어, 업종 자체의 지속 가능성에 대해서도 우려하고 있었다.

다행히 모든 현장이 닫혀 있는 것은 아니었다. 조금 다른 산업, 조금 다른 기업에서 우리는 의외의 가능성을 마주할 수 있었다.

식품 가공업에서 본 기회

그 가능성의 실마리는 농산물 가공업체에서 찾을 수 있었다. 앞서 만난 기업들이 금속 골조, 강관, 천막·텐트 등 '무거운 산업'에 속했다면, 이번에 마주한 곳은 상대적으로 '가벼운 제조업', 즉 농산물·식품 가공을 기반으로 한 중소기업이었다. 우리는 읍내에서 비교적 가까운 또 다른 농공단지의 두 곳 기업을 찾아갔다. 이 두 기업과 이야기를 나누면서, 오히려 이런 분야의 일자리가 3자 연합모델과 더 잘 맞을 수 있겠다는 판단이 들었다. 산업구조 변화 속에서 전통 제조업 기반 중소기업들이 대내외적으로 어려움에 빠져 있는 것과 달리, 농산물·식품 가공업 분야 기업들의 대답은 비교적 긍정적이었기 때문이다.

이 농공단지에 있는 H 중소기업의 주 생산품은 칡냉면과 갈비탕이다. H 기업의 대표는 이 모델의 필요성과 취지에 크게 공감하는 사람 중 한 명이었다. 그는 현재 함양군 농산물가공협회 회장을 맡고 있다. (함양군이 워낙 좁다. 인터뷰를 두세 곳만 하면 누가 누군지 다 안다. 인터뷰 참여자 대부분은 실명 공개도 괜찮다고 했지만, 일관성을 위해 이 글에서는 'H 기업 대표'로 적는다.) 함양군 농산물가공협회는 지역에서 생산된 농산물을 가공해 식품을 만드는 기업들이 자발적으로 만든 단체다. 개별 중소기업이 혼자서는 할 수 없는 규모의 일을, 함께 모여 해보자는 취지에서 출발했다. 2025년 현재, 떡류·죽염류·다류·주류·축산물가공 등 다양한 품목을 생산하는 30여 개 관내 기업이 회원사로 등록돼 있다. 이 협회는 '함양군'의 이름으로 전국 각지의 박람회에 참여해 공동 판로를 개척하고, 정기적인 월례회를 통해 정보와 아이디어를 나눈다. 2009년 설립 이후에는 매년 함양군장학회에 장학금을 기탁해 왔다.

H 기업의 대표는 자신의 경력을 이렇게 풀어냈다.

> "제가 이 업계에서 일한 지 벌써 30년이 넘었어요. 처음엔 금성칡냉면이라는 회사에서 시작했죠. 그러다 함양에 내려와 지금의 회사를 창업하게 됐습니다. 막상 지역에서 사업을 시작하니 제일 어려운 게 '판로' 개척이더라고요. 제품이 아무리 좋아도, 개별 기업이 박람회에 나가 직접

홍보하고 판매하는 건 정말 쉽지 않았습니다." 중소기업 H

그는 이어서 협회를 만든 이유를 설명했다.

"지역의 다른 기업 대표들과 함께 농산물가공협회를 만들었어요. '함양군'이라는 이름을 걸고 박람회에 나가니 바이어들이 '아, 함양군이 보장하는 제품이구나' 하면서 신뢰를 갖고 관심을 주더군요. 판로 개척도 훨씬 수월해졌죠. 저는 늘 생각해요. 기업이 지역으로부터 받는 게 있다면, 다시 지역에 기여해야 한다고. 귀촌인이 지역에서 일하길 원한다면, 우리 협회 회원사 중 그런 분들을 환영하는 기업이 많을 겁니다." 중소기업 H

그는 이 기업을 '함양의 삼성'으로 키우겠다는 강한 포부를 품고 있었다. 그의 구상대로 H 기업이 100년 기업으로 성장한다면, 지역의 고용 창출과 세수 증대로 이어지고, 그러면 지역 청년들이 굳이 일자리를 찾아 외지로 떠날 필요가 없어진다.

"저는 기본적으로 함양에 있는 기업들이 먼저 잘 돼야 지역의 인구 문제도 풀린다고 생각합니다. 기업이 잘되면 일자리가 생기고, 그러면 당장 젊은 인구 유출부터 막을 수 있잖아요. 군수님께도 말씀드린 적이 있어요. '잡아놓은 고기에게 먹이를 주셔야 합니다.' 이미 이 지역에서 버티고 있는 기업들을 먼저 살려야 하지 않겠냐는 의미였죠." 중소기업 H

'잡은 물고기'란 단어가 귓가를 맴돌았다. 그에게 조금 더 물었다. 잡은 물고기가 어떤 의미인지.

"낚시를 하면, 잡은 물고기는 사실 먹이를 주지 않고 신경 쓰지 않잖아요. 새로운 물고기를 찾지. 외부에 있는 기업이 오면 몇억에서 몇십억 단위로 지원해 줘요. 그런데 함양에 있는 기업부터 잘 봐달란 의미죠. 정작 지역에 있는 기업들은 일할 사람이 없어 허덕이고 있으니까요. 지역 기업이 제대로 자리 잡으면 우리 자녀들이 대기업을 찾아 떠날 이유도 없고, 지역 중·고등학교를 졸업한 학생들이나 귀촌한 분들도 지역에서 살며 일할 수 있는 기반이 생기잖아요. 그렇게 고용이 창출되고, 지역 젊은이들이 떠나지 않게 됩니다. 작은 기업들이 여기서 뿌리를 내린다면, 지역사회에도 분명 큰 도움이 될 거라고 믿어요." 중소기업 H

그가 그리는 함양의 미래는 분명했다. 먼저 함양 안의

기업들이 단단히 자리 잡는 것, 그리고 그 기업들이 성장하면 더 많은 주민과 귀촌인을 고용하고, 직원들은 단순히 직장인이 아니라 지역의 일원으로서 애착을 갖게 되는 것. 그렇게 지역사회 안에서 다양한 일과 삶이 맞물리는 선순환 구조. 그는 이 그림을 충분히 실현 가능한 현실이라고 믿고 있었다.

여기 일자리가 있습니다

그렇게 큰 포부를 가지고 있었지만, 인력난 문제만큼은 앞서 만난 제조업체들과 크게 다르지 않았다. 다만 금속업체들이 주로 용접 등 기술직 인력의 고령화와 부족을 문제로 삼았다면, 농산물 가공업체가 겪는 인력난의 내용은 달랐다. 마케팅, 판매, 경리 같은 사무·관리직에서 일할 사람을 찾기 어렵다는 점이 가장 큰 고민이었다. 제품을 만드는 현장은 그나마 돌아가지만, 기업 운영을 떠받칠 중간관리 인력이 턱없이 부족했다.

> "지금 우리 회사 직원이 15명 정도예요. 현장 업무는 대부분 외국인 노동자가 맡지만, 문제는 사무실에서 일하거나 현장을 중간관리할 사람을 구하기가 어렵다는 거죠. 처음엔 제가 직접 현장에서 일했고, 나중엔 아는 지인을 불러 하나하나 알려줬지요. 지금까지 그분이 현장 근무를 맡고

있어요. 팀장급처럼 함께 책임질 사람이 꼭 필요한데, 올 사람이 없습니다." 중소기업 H

이어서 그는 최근에도 일손을 구하지 못하고 있다는 이야기를 전했다.

"매출이 조금 오르니 직원 두 명을 더 뽑으려고 채용 공고를 냈는데, 쉽게 구해지지 않아요. 식품업이라 위생복을 입고, 장갑과 마스크를 착용해야 하긴 하지만, 사실 공장 일이 아주 어렵진 않거든요. 그런데도 사람이 안 오니까……." 중소기업 H

특히 판로나 마케팅 분야는 지역 중소기업이 개척하기에는 더 험한 길이다. 이 기업도 사업 확장에 맞춰 자체 쇼핑몰을 만들었지만, 운영 인력을 구하지 못해 방치되고 있었다. 이런 영역에 공공 차원의 지원이 더해지고, 귀촌인 가운데 경력과 노하우를 가진 사람이 함께할 수 있다면 어떨까? 기업은 전문 인력을 채용해 미래를 도모하고, 귀촌인은 안정적인 소득을 얻으며, 지역은 기업 성장과 정착 인구 증가로 세수가 늘어난다. 기업, 지역, 귀촌인 3자의 윈윈 구조가 된다.

"지역에서 사업을 하다 보면 판로 개척, 마케팅, 제품 개발

같은 분야는 개별 기업이 감당하기 벅찬 경우가 많습니다. 저희도 자체 쇼핑몰을 준비 중인데, 마케팅 경력이 있는 사람을 지역에서 찾기 어렵더군요. 홈페이지는 만들어 놨지만 운영할 인력이 없어 관리가 안 되고 있습니다. 예를 들어 최저임금이 210만 원인데, 쇼핑몰 운영이 가능한 사람이라면 이런 시골에선 '전문가'잖아요. 그분이 300만 원 정도를 원한다고 하면 기업 입장에선 부담이 큽니다."
중소기업 H

그는 지자체나 중앙정부에서 일부 보조한다면, 기업 입장에서도 도움이 될 거라 덧붙였다.

"그럴 때 지자체에서 일부 인건비를 조금만 지원해 준다면 저희 같은 기업들도 그런 분을 모셔 올 수 있어요. 이게 어려우면, 기업들이 비용을 조금씩 나누고, 제품 개발이나 컨설팅 자문가를 공동으로 모셔 오는 방법도 있을 겁니다." 중소기업 H

특히 많은 농촌 지자체가 외부 기업 유치에 행정력과 재원을 쏟는 현실을 꼬집으며, 지금 지역에 있는 기업이 어떤 문제를 겪고 있는지, 어떤 지원이 필요한지에 먼저 귀 기울여야 한다고 강조했다. 같은 맥락에서 인구 유입 정책도 '귀농'

이나 '귀촌'에만 맞춰질 게 아니라 '귀공'에 초점을 두어야 한다는 점이다.

> "우리처럼 사람을 구하지 못해 어려움을 겪는 기업 입장에선 귀촌인들이야말로 귀한 분들이에요. 직무에 맞는 사람이 있다면 채용은 언제든 가능하고, 그분들도 생활비를 벌며 지역에 정착할 수 있으니 기반이 자연스럽게 마련됩니다. 그래서 처음부터 '귀공'을 목적으로 들어오는 분들과 우리 같은 기업을 매칭해 주는 구조가 필요합니다."
> 중소기업 H

그에게 '귀공'은 지역 기업과 사람을 직접 연결하는 가장 현실적인 해법이었다. 외부 기업 유치에 쓰는 힘만큼, 이미 지역에 뿌리내린 기업을 돌보고 키워야 한다는 것이다. 지역 기업이 안정적으로 자리 잡으면 생산성이 늘고, 더 많은 고용이 생기며, 기업이 내는 세금과 노동자의 소비가 지역 경제를 살린다. 단지 기업이 있고, 귀촌인이 정착한다는 사실만으로도 지역사회에는 분명한 사회적 편익이 발생한다.

그렇다면 함양에서 '귀공' 정책은 구체적으로 어떻게 작동할 수 있을까. 인터뷰를 마치고, 우리 연구진은 다음의 방안을 논의해 보았다. 농산물가공협회 회원사뿐 아니라 함양 관내 중소기업 전체를 대상으로 채용이 필요한 업체의 직무, 요구 경력, 전공 등을 군이 먼저 취합한다. 이를 바탕으로 지역 기업에서 일하고자 하는 귀촌인과의 매칭을 진행한다. 이후 면접을 통해 근로 조건을 조율하고 채용이 성사될 수 있다. 이 경우 귀촌인에게는 임대주택 입주 우선권을 줄 수 있다. 이미 오래전부터 기업과 지역이 함께 사는 길을 고민해 온 한 기업가와의 이 대화를 통해, 우리는 '귀공'을 중심으로 한 3자 연합모델의 구체적인 그림을 그려볼 수 있었다.

일손을 기다리는 현장의 절실함

이어서 우리는 이 농공단지에 있는 또 다른 식품 제조업체 중소기업 I의 본부장을 만났다. 이 기업은 주로 학교 급식이나 기업체에 납품되는 떡국, 떡볶이 등 떡류를 생산하고 있다. 처음에는 부산에서 영남권 학교를 중심으로 제품을 공급했지만, 전국 단위로 공급 범위를 넓히면서 2008년 함양에 생산 기반을 확장했다. 함양을 택한 이유는 물류 여건이 유리하다고 판단했기 때문이다. 그는 수도권에서 내려오다 보면, 함양이 남쪽의 마지노선이라고 덧붙였다. 실제로 함양은 남부권에서도 경상도와 전라도를 연결하는 중심부에 있고, 중부권과 수도권과도 비교적 가까워 물류 여건이 유리하다.

함양에 자리 잡은 뒤 안정적인 생산을 이어가던 중, 코로나19가 닥쳤다. 급식 시장이 급격히 위축되면서, 이전에는 매일 한 트럭 분량의 차량을 가득 채워 나가던 물량이 어느 날부터는 몇십 박스 남짓한 수준으로 줄었다. 물류비는 그대로 나가는데 생산은 줄어들어, 1년 넘게 적자를 감당해야 하는 상황이 이어졌다. 결국 학교 급식 납품을 접고 새로운 돌파구를 찾아야 했다.

I 기업의 본부장은 당시 국내 시장은 이미 포화 상태였고, 특히 수도권은 경쟁사가 인근에 밀집해 있어 물류비까지 감안하면 단가 경쟁이 어려운 구조였다고 회상했다. 그때 그가 선택한 길은 '수출'이었다. 마침 한류가 전 세계적으로 주목받기 시작했고, 떡볶이에 대한 관심도 급격히 커지고 있었다. 이 흐름에 맞춰 해외 시장 진출에 속도를 냈고, 이 결정은 중요한 분기점이 됐다.

> "저희는 지금 국내 납품은 거의 없고, 수출에만 집중하고 있어요. 작년까지만 해도 국내 건을 병행했는데 다 중단했죠. 생산 설비가 이미 최대치로 돌아가고 있어서, 물량이 더 들어오면 감당이 안 되더라고요. 생산량을 늘리려면 주야 2교대로 가거나 설비를 확장해야 하는데, 그만큼의 추가 비용을 감당하긴 어려운 상황이에요. 결국 하루 생산량이 정해져 있으니, 수출에 집중하는 쪽으로 결정했습니다." 중소기업 I

2025년 기준, 종사자는 33명, 지난해 매출은 약 54억 원. 지역 중소기업 가운데서도 안정적인 성장 기반을 갖춘, 가능성이 큰 기업이었다. 그래서일까. 3자 연합모델 이야기를 전해 듣자 다음과 같은 긍정적인 반응이 나왔다.

> "지금 말씀하신 3자 연합모델이 우리랑 딱 맞아요. 왜냐하면, 저희는 기계나 전자부품, 금속가공처럼 복잡하고 전문적인 현장이 아니거든요. 현장 업무가 단순하고 무거운 걸 드는 일도 없어요. 라인에 붙어서 꼼짝없이 일하는 방식도 아니죠. 예를 들어 부부가 귀촌한다고 했을 때, 아내분이 전업주부셨든 아니든 생활비를 벌 수 있는 자리가 필요하잖아요. 그런 분들이 충분히 감당할 수 있는 업무가 우리 회사에는 있어요. 현장에 여성 직원도 많고요."
>
> 중소기업 I

그러나 이 기업 역시 인력난에서는 자유롭지 않았다. 현장직은 베트남, 네팔 등에서 온 외국인이 채웠지만, 일정 경력이 필요한 전문직이나 사무직 채용은 앞선 기업들과 마찬가지로 어려웠다. 공장 설립 초기부터 함께한 직원이 고령화되며 정년을 앞두고 있고, 수출 물량이 늘면서 생산·전산 관리 등 사무직 업무량도 급격히 늘었지만, 채용 공고를 내도 몇 달째 지원자가 없었다.

"솔직히 현장직은 걱정 없어요. 외국인 근로자들 사이에서 '여기는 힘든 일이 없고 근무 여건이 괜찮다'는 소문이 나 있어서인지, 오늘도 오전에 두 명이 직접 찾아왔거든요. 문제는 사무직이에요. 작년에도 5개월 동안 채용 공고를 냈는데, 지원자가 한 명도 없었어요. 시급을 올려 겨우 한 분을 뽑았는데, 계약이 끝나자 나가셨죠. 지금도 생산 관리와 전산 관리 쪽으로 공고를 내놨지만, 여전히 지원자가 없습니다." 중소기업 I

그는 사무·관리직은 도시에서 사무직에 종사한 베이비부머에게도 적합한 일자리가 많다고 말했다. 귀촌자가 일하길 원하고, 기업이 원하는 인재상과 맞는다면 얼마든지 환영할 일이라는 것이다. 하지만 그는 동시에 현실적인 우려를 덧붙였다.

"도시에서는 사무직 공고만 내면 금세 사람이 몰리지만, 여기서는 사무직 인력을 구하는 게 너무 어렵습니다. 그리고 귀촌한 분들이 원하는 조건이 과연 함양 업체들과 맞을지 모르겠어요. 아무래도 임금 수준이 기대보다 낮을 수밖에 없거든요. 최저임금 수준이 210만 원인데, 이 금액으로 일하려는 분이 있을까요? 괜찮다고 하신다면 우리로선 감사한 일이죠. 지금도 사무직을 구하고 있으니, 귀촌자 중 우리와 잘 맞는 분이 있다면 당장이라도 채용하고 싶습니다. 50대라면 앞으로 10년 이상은 충분히 함께할 수 있을 테고요." 중소기업 I

최저임금 수준의 월 200만 원 안팎은, 앞서 살펴본 은퇴자의 '최소 생활비'와 비슷하다. 젊은 층에게는 적은 금액일 수 있어도, 은퇴한 베이비부머에겐 적지 않은 돈이다. 그렇다면 귀촌을 고려하는 이들 중에는, 이 기업이 찾는 '사무직 인력'에 지원할 만한 사람들이 충분히 있을 수 있다.

이어서 그는 지방에서의 근무가 대도시와 전혀 다른 리듬을 갖는다는 점도 귀촌자에겐 매력적인 요소가 될 수 있다고 덧붙였다.

"서울 같은 데서 사무직으로 일하면 체계도 복잡하고, 조직 문화도 빡빡해서 경쟁 속에 살아남아야 한다는 압박이 엄청날 거예요. 그런데 여기는 그런 게 없어요. 하루 주어진 일만 하면 되고, 퇴근하면 텃밭을 가꾸든 뭘 배우든 하고 싶은 일을 할 수 있잖아요. 그런 점에서 보면 귀촌자분들이 삶의 균형을 찾기에 좋은 환경이라고 생각합니다."
중소기업 I

지역과 중소기업은 하나의 운명 공동체다

그는 이 모델이 귀촌인에게만 매력적인 대안이 되어서는 안 된다고 거듭 강조했다. 앞서 만난 다른 기업들처럼 인력난 해소라는 점에서는 분명 반가운 정책이지만, 이 모델이 제대로 작동하려면 기업에도 '끌리는 조건'이 함께 설계돼야 한다고 했다.

그렇다면 그가 지자체나 중앙정부에 바라는 점은 무엇일까. 그는 세 가지를 언급했다. 먼저 인건비 보조 방식이다. 귀촌 베이비부머가 지역 중소기업에 취업하면, 기본 최저임금은 기업이 지급하되 일정 금액을 지자체나 정부가 근로자에게 직접 보조하는 구조다. 이렇게 하면 기업은 감당 가능한 수준에서 인력을 채용할 수 있고, 구인도 쉬워져 정책 실효성도 높아진다.

> "현장직은 구하기가 상대적으로 쉽지만, 사무직은 최저임금 수준으로는 오겠다는 사람이 많지 않아요. 실제로 공고를 내면 대부분 250만~280만 원을 희망하시죠. 이런 상황에서 전문직이나 사무직을 최저임금에 채용하는 건 어렵습니다." 중소기업 I

이 회사는 절대 최저임금을 넘어서 줄 생각이 없어 보였다.

"그래서 이렇게 해보면 어떨까요? 기업이 기본임금을 지급하고, 지자체나 정부가 일부를 근로자에게 직접 보조하는 겁니다. 그러면 기업도 훨씬 구인이 쉬워지고, 실제 효과가 있는 정책이 될 거라고 봐요." 중소기업 I

이 방식은 완전히 새로운 제도를 만드는 게 아니다. 기존 제도를 조금만 손보면 된다. 현재 중앙정부에서는 고령자를 고용하거나 고용을 유지한 기업에 '고령자 고용지원금'을 지급하고 있다. 예를 들어, 60세 이상 근로자가 늘어난 기업에는 분기마다 1인당 30만 원씩, 최대 2년 동안 지원이 이뤄진다. 이 제도의 대상을 '중장년층'으로 넓히고, 기업뿐 아니라 근로자에게도 일정 금액을 함께 지원한다면 어떨까?

사실 이런 아이디어는 이미 일부 지자체에서 시도되고 있다. 전남도에서는 '전남형 신중년 희망 일자리장려금' 제도를 운용 중인데, 기업과 근로자 모두를 지원하는 구조다. 이 사업은 40~60대 미취업자가 도내 중소기업에 취업할 경우, 최대 10개월 동안 취업자에게는 매월 30만 원, 기업에는 매월 50만 원을 지원하는 방식으로 추진된다. (재원은 전남도와 시·군이 함께 분담한다.) 기업으로서도 인건비 부담이 줄고, 근로자도 일정한 생활 기반을 확보할 수 있는 구조다. 이 사업에서 주목할 만한 점은 단순히 일자리를 잠시 만들어 주는 보조금 사업이 아니라, 정규직 전환을 유도하는 구조로 설계되었다는 것이다. 예컨대 전남 영광군은 중장년 미취업자를 대상으로 이 사업을 추진한다.[6] 먼저 3개월 동안 취업자에게 월 30만 원, 기업에 월 50만 원을 지원하는데, 애초 정한 수습 기간을 단축해 정규직으로 전환하면 최대 10개월간 지원하는 방식으로 설계되었다. 이런 방식은 단기 고용이나 형식적 채용은 걸러내고, 실제로 근로자의 '정착 의지'와 기업의 '채용 의지'가 확인된 경우에 더 지원하게 되는 효과가 있다. 기업도 좋고, 근로자도 좋은 방향이다.

그가 말했다.

> "지역에서는 나이를 불문하고 일할 사람이 있다는 것만으로 귀해요. 그래서 청년, 중장년 이런 형식적인 구분없이 그냥 귀촌인 지원이 좋을 것 같아요. 특히 기업이 아니라 근로자에게 직접 급여를 주는 게 좋겠다는 생각입니다. 2~3년만 지원해도 그분들이 실력을 쌓고, 기업도 그에 맞춰 임금을 감당할 기반이 생길 겁니다." 중소기업 I

다음으로, 그는 최근 정부에서 논의 중인 '주 4.5일제'와 같은 근로 시간 단축 정책이 일과 삶의 균형을 맞추자는 취지 자체는 좋지만, 지역 중소기업의 현실과는 다소 동떨어져 있다고 지적했다. 업무 유형에 따라 다르겠지만, 실제로 많은 지역 중소기업에서는 여전히 조금이라도 더 일해서 더 벌고 싶어 하는 노동자들이 많다는 것이다. 특히 상당수 중소기업이 '성과'가 아닌 '근무시간'에 따라 임금을 지급하는 구조를 가지고 있어, 노동시간이 줄면 곧바로 임금도 줄 수밖에 없다. 게다가 근무시간이 줄어든다고 해도 그 공백을 메울 인력이 충분치 않다는 점 역시 문제다. 대기업처럼 교대제나 유연근무제를 운영할 수 있는 여건이 갖춰져 있지 않기 때문이다. 결국 그는 지역 중소기업의 운영 환경과 노동자들의 생계 현실이 함께 고려되어야 한다고 강조했다.

그의 말을 들으며 한편 복잡한 생각이 들었다. I 기업 본부장은 "사람 구하기도 힘든데 근무시간까지 줄면 어떻게 하느냐"고 했지만, 다르게 보면 소기업에 사람이 오지 않는 이유 자체가 '열악한 근무환경' 때문일 수도 있다. 만약 중소기업에서도 근무시간을 줄이고, 일과 삶의 균형을 지킬 수 있는 구조가 마련된다면 상황은 달라지지 않을까. 일할 사람이 더 오고, 기업도 조금은 버틸 힘을 얻을지도 모른다. 닭이 먼저냐 달걀이 먼저냐의 문제처럼, 어느 쪽이 해법인지 단정하긴 어렵지만 말이다.

끝으로 그는 기업과 귀촌 베이비부머 사이에 '버퍼buffer 기간'이 꼭 필요하다고 말했다. 막상 연결이 되어 일을 시작해도, 서로의 기대가 맞지 않아 중간에 그만두는 경우가 언제든 생길 수 있기 때문이다. 그래서 그는 단순히 채용 절차를 밟는 것에서 그칠 게 아니라, 귀촌인이 실제로 지역에 정착해 기업과 함께 일할 수 있는지를 서로 확인하고 적응해 보는 시간이 있으면 좋겠다고 강조했다.

> "함양군에 있는 기업들을 미리 조사하면, 어느 정도 조건이면 채용이 가능하다는 정보가 나올 겁니다. 귀촌을 고민하는 베이비부머 입장에서도 그 조건을 보고 판단해 채용으로 연결될 수 있죠. 그런데 문제는 그렇게 연결이 되더라도 막상 일을 해보니 생각과 달라 그만두는 경우가 있다는 거예요. 그래서 적어도 3개월 정도는 유예기간, 또는 적응 기간이 필요하다고 봅니다. 예를 들어 임시 거처에 머물면서 시범적으로 일해 본다든지, 이런 상황을 대비한 제도적 장치가 함께 마련되어야 한다고 생각해요."
>
> 중소기업 I

우리는 함양군에 이미 있는 체류형 주거시설이나 임대주택, 리모델링된 빈집들이 떠올랐다. 이런 공간들이 '버퍼 기간'을 위한 시범 거주지로 활용될 수도 있겠다는 생각이 들었다. 귀촌인이 그런 주택에서 일정 기간 머물며 실제로 기업에서 일해 보고, 기업도 그 기간 동안 함께 일할 수 있는지를 검증해 보는 식이다. 물론, 그 기간이 끝난 뒤 '생각보다 안 맞는다'며 그만두는 경우도 생길 수 있다. 기업 입장에서는 다시 처음으로 돌아가는 셈이다. 그는 이런 상황에 대비한 제도적 장치가 함께 마련되어야 한다고 덧붙였다.

인터뷰를 마무리하며 그는 왜 이렇게까지 구체적으로 제안하는지를 스스로 설명했다.

"솔직히 말하자면, 저도 당장 10년 뒤 우리 공장이 어떻게 될지 모릅니다. 일이 없어서가 아니라, 사람이 없어서 공장이 문 닫게 생겼어요. 매년 함양군 인구 통계를 봅니다. 왜 그럴까요? 지역 인구는 계속 줄고, 60대 이상이 절반 가까이 됩니다. 실제 일할 수 있는 인구 자체가 점점 줄어들고 있어요. 5년 뒤, 10년 뒤에는 더 심각해지겠죠."
_{중소기업 I}

이어 말했다.

"이런 상황에서 기업이나 귀촌자에게 얼마씩 지원금을 주는 방식은 조삼모사에 불과하다고 생각합니다. 그런 단발성 정책만으로는 우리 같은 지역 중소기업과 지역이 직면한 근본적인 문제를 해결할 수 없습니다. 저는 진심으로 이 모델이 잘되었으면 좋겠어요. 그렇게 된다면, 저희처럼 이 지역에서 살아가는 기업들도 진짜 혜택을 누릴 수 있을 겁니다. 결국 지역이 탄탄해야 우리도 여기서 계속 뿌리를 내릴 수 있으니까요." _{중소기업 I}

그는 인터뷰 말미에 기대와 우려를 동시에 전했다. 지금 이 시점에 구조적인 대안을 마련하지 못한다면, "앞으로 100% 외국인을 고용하거나 완전 자동화를 하지 않는 이상, 지역 중소기업 대부분은 문을 닫게 될 것"이라고 다소 비관적으로 전망했다. 그만큼 기업 입장에서 지역 인구 문제는 핵심 사안이다. 아마 우리가 만난 함양 중소기업만의 이야기는 아닐 것이다. 사람이 있어야 기업이 돌아가고, 기업이 있어야 지역이 유지된다. 지역과 중소기업은 결국 하나의 운명 공동체다. 이 상호 의존 구조를 지금 살려내지 못한다면, 다음 세대는 회복하기 어려운 미래를 맞이할지도 모른다.

7장

나라까지 구하는 3자 연합

"사람이 온다는 건
실은 어마어마한 일이다.
그는
그의 과거와
현재와
그리고
그의 미래와 함께 오기 때문이다.
한 사람의 일생이 오기 때문이다."

- 정현종의 시 「방문객」[1] 중에서

빠져나가는 청년, 올라가는 '청년 기준'의 역설

많은 지자체에서 너도나도 목소리를 높였다.

> "청년이 돌아와야 농촌이 산다."

국책연구소의 한 보고서[2]도 인구감소의 근본 원인을 '청년층의 이탈'에서 찾고 있다. 핵심 인력이 빠져나가면 기업도 대도시로 옮겨가고, 지역 경제가 쇠약해지는 악순환이 반복된다. 청년이 떠나면 생산가능인구가 줄고, 출생아 수가 감소하며, 고령화 속도는 더 빨라진다. 젊은 인구가 사라진 지역에서는 활력이 줄고, 그 공백이 다시 인구 유출로 이어진다. 연구자들은 청년이 머물고 싶고, 다시 찾고 싶은 지역으로 만들어 새로운 청년 인구의 흐름을 만들어야 한다고 강조했다.

청년들의 수도권 이동이 거의 불가항력처럼 보이는 상황 속에서도, 지방의 많은 지자체들은 이 힘에 맞서듯 청년 맞춤형 정책에 온 힘을 쏟아붓고 있다. 말 그대로 '청년정책 전성시대'다. 하나의 예를 보자. 제천시는 지역정착 청년근로자 인센티브, 지역인재 고용 인센티브, 청년 창업특례지원 등 다양한 사업을 쏟아내고 있다. 지난 2024년 청년센터를 개관한 이후, 전담 부서인 '청년지원팀'도 신설했다.[3] 청년의 취업과 창업, 결혼, 주거 등을 '원스톱'으로 지원하겠다는 의지다. 이런 노력이 제천만의 일일 리 없다. 전국의 거의 모든 지자체가 청년을 붙잡기 위해 자신들이 가진 자원과 정책을 총동원하고 있다.

청년 유치가 생각만큼 쉽지 않자, 지자체들은 '청년 나이'를 올리기 시작했다. 청년 인구는 줄어드는데 청년 관련 예산은 오히려 늘고 있기 때문이다. 중앙정부 공모 사업 중에서도 청년을 대상으로 한 사업이 많다. 정책이나 예산은 대체로 연령 기준이 명확하게 정해져 있다. 그런데 청년층이 적은 지역에서는 그 기준 안에 들어 혜택을 받을 수 있는 사람이 너무 적다. 그러니 이 사업을 따내려면 청년 나이를 높일 수밖에 없다. 지자체가 연령 상한을 높이면 대상자 모집이 쉬워지고, 예산 소진율도 높아진다. 물론 이런 움직임을 두고 '예산 확보를 위한 꼼수'라는 말도 있지만, 20~30대 젊은 인구가 턱없이 부족한 지역 입장에서는 그렇게라도 버텨야 하는 게 현실이다.

그렇다면 법에서 말하는 청년은 몇 살일까. 청년은 본래 푸른 나이, 인생의 봄철을 뜻하는 '청춘靑春'에서 왔다. 그러나 행정과 정책의 세계에서 그 시기는 고무줄처럼 늘어나기도, 줄어들기도 한다. 가장 기본이 되는 기준은 「청년기본법」이다. 청년 정책의 방향과 이념을 규정하는 이 법에서 청년은 '19세 이상 34세 이하'로 정해져 있다. 인생에서 딱 16년 정도만 청년인 셈이다. 하지만 하위 법령을 내려가면 기준은 제각각이다. 「청년고용촉진 특별법 시행령」은 '15세 이상 29세 이하', 「후계청년농어업인 육성 및 지원에 관한 법률 시행령」은 '40세 미만'을 청년으로 본다. 결국 '청년'의 나이는 하나로 고정되어 있지 않다. 각 법이 상정하는 '지원 대상 청년'이 다르기 때문이다.

국가 법령에서는 '40세 미만'이 가장 넓은 기준이지만, 광역지자체로 내려가면 이보다 더 올라간다. 17개 광역지자체 중 강원특별자치도와 전라남도는 국가 기준을 넘어 청년을 '45세 이하'로 정의하고 있다.[4] 기초지자체로 내려가면 청년의 나이가 더 높아진다. 일부 기초자치단체는 조례로 연령을 49세까지 올리기도 했다. 흥미로운 건, 수도권에서 멀어질수록 청년의 나이 상한이 높아지는 경향도 뚜렷하다는 점이다.[5] 이 추세라면 앞으로 청년의 나이는 더 올라갈 것이다. 머지않아 젊은 베이비붐 세대도 '청년'으로 불리는 시대가 올지도 모른다.

돌아오는 사람들을 위한 지자체의 '원씽 One Thing'

청년들은 빠져나가고, 기업도 사라져간다. 학교도 마을도 고사하고 있는 듯하다. 세금도 걷기 힘들다. 이리 보고 저리 봐도, 지금 진행되고 있는 여러 메가트렌드들이 지방에 유리하게 진행되고 있지 않다. 단 하나 좋은 징조가 있다면 젊은 베이비부머가 돌아오고 있다는 것뿐이다. 하지만 지방은 청년정책 일색이다. 이걸 비난하려는 건 아니다. 다만 이렇게 말하고 싶다. '나가는 사람'을 붙잡는 정책도 중요하지만, '들어오는 사람'을 맞이하는 정책이 더 필요하지 않을까. 떠나는 이들을 붙잡는 일보다, 스스로 걸어 들어오는 사람을 반기는 일이 훨씬 쉽고, 효과도 크다.

지방에는 이미 조용하지만 확실한 변화가 일고 있다. 은퇴를 앞둔 1960년대생, 이른바 젊은 베이비붐 세대의 유입이 시작된 것이다. 2010년 정도까지 이어졌던 '이촌향도'의 흐름은, 이제 그 반대 방향의 '조용한 역류'로 바뀌고 있다.

역류를 만들어내는 이들은 여전히 건강하고, 일할 수 있으며, 두 번째 인생을 설계할 시간과 의지가 있다. 경력과 사회적 경험이 풍부하고, 경제적 여유를 가진 경우도 많다. 무엇보다 삶의 방향을 새로 그려보려는 욕구가 강하다. 복지의 수혜자가 아니라, 생산과 소비를 동시에 이끌 수 있는 세대다. 앞으로 지역을 지탱할 힘은 '젊은 인구'가 아니라, 이렇게 의미 있는 변화를 만들어 낼 사람들일 것이다. 어쩌면 베이비부머의 귀촌이 지역에 미치는 파급력은 청년보다 더 클지도 모른다.

물론, 모든 베이비부머에게 귀촌을 권할 필요는 없다. 사람마다 삶의 방식이 다르고, 그래서 살고 싶은 곳도 다르다. 다만 이미 귀촌을 선택한 이들이 안정적으로 정착할 수 있도록, 제도적 뒷받침을 마련해야 한다. 최근 5년간 도 지역으로 순유입된 45~69세 인구는 약 20만 명, 그중 55~64세만 봐도 10만 명이 넘는다. 이들이 지역에 무리 없이 안착하도록 돕는 정책이 마련된다면, 더 많은 인구가 자연스럽게 따라 들어올 것이다.

지금 인구감소로 고통받는 지방이 집중해야 할 '원씽One Thing'은 무엇일까. 게리 켈러 Gary Keller와 제이 파파산 Jay Papasan은 『The One Thing』에서 말한다.

> 복잡한 문제를 한꺼번에 풀려 하지 말고, 가장 파급력이 큰 하나에 집중하라. 그 하나가 해결되면, 나머지 문제들은 줄줄이 풀린다.

이 자기계발서의 조언은 지방에도 그대로 적용된다. 지방이 살아나길 바란다면, 시작은 바로 '돌아오는 사람들'이다. 그들이 돌아오면 중소기업이 움직이고, 빈 상가에 불이 켜지고, 빈집은 다시 생활의 공간이 된다. 마을이 북적이고, 거리엔 활기가 돈다. 하나를 건드리면 도미노처럼 나머지도 줄줄이 해결된다. 결국 베이비부머 정책이야말로 중소기업난, 도심 쇠퇴, 인구 유출을 함께 해결할 수 있는 가장 강력한 열쇠다. 무엇보다 정책 비용으로 따져도 가장 적은 비용으로 가장 큰 효과를 거둘 수 있는 해법이다.

시골에서 나고 자라 도시에서 평생을 일에 묻혀 살아온 이들이, 퇴직과 함께 정체성을 잃을 위기에 처해 있다. 그들이 다시 지방으로 돌아오고 있다. 그리고 앞으로는 더 많은 이들이 돌아올 것이다. 그렇다면 우리는 지금 물어야 한다.

"이들이 원하는 방식으로 두 번째 인생을 살아갈 수 있도록, 어떤 공간과 일, 관계를 설계할 것인가?"

이 책이 제안하는 3자 연합모델은 바로 그 질문에 대한 답이다. 베이비부머가 귀촌해 중소기업에서 일하고, 지역과 함께 손을 맞잡는 구조로, 청년, 베이비부머, 지역 중소기업이 함께 살아나는 모델이다. 이 모델은 대한민국이 직면한 여러 난제를 한꺼번에 풀 수 있는 현실적인 해법이 될 것이다.

가능성을 확인했다. 이제 실행으로

이 책을 집필하는 동안, 한국경제인협회(이하 한경협)가 3자 연합모델에 깊은 관심을 보였다. 한경협은 이 모델의 실현 가능성을 직접 확인하기 위해 9월 중순부터 약 보름간 자체 설문조사를 진행했다. 그리고 조사 결과가 정리되자, 한경협 이재수 팀장은 우리 연구진에게 분석 결과를 전달하며 말했다.

"3자 연합모델, 생각했던 것보다 훨씬 가능성이 높습니다."

그의 상기된 목소리에서 기대와 확신이 느껴졌다. 한경협의 관심이 참으로 고마웠다. 한경협은 이번 설문조사 결과를 토대로, 베이비부머와 중소기업을 연결하는 사업을 향후 중점 추진 과제로 삼겠다고 밝혔다.

한경협의 설문은 크게 '수도권에 거주하는 베이비부머 (1955~1974년생)' 500명, '지방(강원권·충청권·호남권·영남권) 소재 중소기업' 500개를 대상으로 수행되었다. 우리는 베이비부머와 지역 중소기업이 '연결될 가능성'을 확인하기 위해, 조사 문항 중 연구진이 가장 중요하다고 생각하는 다섯 가지를 선별해, 각각 응답 결과를 비교해 보았다.

- 의향:
  베이비부머의 취업 의향 vs. 중소기업의 채용 의향
- 근무 형태:
  베이비부머가 선호하는 근무 형태 vs. 중소기업에서 필요한 근무 형태
- 임금:
  베이비부머가 받고 싶은 임금 vs. 중소기업에서 지급 가능한 임금
- 필요한 지원책:
  양측 모두, 3자 연합모델 추진 시 필요한 지원 사항
- 참여 의향:
  양측 모두, 3자 연합모델 추진 시 참여 의향

먼저, 베이비부머의 의향을 보자. 수도권 거주자 중 73%가 '지방 중소기업 취업 기회가 주어진다면 귀촌하겠다'고 답했다. 남성은 79.9%, 여성도 66.9%로, 성별과 직종을 가리지 않고 높은 관심을 보였다. 특히 기술·기능직 뿐만 아니라, 전문직의 경우는 귀촌 의향이 80%를 넘었다. 도시의 화이트칼라가 지역 중소기업에 취업해서 일하겠냐는 의심은 이쯤에서 접어도 될 듯하다.

지역 중소기업의 반응도 적극적이었다. 절반 이상(52.2%)이 '50대 이상 중장년을 채용할 의향이 있다'라고 답했고, 인력난을 겪는 기업에선 그 비율이 60%대까지 올랐다. 응답기

업은 중장년의 장점으로 경험과 전문성(31%), 책임감과 성실성(29.9%), 낮은 이직률(18.2%)을 꼽았다. 즉, 베이비부머는 일할 준비가 되어 있고, 기업은 그들의 경험을 필요로 하고 있었다.

둘째로, 근무 형태를 비교해도 접점이 분명했다. 베이비부머의 절반 가까이(47%)가 파트타임 근무를 선호했지만, 풀타임과 파트타임, 둘 다 가능하다는 응답(42%)도 만만치 않았다. 기업 역시 37.6%가 '풀타임·파트타임 모두 가능하다'고 답했다. 유연한 근무 방식을 통한 현실적인 매칭 가능성이 이미 열려 있는 셈이다.

셋째로, 임금 수준에서도 큰 간극은 없었다. 베이비부머가 희망하는 평균 월 임금은 풀타임 기준으로 평균 260만 원, 중소기업이 제시 가능한 금액은 평균 264만 원으로 거의 차이가 없었다. 특히 기업의 10곳 중 8곳이 최저 임금에서 월 300만 원 이하 수준까지는 감당할 수 있다고 답했다. 즉, 돈 때문에 무너질 협상은 아니라는 의미다.

넷째로, 3자 연합모델 추진 시 필요한 지원책을 묻자, 두 집단의 요구는 우리 연구진이 현장 인터뷰에서 확인했던 것과 놀라울 만큼 닮아 있었다. 베이비부머는 안정된 주거(22.6%), 안정적 일자리(18.6%), 정착자금 지원(12%)을 꼽았고, 기업은 중장년 채용 인센티브(23.5%), 안정된 주거(21%), 직무 교육 및 재취업 프로그램 지원(13.8%)을 원했다. 주목할 만한 점은, 중소기업이 바라는 지원책 또한 근로자를 중심에 두고 있다는 것이다.

마지막으로, 우리 연구진이 가장 주목했던 질문이다.

'정부나 지자체가 주도해 3자 연합모델을 추진한다면, 참여하겠습니까?'

이에 베이비부머의 79%가 참여하겠다고 답했다. 기업도 절반 가까이(49.4%)가 긍정했으며, 특히 인력난을 겪는 기업에서는 57.8%로 더욱 높게 나타났다. 한경협의 설문조사는 우리가 현실적으로 궁금하게 생각하고 있던 많은 부분들을 확인해 주었다. 젊은 베이비부머와 지역기업의 연결은 이제 가능성을 넘어, 실행의 단계로 들어설 준비가 되어 있었다.

나라까지 구하는 3자 연합

이제 글을 마무리하려 한다. 다시 말하지만, 최근 5년간 도 지역으로 순유입된 45~69세 인구는 약 20만 명, 이 중에서도 이동이 가장 활발한 55~64세 인구만 10만 명이 넘는다. 귀촌의 거대한 흐름이 시작되었다.

2025년 현재 수도권에 거주하면서 실제로 움직일 수 있는 55~64세 인구만 해도 약 400만 명에 이른다. 각종 조사에서 베이비부머의 15%가 구체적인 이주 계획을 가지고 있다고 하니, 이들의 귀촌을 돕는 3자 연합모델이 본격적으로 추진

된다면 약 60만 명, 부부 기준으로 30만 가구의 이동이 가능하다는 계산이 나온다. 이 수치는 우리 연구진이 매우 보수적인 가정으로 추산한 결과다. 국내 이주 통계를 자세히 들여다보면, 실제 이동 규모는 이보다 훨씬 클 가능성이 높다. 만약 이들이 2~3년 안에 지방으로 옮긴다면 어떨까. 우리 사회가 오랫동안 해결하지 못한 연금 고갈 문제, 청년 일자리 문제, 주택 문제 등 국가적 난제를 동시에 풀 수 있는 절호의 기회가 될 것이다.

먼저, 3자 연합모델은 저출산·고령화 문제로 인해 파생된 연금 고갈 문제를 완화할 수 있다. 태어나는 아이는 줄고, 기대수명은 늘면서 인구 구조가 급속히 늙어가고 있다. 정부가 2006년 이후 280조 원 넘는 예산을 저출산 대책에 투입했지만, 한국의 합계출산율은 여전히 세계 최하위권이다. 노동인구가 줄면 경제성장률이 떨어지고, 복지비용이 늘어나며, 결국 연금 체계도 흔들릴 수밖에 없다. 부담은 고스란히 청년세대에게 돌아간다. 3자 연합모델은 이 악순환을 완화할 수 있다. 젊은 베이비부머가 지방 중소기업에서 일하게 되면, 노동 공급이 늘어 기업의 인력난이 경감되고, 이들이 계속 일하며 국민연금 보험료를 납부함으로써 연금 재정에도 도움이 된다. 가령 귀촌한 30만 가구 중 20만 명이 중소기업에서 일하고 월평균 210만 원을 번다고 하면, 근로자와 사업주가 내는 보험료 9%를 합쳐 국민연금에 매년 약 4,500억 원이 추가로 유입된다. 이는 국민연금 연간 수입(약 62조 원)의 0.7%에 달하는 규모다. 실제 납부율이 절반 수준이라 해도 연 2,000억 원대의 추가 수입이 생기는 셈이다. 이처럼 귀촌 베이비부머의 노동 참여는 연금 재정 안정, 지역경제 회복, 청년세대 부담 완화라는 세 가지 효과를 동시에 낳는다.

두 번째로, 3자 연합모델은 청년 일자리 문제를 완화할 수 있다. 취업 문은 좁아지고, 청년 백수는 늘고, 그 결과 사회적 불안이 깊어지고 있다. 정년연장으로 인해 중장년 1명이 은퇴하지 않으면 청년 1명의 일자리가 줄어드는 현상이 실제로 나타나고 있다. 대기업과 공공기관처럼 '좋은 일자리'에서 세대 간 경쟁이 특히 치열하다. 젊은 베이비부머가 귀촌해 지방 중소기업에서 일한다면, 이런 경쟁이 완화되고 청년층에게는 기회가 열린다. 중장년층이 빠져나간 자리에 새로운 세대가 진입할 수 있고, 동시에 지방 기업은 인력난을 해결할 수 있다. 게다가 베이비부머는 소비력이 가장 완성된 세대이기도 하다. 이들이 귀촌하면, 지역에서는 생활, 의료, 문화 소비가 함께 커지고, 이를 기반으로 새로운 청년 일자리 뿐만 아니라 창업 기회가 만들어진다.

세 번째로, 3자 연합모델은 수도권 집값 문제를 해결할 수 있다. 수도권의 집값은 여전히 오르고, 청년들은 주거비 부담에 짓눌려 결혼과 출산을 미루고 있다. 젊은 베이비부머가 지방으로 이주하면, 시장에 자연스러운 주택공급 효과가 생긴다. 귀촌 1가구는 곧 도시의 1가구 공급이다. 베이비붐 세대는 대체로 자가를 보유하고 있다. 유주택자의 경우 귀촌하게 되면, 일부는 집을 팔고 일부는 임대 형태로 내놓을 것이다. 집을 팔지 않는다 해도, 시장에 전·월세 물량이 나오면 집값은 안정된다. 무주택자의 경우도 마찬가지다. 이들이 이주하면 전·월세 시장에 주택이 1채 공급되는 효과가 있다. 남양주 왕숙지구, 하남 교산지구, 인천 계양지구, 고양 창릉지구, 부천 대장지구 등 주요 3기 신도시의 주택 공급 계획을 모두 합산하면 약 17만 호에서 18만 호에 달하는 대규모 물량이다. 귀촌으로 3년간 30만 가구가 이동한다고 보면, 그 자체가 3기 신도시 공급 목표를 훌쩍 뛰어넘는 수준의 효과다. 베이비부머의 귀촌은 대도시 주택 수요를 완화해 청년층의 주거 부담을 낮추는 직접적 해결책이 될 수 있다.

이처럼 3자 연합모델은 연금, 청년 일자리, 주택 문제라는 세 가지 사회적 난제를 동시에 풀어낼 잠재력을 지니고 있다. 물론 베이비부머에게 '위기에 처한 나라를 구하라'는 짐을 지우려는 것은 아니다. 그들은 정책의 수단이 아니라, 각자의 삶을 스스로 설계할 권리를 가진 존엄한 개인들이다. 다만 그들이 원할 때, 귀촌해 안정적으로 정착할 수 있도록 정부가 지금의 흐름에 '추임새'를 더해 준다면, 그것이 곧 지역을 살리고, 나라도 살리는 강력한 한 방이 될 것이다.

> 부록 1

이 책에서 말하는 '지방씨'

현 정부에서는 '5극 3특 전략'으로 국토의 균형적 발전을 꾀하고 있다. 여기서 5극은 수도권, 동남권, 대경권, 중부권, 호남권이고, 3특은 제주, 전북, 강원 특별자치도이다. 앞으로 5개 극의 균형적 발전을 위해, '서울', '부산·울산', '대구', '대전·세종', '광주'에 대한 거점 개발이 이루어질 가능성이 크다. 3자 연합모델은 이러한 거점 개발 방향 속에서, 소외된 지역에 관한 이야기이다. 2025년 8월 기준, 수도권과 5대 광역시, 세종특별자치시를 제외한 지방 지자체는 121개. 이 책에서 말하는 '지방씨'는 121개 지자체로서 다음과 같다.

(괄호 안은 2025년 8월 기준 주민등록인구 수를 나타냄)

대도시 **6곳 지자체** 인구 50만 명 이상	창원시 (993,530) 제주특별자치도 (665,953)* 전주시 (629,153)	청주시 (856,690) 김해시 (532,736)	 천안시 (662,959)
중도시 **17곳 지자체** 인구 20만~50만 명 이하	포항시 (489,418) 양산시 (360,411) 춘천시 (285,182) 경산시 (265,055) 경주시 (244,247) 강릉시 (206,881)	구미시 (404,140) 아산시 (358,112) 순천시 (275,144) 여수시 (264,724) 거제시 (231,439) 목포시 (205,241)	원주시 (362,775) 진주시 (336,999) 익산시 (267,548) 군산시 (256,575) 충주시 (207,013)

소도시 98곳 지자체
인구 20만 명 이하

서산시(172,962)	당진시(172,553)	광양시(155,261)
안동시(153,443)	김천시(134,537)	제천시(128,032)
통영시(117,240)	나주시(117,195)	사천시(108,226)
논산시(107,271)	칠곡군(105,308)	정읍시(100,939)
공주시(100,488)	완주군(100,331)	홍성군(100,109)
밀양시(99,629)	영주시(97,706)	영천시(96,142)
무안군(95,263)	음성군(92,818)	보령시(92,524)
상주시(90,520)	동해시(86,717)	진천군(85,863)
김제시(81,443)	속초시(80,049)	예산군(78,916)
남원시(74,867)	홍천군(66,328)	문경시(65,877)
해남군(62,401)	삼척시(60,964)	화순군(60,370)
태안군(59,745)	고흥군(59,712)	거창군(59,197)
부여군(58,712)	함안군(57,851)	창녕군(55,083)
예천군(54,038)	영광군(53,142)	고창군(50,563)
영암군(50,329)	금산군(49,147)	옥천군(48,410)
의성군(48,116)	서천군(47,551)	부안군(47,446)
고성군(47,298)**	계룡시(46,024)	울진군(45,919)
횡성군(45,823)	완도군(44,908)	담양군(44,272)
영동군(42,869)	장성군(42,839)	성주군(40,952)
청도군(40,246)	하동군(40,243)	철원군(40,006)
평창군(39,913)	합천군(39,473)	남해군(39,282)
신안군(38,930)	태백시(37,436)	증평군(37,143)
보성군(36,720)	영월군(36,334)	괴산군(35,808)
함양군(35,617)	장흥군(34,212)	정선군(33,279)
산청군(32,992)	영덕군(32,878)	강진군(31,767)
인제군(30,910)	보은군(30,333)	고령군(29,750)
함평군(29,596)	청양군(29,122)	봉화군(28,371)
진도군(28,163)	양양군(27,318)	단양군(26,986)
고성군(26,751)***	순창군(26,746)	곡성군(26,592)
임실군(25,291)	의령군(24,755)	진안군(24,198)
구례군(23,865)	청송군(23,510)	무주군(22,840)
화천군(22,525)	양구군(20,479)	장수군(20,390)
영양군(15,165)	울릉군(8,860)	

* 제주특별자치도는 제주시(485,783명)와 서귀포시(180,170명)의 인구를 합한 값이다.

** 경상남도 고성군

*** 강원특별자치도 고성군

부록 2

중앙정부는 3자의 결합을 어떻게 지원할 수 있을까?

정부가 어떤 방식으로 3자 연합모델에 추임새를 넣을 수 있을지, 우리 연구진은 다섯 단계로 정리해 보았다. 일부 내용은 정부 부처 실무자들에게 직접 들은 조언을 반영했고, 다른 부분은 문헌을 검토하며 가능성을 정리했다. 물론 제도 하나가 시행되기까지 수많은 난관이 따른다는 사실을 잘 알고 있다. 따라서 여기에서 제시하는 정책 대안들은 그 복잡한 현실을 모두 반영하지 못한, 다소 과감하고 거친 제안일 수도 있다.

그럼에도 불구하고 이를 제시하는 이유는 독자들이 3자 연합모델의 구조를 이해하고, 이 논의가 사회적으로 더욱 활발히 이어지기를 바라기 때문이다. 혹시 제안이 미흡하거나 실효성이 떨어지는 부분이 있다면, 두 저자에게 알려 주시길 바란다. 그 피드백이 정책 설계에 큰 도움이 될 것이다.

3자 연합모델은 은퇴를 앞둔 거대한 인구집단이 인생의 두 번째 장을 준비하도록 돕는 동시에, 국토의 균형 있는 발전에도 기여하는 구상이다. 더 나아가 수도권 주택 가격이 안정되거나, 연금 고갈 시기가 지연되는 등의 긍정적 파급효과도 기대할 수 있다. 무엇보다 화폐 가치로 환산하기 어려운 공익적 효과가 크다. 이 부록을 끝까지 읽어보면 알 수 있듯, 이런 사회적 효과에 비해 정부가 추가로 투입해야 할 예산은 그리 많지 않다. 이미 존재하는 제도를 약간만 손보거나, 적용 대상을 넓히고 가점 제도를 활용하는 방식으로도 충분히 추진이 가능하다.

이제 중앙정부의 역할을 구체적으로 살펴보자. 이해를 돕기 위해, 프롤로그에서 만난 김상철 씨의 이야기를 다시 떠올려보자. 그가 함양에서 두 번째 인생을 시작하려 할 때, 중앙정부는 과연 어떤 도움을 줄 수 있을까? 이제부터 펼쳐질 상상의 장면들은 모두, 3자 연합모델을 실현하기 위해 제도적 보완이 필요한 부분을 중심으로 구성한 것이다. (여기서 언급되는 중앙정부의 귀촌 촉진 정책들은, 귀촌자뿐 아니라 지역 주민에게도 혜택이 돌아가도록 설계되어 있다.)

Step 1. 전국 단위 구직자–구인자 플랫폼을 구축한다.

상철 씨는 아내와 깊은 상의 끝에 서울 생활을 정리하고 함양으로 내려가기로 결심했다. 하지만 가장 먼저 떠오른 걱정은 이것이었다.

"함양에도 내가 할 수 있는 일이 있을까?"

서울의 식품 제조업체에서 품질관리와 마케팅을 담당했던 그는, 자신의 경력을 살릴 수 있는 일자리가 지방에도 있을지 확신이 없었다. 그렇다면 상철 씨와 함양의 기업은 어떻게 연결될 수 있을까?

다행히 중기부 산하 중소벤처기업진흥공단(중진공)이 운영하는 '기업인력애로센터' 일자리 매칭 플랫폼이 있다. 업종과 지역을 입력하면 여러 중소기업이 올린 채용 공고를 확인할 수 있고, 구직 등록을 통해 상담사의 맞춤형 추천도 받을 수 있다. 서류 준비와 면접 지원도 가능하며, 지역 중소기업은 구직자의 경력과 특성을 검토해 채용 여부를 결정한다. 상철 씨와 중소기업의 매칭은 이런 플랫폼을 통해 쉽게 이루어질 수 있다. 다만 서로를 탐색할 수 있는 시간을 마련하기 위해, 초기에는 서로가 서로에게 맞는지를 알아보는 3~6개월 정도의 인턴 근무 기간이 필요할 것이다.

ACTION

귀촌인과 중소기업을 이어주는 첫 관문을 마련하자

일자리 매칭 플랫폼 고도화
✕ 중기부 ✕ 고용부

중진공의 기존 플랫폼을 '일자리 연계형 귀촌 전용 플랫폼'으로 확대·개편한다. 법 개정은 필요하지 않으며 운영 고도화만으로도 충분하다.

개편 방향은 다음과 같다.

- 지자체 메뉴 마련: 플랫폼 내에 지자체별 귀촌 관련 정보를 통합 제공
- 귀촌 희망자 메뉴 마련: 귀촌 중장년 전용 채용관을 마련하고, 구직자가 자신의 경력·경험을 등록해 기업이 직접 확인할 수 있는 시스템을 구축
- 데이터 연계 강화: 고용부 산하 한국고용정보원이 운영하는 '고용24'와 데이터 연계

Step 2. '집'을 공급하고, '주거환경'을 개선한다.

중기부 플랫폼을 통해 함양의 인산가에서 인턴 생활을 하게 된 상철 씨. 일자리가 해결됐다면 이제 남은 문제는 바로 '어디서 살 것인가'이다. 다행히 함양군청을 통해 도움을 받을 수 있었다. 함양에는 농식품부의 지원을 받아 조성된 '체류형 농업창업 지원센터'가 있었고, 이곳에는 타운하우스 형태의 체류형 주택단지가 마련되어 있었다.

체류형 주택단지는 도시에서 온 사람들이 6개월에서 1년 정도 머물면서 '내가 과연 귀촌에 맞는지'를 시험해 볼 수 있는 곳이다. 이런 공간은 너무나 중요하다. 귀촌을 원하지만 막연한 불안감을 가진 이들에게, 실제로 농사 교육을 받고 아이가 다닐 학교를 확인하며, 마을 사람들과 교류하는 경험을 제공한다. 체류형 주택단지는 일종의 '미리 살아보는 집'이자

'지역 적응 훈련소' 역할을 하는 것이다.

상철 씨는 인턴 기간 동안 아내와 함께 이곳에서 생활할 수 있었다. 그리고 인턴이 끝난 뒤 진짜 정착을 결심하면, 국토부와 LH가 마련한 '귀촌인 주택'으로 입주할 수 있다. 덕분에 임시 거처에서 장기 정착용 주택으로 자연스럽게 이어지는 주거 경로가 만들어진다.

하지만 집만 해결된다고 끝이 아니다. 건강을 챙기고, 문화생활도 즐길 수 있도록 주거환경도 조금 더 좋게 변해야 한다. 이 부분에서는 복지부가 중요한 역할을 할 수 있다. 복지부는 2026년부터 전국 30개 의료기관을 대상으로 주치의 제도를 시범 운영할 예정이다. 이 제도는 수도권과 비수도권 간 의료 격차를 완화하고, 만성질환자 중심의 관리체계 구축을 목표로 한다. 만성질환의 경우 고령 인구가 늘어나는 지역에 그 비율이 높다. 그러니 주치의 제도를 귀촌 유인책과 연계하기만 하면, 귀촌인의 정착률을 높이는 데 도움을 줄 수 있다.

정주환경 개선을 위한 문체부의 역할도 있다. 예컨대 문체부의 국민체육센터 건립 지원사업을 통해, 귀촌인 단지를 업그레이드할 수 있다.

> ACTION

집과 생활환경의 정착 기반을 마련하자

지역 적응을 위한 '체류형 주택단지' 마련
× 농식품부 × 국토부

농식품부의 '농촌 체류형 복합단지 조성 시범사업'과 국토부의 '지역활력타운 조성사업'을 일부 개편해, 6개월~1년간 머무를 수 있는 '체류형 주택'을 공급한다.

여기서 핵심은 기존 제도를 '일자리 연계형'으로 전환하는 것이다. 법 개정 없이도 현행 제도 틀 안에서 충분히 조정 가능하다.

귀촌인 단지 마련
× 국토부

귀촌인 단지는 크게 아래의 두 가지 유형으로 나눌 수 있다. 이 정책은 국토부가 주도적으로 추진할 필요가 있다.

- 매입임대주택 : 저소득 무주택자를 대상으로, 지역 건설업체가 소규모 단지를 신축하면 LH 등 공공기관이 매입하여 수도권 저소득층에 저렴하게 임대

- 이모작 타운 : 유주택자(수도권·광역시 은퇴자 등)가 지방으로 이주하는 경우, 기존 대도시 주택을 공공에 유동화(매각·신탁·임대)하고, 그 물량을 청년·신혼부부에게 재공급

주치의 제도의 확대
× 복지부

현재 우리나라 국민들의 의료이용 행태는 병원에서 치료를 하는 것에 집중되어 있다. 아프면 치료하러 가는 곳이 병원인 것이다. 하지만 고령화 사회에서는 치료가 아닌 예방적 의료로의 전환이 필요하다.

지방 도 지역에 주치의 제도를 우선적으로 도입하고, 이를 귀촌과 연계한다면, 귀촌 활성화에 큰 도움을 줄 것이다.

- 주치의 제도 도입: 주치의 등록 후 6개월 이상 정기 진료 (3회 이상) 및 기본 검진 1회 이상 이행하면, 이행자에게 심장초음파, CT, 대장내시경, 동맥경화도 등 선택형 검진 항목에 대한 건강검진 바우처 제공

생활체육시설의 지원
× 문체부

문체부는 국민체육진흥기금을 활용해 지역 주민들이 사용할 수 있는 생활밀착형 체육시설을 확충하고 있다. 예를 들어, 귀촌인 단지 주변에 문체부의 국민체육센터 건립 지원사업이 연계될 수 있다.

실제로 문체부는 이미 '지역활력타운 사업' 속에 이러한 지원제도를 갖추고 있으며, 이를 보다 적극적으로 적용하면 된다.

Step 3. '중소기업'이 안정적으로 운영되도록 돕는다.

상철 씨가 인산가에서 새로운 삶을 시작하는 과정에서 무엇보다 중요한 전제는, 기업 자체가 안정적으로 운영되어야 한다는 점이다. 아무리 좋은 인재를 채용하더라도, 기업이 흔들리면 상철 씨 역시 지역에서 안정적인 삶을 이어가기 어렵다.

다행히 정부가 새로운 예산을 편성하지 않아도 활용할 수 있는 정책 수단은 이미 충분하다. 중기부가 운영하는 지원 사업만 해도 수십 가지에 달한다. 인프라 구축부터 마케팅, 교육 지원까지 다양한 지원책이 마련되어 있다. 여기서 필요한 것은 단 하나, '중장년을 채용한 기업을 우대한다'는 조건을 붙이는 일이다.

ACTION

중장년을 채용하는 중소기업에도 도움을 주자

중장년 채용 기업 지원
✕ 중기부

중기부가 운영 중인 다양한 지원 사업에 중장년을 채용한 기업에 관한 우대 조항을 붙인다.

특히 중장년을 채용한 기업에 대해서는 평가 과정에서 가점을 부여하거나, 우선지원 대상으로 지정한다. 이러한 우대 방식은 이미 중기부의 여러 사업에서 보편적으로 시행되고 있는 제도이므로, 별도의 예산 증액 없이도 충분히 추진할 수 있다.

중기부에서 추진 중인 몇 가지 사업을 예로 들면 다음과 같다.

- 중장년 채용 지방 중소기업 우대: 예컨대, 중기부에서 추진 중인 '중소기업 기술혁신 개발사업', '중소기업 혁신 바우처 지원사업', '온라인 판로 종합 지원사업' 등의 대상 기업 선정 과정에서 중장년 채용 지방 중소기업을 우대하는 방식으로 지원

Step 4. 귀촌해서 일하는 이들에게 '사회적 임금'을 지원한다.

상철 씨가 인산가에서 받는 월급은 200만 원. 함양에서 생활하기엔 빠듯하다. 그런데 여기에 '사회적 임금'이 더해진다면 어떨까? 우리가 흔히 알고 있는 월급은 통장에 찍히는 돈이다. 이건 '개인적 임금'이다. 사회적 임금은 지역사회와 정부가 제공하는 다양한 혜택을 '임금처럼' 환산한 개념이다. 대표적인 사례가 2019년 광주에서 추진된 '광주형 일자리 모델'이다. 이 일자리는 광주광역시와 현대자동차가 협력해 만든

고용 모델이다. 자동차 업계는 노조가 힘이 세다. 그래서 임금이 높은 편이다. 광주형 일자리 모델은 이 틀을 바꿔보려는 시도였다. 기업(현대자동차)은 기존보다 낮은 임금을 주되, 일자리를 안정적으로 제공한다. 노동자는 임금이 낮아 손해처럼 보이지만, 대신 중앙정부와 광주광역시가 주거·교통·복지 같은 사회적 혜택을 지원해 생활을 보완해 준다.

우리의 3자 연합모델도 비슷한 원리다. 중소기업은 임금을 낮추어 인건비를 줄이고, 귀촌인은 낮은 임금 대신 안정적인 일자리를 얻으며, 중앙정부와 지자체는 주거·임금·교육·복지 혜택을 더한다. 중앙정부는 별도의 예산 항목을 만들 필요가 없다. 이미 존재하는 제도를 조금만 손보아 중장년이 지방 중소기업에 취업할 시 조금 더 혜택받는 구조로 변경하면 된다. (지방에 거주하는 토박이 중장년도 혜택 대상에 포함되므로, 귀촌인만을 우대한다는 역차별 우려는 없다.)

상철 씨를 위한 사회적 임금은 '일', '배움', '건강' 세 가지 갈래로 설계할 수 있다. 이때 고용부는 '일'을 책임지고, 교육부는 '배움'을, 복지부는 '건강'을 지원하면 된다. 임금을 조금 더 보전해 주고, 평생교육비를 지원하며, 건강보험료를 덜어주는 일. 이렇게 세 가지의 차원에서 보이지 않는 통장을 채워준다면, 귀촌인의 생활은 훨씬 안정될 것이다.

> **ACTION**

지방 중소기업 취업자의 생활비를 경감하는 '보이지 않는 통장'을 만들어 주자

일 : 임금의 보전
✕ 고용부

고용부의 '고령자 고용지원금'은 60세 이상 근로자가 늘어난 기업에, 1인당 분기별 30만 원씩, 최대 2년 동안 지원된다. 이는 기업에 지급되는 지원금으로, 개인이 직접 받는 구조가 아니다. 기업이 그 돈을 근로자 임금에 더해 얹어줄 수도 있지만, 꼭 그럴 의무는 없다. 따라서 앞으로는 기업 인센티브가 실제 임금 보전에 사용되도록 '조건부 설계'가 필요하다.

- 고용지원금 확대 : 지방 중소기업에 한해, 현재 60세 이상에게 적용되는 '고령자 고용지원금'의 대상을 55세 이상으로 확대하고, 지원금을 증액해 근로자에게 직접 지급되도록 개편 → 월 20만 원 수준의 사회적 임금 효과

배움 : 평생교육비 지원
✕ 교육부   ✕ 지자체

현재는 '국가-지자체 평생교육 이용권 지원사업'을 통해 1인당 연간 35만 원의 평생교육 이용권을 지급한다. 이용권 유형은 크게 '일반(기초·차상위계층 우선)', '디지털(30세 이상 성인)', '노인(65세 이상 노인)'으로, 귀촌자에게 주어지는 별도의 혜택은 없다.

- 평생교육 이용권 확대 : 지방 중소기업 취업자에 한해, 평생교육 이용권 지원 대상을 확대하고 지원 금액을 증액 → 월 10만 원 수준의 사회적 임금 효과

건강 : 건강보험료 지원

✗ 복지부

현행 「보험료 경감 고시」 제3조에 따르면, 섬·벽지 지역 거주자나 해당 지역 사업장에서 일하는 근로자는 건강보험료의 50%를 감면받을 수 있다. (2025년 기준 건강 보험료율은 7.09%인데, 직장가입자의 경우 근로자와 기업이 각각 절반씩 분담한다. 예를 들어 월급이 200만 원이라면, 기업이 약 7만 원, 근로자가 약 7만 원을 분담하지만, 섬·벽지 지역 사업장에서는 근로자 부담금의 절반이 줄어드는 구조다.)

- 건강보험료 경감 대상자 확대: 이 제도를 지방 중소기업 취업자로 확대해, 최대 월 5만 원 내외의 건강보험료가 경감되도록 개편→ 월 5만 원 수준의 사회적 임금 효과

Step 5. 기타 제도적 장벽을 완화하자.

상철 씨 부부에게 마지막으로 남은 큰 제도적 장벽이 있다. 바로 주택연금의 실거주 요건이다. 상철 씨 부부는 노후 자금을 마련하기 위해 주택연금을 신청하려 했지만, 귀촌할 경우 주택연금을 받을 수 없다. 무엇보다 상철 씨는 서울 집을 당장 팔고 싶지 않았다. 자녀에게 물려주려는 생각이 있었기 때문이다. 만약 서울 집을 유지한 채 귀촌하더라도 주택연금을 가입할 수 있다면, 상철 씨는 돈 걱정 없이 지방에서 노후를 보낼 수 있을 것이다.

> ACTION
>
> ### 귀촌인을 대상으로 주택연금의 실거주 요건을 완화하자
>
> #### 주택연금의 실거주 요건을 완화
> ✕ 금융위
>
> 이미 2024년 5월부터 실버타운으로 이주하는 경우에는 실거주 요건을 완화해 주택연금 수급이 가능해졌다.
>
> 같은 맥락에서, 지방으로 이주하는 경우에도 예외 적용을 허용한다면, 귀촌자의 생활 안정에 큰 도움이 될 것이다. 이를 위해서는 금융위 고시인 한국주택금융공사 업무방법서 개정 등 추가 제도 개선이 필요하다.

하지만 또 다른 장벽이 있다. 유주택자의 귀촌은 공공임대주택 입주에서 배제된다는 점이다. 상철 씨처럼 서울에 집을 보유한 사람은 지방에서 공공임대주택에 입주할 수 없다. (공공임대주택 사업 자체가 무주택자를 대상으로 한 '복지' 사업이기 때문이다.) 그러나 귀촌의 사회적 중요성을 고려한다면, 지방으로 이주하는 유주택자에게 공공임대 특례를 허용하는 방안도 검토할 필요가 있다. 이 제도는 추가적인 장점도 가진다. 건강수명을 고려할 때 현재 55세인 상철 씨에게는 앞으로 15~20년의 건강한 시간이 남아 있다. 만약 시골 생활이 맞지 않거나 건강이 악화된다면 언제든 도시로 돌아올 수 있다. 기존 주택을

임대해 두고 귀촌할 경우, 생활 선택의 유연성을 확보할 수 있는 것이다. 물론 저소득층과 취약계층을 위한 공공임대주택에 '유주택자'까지 포함시키는 문제는 사회적 논란을 불러올 수 있다. 따라서 충분한 공론화와 폭넓은 사회적 합의 과정이 필요하다.

> **ACTION**
>
> **지방으로 귀촌하는 유주택자를 위한 공공임대 특례를 신설하자**
>
> **유주택 귀촌자를 위한 공공임대 특례를 신설**
> × 국토부
>
> 공공임대주택 대부분은 '저소득 서민·사회 취약계층의 주거 안정'을 목적으로 공급된다. 현재 제도 아래에서 귀촌 유주택자는 임대주택 입주 자격이 없다. 그러나 세 단계의 제도 개선으로 길을 열 수 있다. (관련 법은 「공공주택 특별법」이다.)
>
> - 시행령 개정: '국토부 장관이 필요하다고 인정하면, 지방의 도 지역에 정착하려는 자를 대상으로 공공임대주택을 공급할 수 있다'는 단서조항 신설
> - 시행규칙 개정: 특례 대상에 '지방 도 지역으로 귀촌하는 유주택자'를 구체적으로 명시
> - 업무지침 보완: 실제 운영방식을 국토부 지침으로 정리해 제도화(단, 형평성 논란을 줄이기 위해 한정 적용·물량 10% 이내·소득·자산 요건·원주택 임대 조건·입주 기간 제한 등 장치를 함께 설계)

앞으로 베이비붐 세대의 지방 이주가 본격화된다면, 제안하고 싶은 것이 하나 있다. 바로 김상철 씨처럼 지방에서 두 번째 인생을 준비하는 사람들을 위한 '이모작 청약제도'다. 앞서 언급한 유주택 귀촌자를 위한 공공임대 특례를 신설하면 중장년층의 귀촌을 촉진할 수 있다. 하지만 이 정책이 실효성을 가지려면, 공공이 꾸준히 귀촌자용 주택을 공급할 수 있어야 한다. 이때 이모작 청약저축 제도는 그 공급의 지속성을 담보할 수 있는 강력한 장치가 될 것이다.

기존의 청약제도가 '내 집 마련'을 위한 제도였다면, 이모작 청약은 '두 번째 인생을 위한 주거'를 준비하는 제도다. 그 모습을 한번 그려보자.

- 지방에서 살길 원하는 사람들이 매월 10만 원씩 '인생 이모작 청약저축'을 납입한다.
- LH가 30호 규모의 '이모작 타운'을 조성하고, 일정 기준을 충족한 청약자에게 입주권을 부여한다.
- 월 임대료는 30~40만 원 수준으로, 최장 50년까지 거주할 수 있다. (초기에는 임대형으로 운영하되, 추후 분양형도 고려할 수 있다.)

향후 20년 안에 고령층으로 편입될 인구는 약 1,670만 명이다. 이 중 15%, 약 250만 명이 이모작 청약저축에 가입한다고 가정해보자. 한 사람이 매달 10만 원씩 납입하면, 매년 약

3조 원이 모인다. 여기에 LH가 주택도시기금과 국가 보증을 활용해 1.5배의 레버리지를 일으킨다면, 매년 약 4.5조 원 규모의 재원이 확보된다. 임대료가 낮기 때문에 LH가 직접적인 수익 구조를 만들긴 어렵다. 하지만 지방정부, LH, 민간이 함께하는 3자 연합모델이 가져올 긍정적 파급효과를 생각하면, 충분히 시도해 볼만한 제도다.

ACTION

지방에 살길 원하는 중장년층을 위한 이모작 청약을 만들자

인생이모작 청약저축 신설
✕ 국토부

현행 청약제도는 청년과 신혼부부를 중심으로 설계되어 있어, 중장년층은 사실상 제도권 밖에 머물러 있다. 이제 국토부와 LH를 중심으로 법·제도 개선을 추진해, 중장년층을 위한 '인생이모작 청약저축' 제도 신설을 검토할 필요가 있다. 예를 들어, 기존 청약기금 내에 '이모작 계정'을 신설하고, LH와 주택도시기금을 연계해 지속 가능한 금융 구조를 만드는 방식이다.

부록 3

기대여명표* (19세~64세)

연령별	전체(년)	여자(년)	남자(년)	연령별	전체(년)	여자(년)	남자(년)
19세	64.87	67.77	61.96	42세	42.53	45.30	39.74
20세	63.89	66.79	60.98	43세	41.58	44.34	38.80
21세	62.91	65.81	60.00	44세	40.63	43.38	37.85
22세	61.93	64.82	59.03	45세	39.68	42.41	36.91
23세	60.95	63.84	58.05	46세	38.73	41.45	35.98
24세	59.97	62.86	57.08	47세	37.78	40.50	35.04
25세	59.00	61.88	56.11	48세	36.84	39.54	34.11
26세	58.02	60.90	55.14	49세	35.90	38.59	33.19
27세	57.05	59.92	54.17	50세	34.97	37.63	32.27
28세	56.07	58.94	53.20	51세	34.04	36.68	31.36
29세	55.10	57.96	52.23	52세	33.11	35.73	30.45
30세	54.13	56.98	51.27	53세	32.19	34.78	29.55
31세	53.16	56.00	50.30	54세	31.27	33.83	28.65
32세	52.19	55.02	49.34	55세	30.36	32.89	27.76
33세	51.21	54.05	48.37	56세	29.45	31.95	26.88
34세	50.24	53.07	47.40	57세	28.54	31.01	26.00
35세	49.27	52.09	46.44	58세	27.64	30.07	25.14
36세	48.30	51.12	45.47	59세	26.75	29.13	24.27
37세	47.34	50.15	44.51	60세	25.85	28.19	23.42
38세	46.37	49.17	43.55	61세	24.96	27.26	22.56
39세	45.41	48.20	42.60	62세	24.08	26.33	21.72
40세	44.45	47.23	41.64	63세	23.20	25.40	20.88
41세	43.49	46.27	40.69	64세	22.33	24.48	20.05

* 통계청 국가통계포털(KOSIS)에서 제공하는 '생명표' 중 완전생명표 (1세별) 기대여명(2023년 기준)이다.
https://kosis.kr/statHtml/statHtml.do?orgId=101&tblId=DT_1B 42&conn_path=I3

부록 4

3자 연합모델, 정말 가능할까? — Q&A

 이 책을 쓰면서 주변으로부터 참으로 많은 질문을 받았다. 희망 섞인 질문도 있었고, 의구심 섞인 질문도 많았다. 이 책을 마무리하며 가장 궁금해할 만한 질문들을 추려서 독자들이 이해하기 쉬운 Q&A 형태로 전달하고자 한다.

베이비부머 귀촌 가능성

Q1. "베이비부머가 굳이 지방에 가서 살려고 할까?"
 국내 이주 통계가 이미 답을 말해준다. 젊은 인구는 지방을 떠나지만, 40대 이상은 오히려 지방으로 들어오고 있다. 이른바 '인구 맞교환 현상'이다. 최근 5년간 지방 도(道) 지역으로 순유입된 45~69세 인구만 약 20만 명, 그중 55~64세 인구만 해도 10만 명이 넘는다.

Q2. "베이비부머를 지방으로 밀어내는 건 너무하지 않나?"
 그렇지 않다. 모든 베이비부머가 귀촌해야 한다는 뜻은 아니다. 사람마다 선호는 다르다. 다만 가고 싶어도 가지 못하거나 망설이는 사람이 많다는 게 문제다. 3자 연합모델은 바로 그런 이들을 위한 정책적 제안이다.

Q3. "여성은 귀촌을 원하지 않는데, 결국 남성 중심 모델 아닌가?"
맞다. 대부분의 연구에서 여성이 남성보다 귀촌 의사가 낮다. 하지만 약간 더 낮을 뿐이다. '대부분의 여성은 귀촌을 싫어한다'는 건 속설에 불과하다. 세간에 널리 퍼졌지만, 검증되지 않은 사회적 통념이다. 귀촌을 희망하는 여성도 적지 않다. 최근 조사에서는 50대 이상 여성의 귀촌 의향이 꾸준히 높아지는 추세를 보인다.

Q4. "지자체가 베이비부머를 반길까?"
흔히 1958년 개띠로 대표되는 1차 베이비붐 세대를 떠올리지만, 3자 연합모델이 주목하는 대상은 50대 중반부터 시작되는 '젊은 베이비부머'다. 중위연령이 60세가 넘는 지자체가 많은 점을 감안하면 이들은 오히려 젊은 층이다. 최근 일부 지자체가 이들을 적극적으로 유치하려는 움직임을 보이고 있다.

Q5. "토박이 주민에 대한 역차별 아닌가?"
3자 연합모델에서 다루는 대부분의 사회적 임금은 귀촌자뿐 아니라 토박이 주민도 함께 혜택을 누릴 수 있다. 앞으로 상업·문화 등 소비력이 높은 젊은 베이비부머가 지역의 활력을 이끌 가능성이 크다. 대도시가 청년정책을 중시하듯, 지역에서는 이 세대를 위한 정책을 강화할 필요가 있다.

주택과 정착

Q6. "빈집 고쳐서 쓰면 되지, 단지까지 만들 필요가 있나?"

물론 고칠 수 있는 빈집은 고쳐 쓰면 된다. 하지만 시골의 빈집 대부분은 상태가 너무 나빠 사람이 살기 어렵다. 관리가 끊긴 집은 몇 년 만에 폐가로 변하고, 개보수 비용이 신축 비용을 웃도는 경우도 많다.

Q7. "텃세나 생활 환경이 불편하면 어쩌나?"

그래서 '단지형 귀촌'이 필요하다. 도시에서 온 사람과 원주민이 7:3 혹은 8:2 정도로 섞여 살면 갈등이 완충된다. 단지는 버스정류장, 마을회관, 도서관, 체육관 등 생활 인프라와 가까운 곳에 조성해 정착의 불편을 최소화해야 한다.

Q8. "단지를 지으면 세금만 또 들어가는 거 아닌가?"

새로운 재정 투입은 크지 않다. 무주택자를 위한 매입임대주택은 이미 공공(LH 등)에서 추진해 온 사업이다. '골드시티' 방식 역시 공공이 적자를 최소화하는 구조로 설계할 수 있다. 결국 기존 자원을 효율적으로 쓰는 방식이다.

Q9. "유주택자에게 임대 특례를 주는 건 불공평하지 않나?"

그래서 조건을 명확히 해야 한다. 인구감소지역 한정, 기간제 특례, 최소 실거주 의무, 중도 전출 시 혜택 환수 등이 그 예다. 유주택자의 귀촌은 사회적 편익이 크며, 다주택자 특혜가 되지 않도록 정교한 제도 설계가 필요하다.

Q10. "주택연금 실거주 요건 완화, 정말 가능할까?"

가능하다. 실버타운 이주처럼 예외를 둘 수 있다. 주택을 가지고 있어 귀촌하지 못하는 이들이 많다. 주택연금의 유연한 적용은 귀촌의 물꼬를 트는 강력한 수단이 될 것이다.

일자리와 생활

Q11. "중장년을 누가 뽑나? 은퇴자는 안 뽑지 않나?"

3자 연합모델이 집중하는 연령대는 55~64세다. 현재 지방 중소기업 근로자의 절반 가까이가 50세 이상이며, 평균 나이는 계속 높아지고 있다. 현장에서는 경험 있는 중간관리자급 인력을 원하는 기업이 많다.

Q12. "결국 단순노무직밖에 없지 않나?"

그렇지 않다. 단순노무직은 이미 외국인 근로자가 대부분 맡고 있다. 지방 중소기업이 절실히 찾는 인력은 품질관리, 안전, 구매, 교육, 마케팅 같은 사무직이다. 특히 중간관리자 역할을 맡을 경험자를 선호한다.

Q13. "노란봉투법 때문에 중장년 채용을 꺼리지 않나?"

그런 걱정이 있을 수 있다. 하지만 3자 연합모델이 집중하는 일자리는 비교적 안전한 생산직과 사고 위험이 거의 없는 중간관리자 중심의 일자리다. 특히 지방 중소기업의 현장을 보면 이미 50대 근로자들이 생산직의 주류를 이루고 있다. 또한 중간관리자의 경우 조직을 관리하고 사람을 이끄는 역할이기 때문에, 산업재해에 대한 기업의 부담도 크지 않다.

Q14. "최저임금으로는 못 살지 않나?"

맞다. 시골에서도 최저임금만으로는 어렵다. 그래서 임금에 '사회적 임금'을 더해 본다. 예를 들어 주 40시간 일하면 월 210만 원, 여기에 사회적 임금 35만 원 정도가 더해질 수 있다. 사회적 임금은 어떻게 설계하는지에 따라 큰 폭으로 늘어날 수 있다.

생활 여건

Q15. "나이 들면 병원이 가까워야 하는데, 병원도 없는데를 누가 가나?"

맞다. '병세권'은 아무리 강조해도 지나치지 않다. 일상적인 건강 체크는 시골에서도 가능하다. 문제는 응급의료다. 응급의료 접근성을 기준으로 5km 안에 응급시설이 있는 지역만 귀촌지로 권한다. (5km는 구급차가 약 7~10분 안에 도착할 수 있는 범위다.) 광역시를 제외해도 골든타임을 지킬 수 있는 지역의 면적이 서울의 7배에 달한다. 충분한 가능성이 있다.

미주

프롤로그

1. 현재 고용부는 근무 기간이 1년이 넘는 60세 이상 근로자의 고용이 늘어난 기업에 한해, 증가 인원 1명당 분기별 30만 원씩, 최대 2년간 고령자 고용지원금을 지급하고 있다. 이 제도를 확장해, 55세 이상 지방 이주자에게, 정부가 근로자에게 직접 '근로장려금'의 형태로 월 20만 원씩 5년간 직접 지원하는 시나리오를 상상해 본 것이다.

2. 현재 교육부와 국가평생교육진흥원은 성인 학습자(만 19세 이상)를 대상으로 '평생교육이용권' 제도를 운용하고 있다. 이 제도는 연간 1인당 최대 35만 원까지 지원하며, 선정된 학습자에게 '이용권'을 제공한다. 학습자는 이를 지정된 교육기관에서 수강료나 교재비 결제에 사용할 수 있고, 보통 카드에 포인트 형태로 충전되어 제공된다. 다만, 현재는 귀촌자의 정규 학위과정(예: 4년제 학사)이나 재교육 과정 수강료를 지원하는 이용권은 없다. 이 제도를 확장해 55세 이상 귀촌자가 대학 재교육 프로그램에 등록할 수 있게 되는 시나리오를 상상해 본 것이다.

3. 현재는 섬·벽지 지역에 한해 건강보험료의 최대 50%까지 경감해 주는 제도가 있다. 지방 중소기업에 취업한 귀촌자에게 확대 적용되는 시나리오를 상상해 본 것이다.

4. 고령자(65세) 진입을 앞둔 10년, 즉 1961년부터 1970년 사이에 태어나 현재 수도권에 거주하는 사람들을 말한다. 이 세대의 지방 이주가 제일 활발히 일어나고 있다.

5. 본문에 인용된 댓글은 유튜브 채널 <언더스탠딩: 세상의 모든 지식>, 「1600만 명 베이비부머가 지방을 살릴 겁니다」(게시일 2025년 8월 12일) 영상에 달린 댓글 일부를 요약·정리한 것이다. 이하 모든 댓글 인용은 동일한 출처에 기반한다.

1장. 젊은 베이비부머의 소득공백 10년

1. 인구가 유지되려면, 여성 1인당(부부당) 평균 2.1명의 아이를 낳아야 한다. 이를 대체출산율(replacement fertility rate)이라고 한다. 2.1명인 이유는 자녀를 낳지 않거나 성인이 되기 전에 사망하는 사람이 있기 때문에, 이를 반영한 수치다. 유아사망률이 높은 일부 개발도상국의 경우에는 2.5명 정도가 대체출산율이 될 수 있다.

2. 코나아이(주) 시스템다이내믹스팀, 2022, 『대한민국의 붕괴: 인적자원으로 살펴본 대한민국의 붕괴』, 양서원.

3. 법적 의미의 양육비는 '미성년 자녀(만 19세 미만)를 보호하고 양육하는 데 필요한 생활, 교육, 의료, 복지 등에 드는 모든 비용'을 뜻한다. 하지만 대학생도 부모의 도움에 의지하는 경향이 커지는 현실 속에서, 자녀를 대학까지 키우는 데 드는 비용을 통상 양육비로 취급하고 있다.

4. 이소영·이지혜·이철희, 2023, 『인구 변화 대응 아동수당정책의 재정 전망 및 개선방안』, 한국보건사회연구원.

5. 조성호·문승현·김종훈, 2020, 『일자리 안정과 저출산 대응 방안 연구』, 한국보건사회연구원.

6. 저출산고령사회위원회, 「2024년 결혼·출산·양육 인식조사 결과 발표」, 보도자료, 2024년 5월 2일.

7. 저출산고령사회위원회, 「2024년 결혼·출산·양육 인식조사 결과 발표」, 보도자료, 2024년 5월 2일.

8. OECD 대한민국 정책센터(https://oecdkorea.org)에서 제공하는 정보를 바탕으로 작성했다.

9. OECD, 2025, 『Korea's Unborn Future: Understanding Low-Fertility Trends』, OECD Publishing, Paris.

10. 우해봉, 2023, 「인구 고령화의 인구학적 요인 분석」, 『보건사회연구』, Vol. 43, No. 1, pp. 50-68.

11. 통계청, 「장래인구추계: 2022-2072년」, 보도자료, 2023년 12월 14일.

12. 윤주철, 2025, 「2025-2072년 NABO 장기재정전망」, 『NABO Focus』, 국회예산정책처. No. 92.

13. 국가의 총수입은 국세수입과 국세외수입을 포함한다.
14. 국가의 총지출은 의무지출과 재량지출을 포함한다.
15. 미디어윌, 「벼룩시장 조사, 중장년 직장인 10명 중 8명 '평균 51.1세에 주된 직장 퇴직'」, 보도자료, 2024년 3월 28일.
16. 잡코리아·알바몬, 2024, 「직장인 체감하는 정년퇴직, "평균 51.7세"」, 잡코리아 콘텐츠LAB.
17. 황원경·김남경·강윤정, 2025, 『2025 KB 골든라이프 보고서』, KB 금융지주 경영연구소.
18. 우리나라 국민연금 수령시기는 만 60세부터였다. 하지만 고령화가 심해지고 연금의 지속 가능성에 대한 우려가 커지면서 수령 시기는 점차 늦춰졌다. 2013년부터는 연금 수령 나이를 5년마다 한 살씩 높이는 방식으로 제도가 개편되었다. 예를 들어, 1953년부터 1956년 사이 출생자는 61세부터 연금을 받을 수 있었고, 1957년부터 1960년생은 62세, 1961년부터 1964년생은 63세부터 수령이 가능해졌다. 이런 식으로 5년 단위로 한 살씩 늦춰져, 1969년 이후 출생자는 만 65세가 되어야 연금을 받을 수 있다. 쉽게 말해, 현재 50세 이하인 사람들은 65세가 되어서야 연금을 받게 되는 것이다.
19. 이런 계산이 매우 현실적인 문제로 다가오는 이유는, 수명이 계속 길어지고 있기 때문이다. 2023년 기준, 우리나라 사람들의 기대수명은 83.5세다. 하지만 대부분은 생의 마지막 몇 년 동안 건강이 좋지 않은 시기를 겪는다. 건강하다가 하루아침에 세상을 떠나는 '행운아'는 드물다. 그래서 통계에서는 건강하게 사는 기간, 즉 '건강수명'도 별도로 계산한다. 우리나라 사람들의 건강수명은 약 72.5세로, 이는 마지막 11년은 병치레를 하며 살아간다는 뜻이기도 하다. 물론 이 수치는 '출생 시점'의 건강과 사망률 통계를 바탕으로 계산된 것이어서, 앞으로 더 길어질 가능성이 크다. 실제로 주변을 봐도 약간의 건강 관리만으로도 대부분 73세까지는 큰 탈 없이 생활한다.
20. 황원경·김남경·강윤정, 2025, 『2025 KB골든라이프 보고서』, KB 금융지주 경영연구소.
21. 국민연금연구원의 '제10차 (2023년도) 국민노후보장패널조사'에 따르면, 부부 기준 적정 생활비는 297만 원, 최소 생활비는 217만 원으로 나타났다. 이는 최소한의 '노후 보장'을 전제로 한 것이어서 다소 보수적인 추정치라 볼 수 있다. 본서에서는 보다 현실적인 체감 수준을 반영하고자 KB골든라이프 보

고서의 수치를 기준으로 삼았다.

22. 통계청, 「2024년 가계금융복지조사 결과」, 보도자료, 2024년 12월 9일.
23. 통계청, 「2024년 가계금융복지조사 결과」, 보도자료, 2024년 12월 9일.
24. 통계청 국가통계포털(KOSIS)에서 제공하는 정보를 바탕으로 작성했다.
25. 국제노동기구(ILO) 통계포털 ILOSTAT(https://ilostat.ilo.org)에서 제공하는 주요국 자료를 바탕으로 작성했다.
26. 한국경제인협회, 「2025년 상반기 대기업 신규채용 계획 조사」, 보도자료, 2025년 2월 27일.
27. 「고령자고용법 시행령」 제2조(고령자 및 준고령자의 정의)에 따르면, 고령자는 55세 이상, 준고령자는 50세 이상 55세 미만인 사람으로 정의된다.
28. 오삼일 외, 2025, 「초고령사회와 고령층 계속근로 방안」, 『BOK 이슈노트』, 한국은행, No. 2025-8, pp. 1-33.
29. 통계청, 「2025년 5월 경제활동인구조사 고령층 부가조사 결과」, 보도자료, 2025년 8월 6일.
30. 이어서 '일하는 즐거움(36.1%)', '무료해서(4.0%)', '사회가 필요로 함(3.1%)', '건강유지(2.3%)' 등의 순으로 조사되었다.
31. 배영순·최호진·허새나, 2015, 『새로운 생애주기 관점으로 파악한 베이비부머들의 욕구 및 지원방안 - 사무직 중년층을 중심으로』, 희망제작소.
32. 황원경·김남경·강윤정, 2025, 『2025 KB골든라이프 보고서』, KB 금융지주 경영연구소.
33. Statista에서 제공한 'Life expectancy (from birth) in Germany, from 1875 to 2020' 정보를 바탕으로 작성했다.
34. '이성태, 「세계 각국 국민연금 수급 개시 연령 상향 움직임… 영·독 67세로」, 『데이터솜』, 2025년 2월 28일' 기사를 바탕으로 필자가 재작성했다.

2장. 잉여인가, 자원인가

1. 중소도시는 '중도시'와 '소도시'를 합친 개념이다. 중소도시의 기준에 대한 일치된 의견은 없다.
2. 한국경제인협회, 「주요국 상장사 한계기업 추이 비교 분석」, 보도자료, 2025년 2월 6일.
3. 통계청 국가통계포털(KOSIS)에서 제공하는 정보를 바탕으로 작성했다.
4. 남세현, 2016, 「[위대한 이름 김성남 포스코명장] "행복을 전하는 기계음… 내 심장을 뛰게 했다"」, 포스코그룹 뉴스룸.
5. 이재호·강영관·조윤해, 2024, 「2차 베이비부머의 은퇴연령 진입에 따른 경제적 영향 평가」, 『BOK 이슈노트』, 한국은행, No. 2024-17, pp. 1-14.
6. 이재호·강영관·조윤해, 2024, 「2차 베이비부머의 은퇴연령 진입에 따른 경제적 영향 평가」, 『BOK 이슈노트』, 한국은행, No. 2024-17, pp. 1-14.
7. 통계청, 「2024년 가계금융복지조사 결과」, 보도자료, 2024년 12월 9일.
8. 이재호·강영관·조윤해, 2024, 「2차 베이비부머의 은퇴연령 진입에 따른 경제적 영향 평가」, 『BOK 이슈노트』, 한국은행, No. 2024-17, pp. 1-14.
9. 세종특별자치시와 제주특별자치도는 포함되지 않는다.
10. 통계청 국가통계포털(KOSIS)에서 제공하는 인구총조사(2015-2024년) 자료를 바탕으로 계산했다. (인구 20만 명 이하의 구분은 2024년 총인구 기준이다.)
11. 한국고용정보원, 「22년 3월, 전국 시군구 2곳 중 1곳은 소멸위험지역」, 보도자료, 2022년 4월 29일.
12. 그림의 2030년 이후 추세선은 저자가 직접 추정했다.
13. 이상호, 2024, 「지방소멸 2024: 광역대도시로 확산하는 소멸위험」, 『지역산업과 고용』, 한국고용정보원, 2024-여름호, pp. 126-137.
14. 감사원, 2021, 『감사보고서: 인구구조변화 대응실태 I (지역)』.
15. 지방재정365 홈페이지(https://www.lofin365.go.kr/)에서 제공하는 '지방재정통계' 정보를 이용해 분석했다.
16. 국토교통성 관광청, 「숙박여행통계조사」, 보도자료, 2024년 6월 27일.

17. 권명중·조상혁, 2023, 「기술진보가 기업 간 '생산성격차'에 미치는 영향에 관한 연구: 대중소기업과 기업규모 간 비교를 중심으로」, 『중소기업연구』, Vol. 45, No. 1, pp. 1-33.

18. 중기부, 「2024년 스마트제조혁신실태조사 결과 발표」, 보도자료, 2025년 4월 29일.

19. 중기부, 「2024년 스마트제조혁신실태조사 결과 발표」, 보도자료, 2025년 4월 29일.

20. 이관영, 2023, 「중소기업 인력난 현황 및 시사점」, 『Weekly IBK경제브리프』, IBK 기업은행 경제연구소, No. 901, pp. 1-6.

21. IBK기업은행 경제연구소(2023)의 조사에 따르면, 인력난이 있다고 응답한 제조 중소기업의 비율은 수도권이 약 59%인 반면, 지방은 무려 70%에 이른다.

22. 같은 조사에서 인력난에 대한 중소기업의 대응 방안을 물었을 때, '외국인 인력 활용 또는 설비 자동화'라고 답한 기업은 수도권에서는 34% 수준에 그쳤지만, 지방에서는 50%를 웃도는 응답을 보였다.

23. 송정은, 「E-9 외국인 30만명 시대… 10명 중 8명은 광·제조업 종사」, 『연합뉴스』, 2025년 3월 18일.

24. 통계청 국가통계포털(KOSIS)에서 제공하는 '이민자체류실태 및 고용조사' 정보를 바탕으로 작성했다.

25. 정윤정 외, 2024, 『2025년 중소기업 10대 이슈와 정책과제』, 중소벤처기업연구원.

26. 중소기업중앙회, 「2025 폐업 소상공인 실태조사 결과 발표」, 보도자료, 2025년 3월 18일.

27. 중기부의 '2022년 중소기업 기본통계'와 한국고용정보원 이상호·김필(2022)의 '지방소멸위험지수' 원시자료를 이용해 분석했다.

28. 통계청 국가통계포털(KOSIS) '중소기업 기본통계(2022년 기준)'를 참고하시오.

29. 대한상공회의소, 「최근 지역경제 상황에 대한 기업인식 조사」, 보도자료, 2022년 2월 28일.

30. 농식품부·해양수산부·통계청, 「2024년 귀농어·귀촌인 통계」, 보도자료, 2025년 6월 24일.

31. 윤형중, 「"농사 말고도 할 일 많아요" 지역의 미래는 베이비부머」, 『한겨레신문』, 2020년 10월 21일.
32. 김윤관, 「[신년인터뷰] 하승철 하동군수」, 『경남일보』, 2025년 1월 12일.
33. 김상기, 「김병진 전북중소기업회장 "전북 중소기업 현장 목소리 전달… 탄탄한 조직 만들 것"」, 『전북도민일보』, 2025년 3월 23일.
34. 장욱희, 「[장욱희의 중장년 취업에세이] "중장년 구직자의 무기: 성실성과 책임감의 힘"」, 『뉴스핌』, 2025년 3월 27일.
35. 김부규, 「"은퇴 후 직장, 일하면서 이 나이에 이 정도 받고… 고맙죠"」, 『오마이뉴스』, 2025년 7월 25일.
36. 전북특별자치도 기업애로해소과, 「세계한인비즈니스대회 연계 수출상담회에서 큰 실적」, 전북특별자치도 뉴스룸, 2024년 10월 24일.
37. 김상기, 「김병진 전북중소기업회장 "전북 중소기업 현장 목소리 전달… 탄탄한 조직 만들 것"」, 『전북도민일보』, 2025년 3월 23일.

3장. 대이동의 신호

1. 「서울특별시 중장년층 인생이모작 지원에 관한 조례」 제2조를 참조.
2. 문정화, 2020, 「지방자치단체의 중장년 지원 조례 분석」, 『노인복지연구』 Vol. 75, No. 2, pp. 255-282.
3. 고용부, 「50대 취업지원 강화 방안」, 보도자료, 2025년 5월 15일.
4. 정재한·김형성, 2016, 「장년층(長年層)의 은퇴 후 삶에 대한 지방정부의 정책 대응 -50+센터의 역할 정립을 중심으로-」, 『한국콘텐츠학회논문지』, Vol. 16, No. 12, pp. 291-299.
5. 정나라, 2015, 「빅데이터로 본 노후에 관한 5가지 키워드」, 『미래에셋 은퇴리포트』, No. 17.
6. 김원동, 2015, 「베이비붐 세대의 귀농-향수 너머의 현실과 활성화 방안 탐색」, 『농촌사회』, Vol. 25, No. 2, pp. 91-142.

7. 김수린·박혜진, 2024, 『2024년 농업농촌에 대한 국민의식조사』, 한국농촌경제연구원.
8. 김은석·하지영, 2016, 「베이비붐 세대의 귀농·귀촌 선택 동기와 준비경험: 대졸 남성 퇴직자를 중심으로」, 『한국노년학』, Vol. 36, No. 2, pp. 419-442.
9. 김명식·신병흔·최민찬, 2023, 『초고령사회 대응 K-CCRC(한국판 은퇴자복합단지)의 정책추진과 계획모형에 관한 연구』, 토지주택연구원.
10. 김한종, 2015, 「도시와 농촌간 인구이동 현황과 시사점」, 『NH농협조사월보』 Vol. 599, pp. 27-42.
11. 이 문헌에서는 '시' 이상을 도시로, 군을 농촌지역으로 구분했다.
12. 이찬영·문제철, 2016, 「광주·전남 지역의 연령별·이동지역별 인구이동 결정 요인 분석」, 『산업경제연구』, Vol. 29, No. 6, pp. 2239-2266.
13. 통계청 국가통계포털(KOSIS)에서 제공하는 '국내 인구이동 통계(각 연도)' 자료를 이용해 분석했다.
14. 통계청 국가통계포털(KOSIS)에서 제공하는 '국내 인구이동 통계(각 연도)' 자료를 이용해 분석했다.
15. 통계청 국가통계포털(KOSIS)에서 제공하는 '국내 인구이동 통계(각 연도)' 자료를 이용해 분석했다.
16. Johnson, K. M., & Winkler, R. L., 2015, 「Migration Signatures Across the Decades: Net Migration by age in U.S. Counties, 1950-2010」, 『Demographic Research』, Vol. 4, No. 3, pp. 347-372.
17. Kyle E. Walker, 2016, 「Baby boomer migration and demographic change in US metropolitan areas」, 『Migration Studies』, Vol. 4, No. 3, pp. 347-372.
18. Plane, D. A., & Jurjevich, J. R., 2009, 「Ties That No Longer Bind? The Patterns and Repercussions of Age-Articulated Migration」, 『The Professional Geographer』, Vol. 61, No. 1, pp. 4-20.
19. Stockdale, A., & MacLeod, M., 2013, 「Pre-retirement age migration to remote rural areas」, 『Journal of Rural Studies』, Vol. 32, pp. 80-92.
20. Ibid., p. 88.
21. 통계청 국가통계포털(KOSIS)에서 제공하는 '국내 인구이동 통계(각 연도)' 자

료를 이용해 분석했다.

22. 통계청 국가통계포털(KOSIS)에서 제공하는 '국내 인구이동 통계(각 연도)' 자료를 이용해 분석했다.

23. 지난 5년간(2020-2024년) 83개 인구감소지역으로의 순유입 인구는 45~49세 9,480명, 50~54세 23,628명, 55~59세 35,599명, 60~64세 39,620명, 65~69세 19,466명이다.

24. 2025년 8월, 주민등록인구 기준이다.

25. 문경주·장수지, 2020, 「베이비붐 세대의 사회참여 유형이 삶의 만족도에 미치는 영향」, 『인문사회21』, Vol. 11, No. 5, pp. 2279-2294.

26. 농식품부, 「청년들은 농업의 미래를 보고 귀농 선택」, 보도자료, 2025년 3월 4일.

27. 김유하 외, 2023, 「대도시 거주 베이비붐 세대의 귀농·귀촌 의향을 구성하는 다차원적 요인 분석」, 『지역사회연구』, Vol 31, No. 2, pp. 31-63.

28. 통계청의 '인구주택총조사(각 연도)' 2% 표본자료를 이용해 작성했다.

29. 김명식·신병흔·최민찬, 2023, 『초고령사회 대응 K-CCRC(한국판 은퇴자복합단지)의 정책추진과 계획모형에 관한 연구』, 토지주택연구원.

30. 한신실·홍정민·박주혜, 2024, 『제10차(2023년도) 국민노후보장패널조사(KRelS) 본조사 기초분석보고서 - 중고령자의 경제생활 및 노후준비 실태 -』, 국민연금연구원.

31. 황남희 외, 2019, 『신중년의 안정적 노후 정착 지원을 위한 생활실태조사』, 한국보건사회연구원.

32. 농식품부, 「청년들은 농업의 미래를 보고 귀농 선택」, 보도자료, 2025년 3월 4일.

33. 농식품부, 2024, 「2024년 귀농·귀촌 실태조사」.

34. 백주연, 「"요즘 집 고를 때 역세권보다 병세권"… 2050년 고령인구 40% 시대[집슐랭]」, 『서울경제』, 2025년 4월 23일.

35. 임은선 외, 2021, 『2020 국토모니터링 보고서』, 국토교통부 국토지리정보원,

4장. 귀촌의 3대 걱정 없애기

1. 재원 구조도 단순했다. LH와 함양군이 매입임대 공급사업 협약을 맺고, 총 26억 내외의 비용을 분담했다. 결과는 비용 대비 높은 효율이었다. 이 정도의 비용으로 학생과 학부모 50여 명이 정착했다.
2. 김희정, 2021, 「농산어촌 주거플랫폼 조성' 속도… 국가 균형발전 견인」, 『데일리안』, 2021년 4월 4일.
3. 교육부·육아정책연구소, 『2024년 전국보육실태조사 -가구조사 보고-』.
4. 노민선, 2025, 「중소기업 고용 동향 분석과 시사점」, 『KOSI 중소기업 이슈 포커스』, 중소벤처기업연구원, Vol. 25, No. 2, pp. 1-24.
5. 노민선, 2025, 「중소기업 고용 동향 분석과 시사점」, 『KOSI 중소기업 이슈 포커스』, 중소벤처기업연구원, Vol. 25, No. 2, pp. 1-24.
6. 김경희 외, 2023, 『2차 베이비부머세대의 노동시장 (고령화고용패널 심층분석)』, 한국고용정보원.
7. 한국경제인협회, 「고령자 고용정책에 관한 기업인식 조사」, 2024년 11월 5일.
8. 고용부, 2024, 『중장년 계속고용 우수기업 사례집』.
9. 고용부·노사발전재단, 2024, 『2024년 다시 시작하는 중장년 우수사례 공모전 우수사례집』.
10. 이소현, 「걸어서 종합병원까지… 억대 웃돈 붙는 '병세권 프리미엄'」, 『문화일보』, 2024년 5월 14일.
11. 신하림·조상원·오윤석, 「귀촌인 4명 중 1명 "병원 확충 가장 시급"」, 『강원일보』, 2022년 7월 13일.
12. 안덕선, 「[칼럼] 일차의료 강화와 주치의제도, 한국형 모델 필요」, 『청년의사』, 2025년 8월 12일.
13. 김소진·이종수, 「[인터뷰] "의료 불모지 농촌… '시니어의사' 유입으로 답 찾아야"」, 『농민신문』, 2025년 4월 17일.
14. 안형기, 「인구 10만 무너진 '밀양'… 마지막 응급실 중단」, 『KNN』, 2025년 8월 7일.
15. 임혜린, 「"월급 2000만 원 줘도 안 가요"… 지방 병원 응급실, 의사 부족에

초비상」, 『서울경제』, 2025년 9월 19일.

16. 심우섭, 「속초의료원 "의료진 충원해 다음 달부터 응급실 정상 운영"」, 『SBS News』, 2025년 3월 28일.

17. 「응급의료에 관한 법률」에서는 「의료법」 제3조에 따른 의료기관 중 권역응급의료센터, 전문응급의료센터, 지역응급의료센터 및 지역응급의료기관을 '응급의료기관'으로 지정하고 있다.

18. 강원특별자치도청 홈페이지(state.gwd.go.kr)를 참고하시오.

19. 응급의료통계포털(e-medis)을 참고하시오.

20. 오상훈, 「뇌출혈 수술 병원 4개뿐인 강원도… "AI·원격 협진으로 안전망 구축"」, 『헬스조선』, 2025년 7월 9일.

21. '이영민 외, 2025, 『2023 국토조사』, 국토교통부 국토지리정보원.' 을 참고하시오.

22. 원격의료는 코로나 시기에 한시적으로 허용되긴 했지만, 2025년 말 현재까지도 합법화된 건 아니다. 현행 「의료법」에는 원격의료를 명확히 허용하는 법적 근거가 없다. 또한 「개인정보 보호법」같은 규제가 개인정보 활용에 대한 엄격한 기준을 요구해서 원격의료를 도입하는 데 어려움이 있는 게 현실이다.

5장. 함양, 3자 연합모델을 마주하다

1. 통계청 국가통계포털(KOSIS)에서 제공하는 '주민등록인구현황' 정보를 바탕으로 작성했다.

2. 함양군청, 2024, 『제64회 함양군 통계연보』.

3. 실제 함양군의 내부 통계에 의하면, 정착률은 70% 수준이다.

4. 함양군 농업기술센터, 2025, 『2025 함양농업 이렇게 지원합니다』.

5. 농식품부·농림수산식품교육문화정보원, 『촌에 살고 촌에 웃고』, p. 158.

6. 민노씨, 「이제 일자리가 사람을 찾아올 때: 베이비부머 귀향 프로젝트에 더

해야 할 '퍼즐' 조각」, 『슬로우뉴스』, 2025년 7월 1일.

7. 유창복·이재경·김다예, 2020, 『포스트 코로나와 로컬뉴딜』, 미래자치분권연구소(기획), 책숲.

8. 이원석 외, 2021, 「귀농·귀촌 의사결정요인에 관한 AHP 분석 연구: 이주지역 선택 결정요인을 중심으로」, 『정보처리학회논문지. 컴퓨터 및 통신시스템』, Vol. 10, No. 3, pp. 81-92.

9. 문준경 외, 2024, 『도시민의 지방 정착을 위한 지역활력타운 조성방안 연구』, 토지주택연구원.

6장. 함양의 중소기업, 현실을 말하다

1. 통계청 국가통계포털(https://kosis.kr/)을 참조하시오.

2. 정민수 외, 2023, 「지역간 인구이동과 지역경제」, 『BOK 이슈노트』, 한국은행, No. 2023-29, pp. 1-36.

3. 국무조정실, 「24년 '청년의 삶 실태조사' 결과 발표」, 보도자료, 2025년 3월 11일.

4. 함양군 중소기업 F와의 인터뷰 내용이다.

5. 농민신문, 「[재미로 읽는 고사성어]千金買骨 천금매골」, 2017년 8월 25일.

6. 어바웃영광, 「2025년 신중년 희망 일자리장려금 지원사업 참여기업 모집 공고(4차)」, 『어바웃영광』, 2025년 6월 17일.

7장. 나라까지 구하는 3자 연합

1. 정현종, 2008, 『광휘의 속삭임』, 문학과지성사.

2. 박진경·김도형, 2020, 『인구감소대응 지방자치단체 청년유입 및 정착정책

추진방안」, 한국지방행정연구원.

3. 이형수, 「제천시, 청년·취창업부터 결혼·주거까지 맞춤형 정책 본격 추진」, 『충북일보』, 2025년 5월 28일.

4. 각 시도의 조례를 보면, 청년의 기준으로 '18세 이상 39세 이하'는 부산·인천·대전·전북, '19세 이상 39세 이하'는 서울, 대구, 광주, 울산, 세종, 경기, 충북, 충남, 경북, 경남, 제주로 나타나고 있다.

5. 권용훈·오유림, 「[단독] 예산 지키려는 꼼수에… 19세 아들도 49세 아빠도 '청년'」, 『한국경제』, 2025년 2월 28일.

베이비부머 리턴즈
60년대생의 두 번째 인생 프로젝트

1판 1쇄 발행 2025년 12월 1일

지은이	마강래·김지원
펴낸이	정정선
교정·교열	김화영
펴낸 곳	수수리
등록번호	제 2024-000048호
이메일	susuribooks@gmail.com
ISBN	979-11-995735-0-5 (03300)
서체	Mapo금빛나루 (ⓒ마포구)

파본은 구입하신 곳에서 바꾸어 드립니다.
이 책은 저작권법에 따라 보호받는 저작물이므로 무단전재와 복제를 금합니다.
이 책 내용의 전부 또는 일부를 이용하려면 반드시 저작권자와 수수리 출판사의 서면 동의를 받아야 합니다.